Stefan Rahmstorf

Die Kinder-Uni

Wolken, Wind & Wetter

Stefan Rahmstorf

Die Kinder-Uni

Wolken, Wind & Wetter

Illustrationen von Klaus Ensikat

impian

Für Laia und Milan

Stefan Rahmstorf,

geboren 1960, ist Klimaforscher und Professor für Physik der Ozeane am Potsdam-Institut für Klimafolgenforschung. Nach dem Physikstudium in Konstanz und Ulm verbrachte er vier Jahre in Neuseeland und nahm an Forschungsfahrten im Südpazifik teil. Er ist Mitglied im Wissenschaftlichen Beirat Globale Umweltänderungen der Bundesregierung.

Klaus Ensikat,

geboren 1937 in Berlin, studierte an der Berliner Hochschule für angewandte Kunst und gilt als »ungekrönter König der Buchillustratoren«. Er hat bereits mehrere Kinder-Uni-Bände illustriert. 2010 wurde er für sein Lebenswerk mit dem Großen Preis der Deutschen Akademie für Kinder- und Jugendliteratur e.V. ausgezeichnet.

Inhalt

Kapitel 1

Wer hat Angst vor Gewittern?

Wer fürchtet sich nicht, wenn draußen Blitze zucken und Donner krachen? Wahrscheinlich ist das eine im Menschen angelegte Urangst, die schon die Neandertaler kannten. Auch Hunde verkriechen sich bei Gewitter gern mal unter dem Sofa. Psychologen haben sogar einen Namen für diese Angst: Brontophobie.

Andererseits: Sind Gewitter nicht ein wundervolles Naturschauspiel, das wir – vom sicheren Haus oder Auto aus – staunend genießen können? Mit einem Kribbeln im Bauch und dem Gefühl, auf einem tollen Planeten zu leben?

Die Lufthülle unserer Erde hat ein ganzes Arsenal von spektakulären Tricks auf Lager, mit denen sie uns in ehrfürchtiges Staunen versetzen oder das Fürchten lehren kann. Einige der wildesten Sachen lernen wir in diesem Kapitel kennen!

Graue Wolken ballen sich jenseits des Sees am Horizont zusammen. An ihrer Oberseite sind sie noch hell von der Sonne beschienen, doch nach unten werden sie immer dunkler. Schaut man eine Weile zu, dann sieht man, wie der obere, helle Teil nach oben steigt, wie sich immer neue Wolkengebilde auftürmen. Es brodelt fast wie in einem Kochtopf – allerdings in Zeitlupe. Allmählich kommt die düstere Wolkenwand immer näher, die Sonne verfinstert sich, und die Stimmung des heiteren Sommernachmittags kippt plötzlich ins Bedrohliche. Erstes Donnergrollen erklingt, zunächst noch von fern. Auf einmal fegen starke Windböen über den See, wühlen das Wasser auf und färben es dunkel. Die Sturmwarnleuchten blinken. Blitze zucken aus dem Himmel, der Donnerschlag folgt fast sofort. Der Wind hat wieder nachgelassen, aber nun fängt es an, heftig zu regnen oder gar zu hageln.

Oft habe ich vom Balkon meiner Eltern aus die Entwicklung eines Gewitters beobachtet; dort hat man einen Logenplatz und kann einen großen Teil des Bodensees überblicken. Ein heftiges Gewitter aus der Nähe zu erleben ist ein eindrucksvolles Naturschauspiel. Man fühlt sich als Mensch ganz klein angesichts der zuckenden Blitze und der gewaltigen Donnerschläge um einen herum. Viele Menschen, aber auch Haustiere haben Angst bei Gewittern. Früher wurden Gewitter als Zeichen von Gottes Zorn gedeutet. Die Germanen glaubten, der Gott Thor habe seinen Hammer zur Erde herabgeschleudert.

Die Bauern freuen sich nicht unbedingt über Gewitter, schließlich kann es ihnen den Salat oder die Tomaten verhageln. Aber manche Windsurfer nutzen die

Böen vor dem Gewitter umso lieber, um in rasender Fahrt über das Wasser zu jagen. Das ist allerdings nicht ungefährlich: Wenn Blitz und Donner näher kommen, sollte man schleunigst die Wasserfläche verlassen. Über die Gefahren eines Gewitters werden wir noch sprechen. Zunächst wollen wir aber verstehen, was ein Gewitter ist und wie es überhaupt dazu kommt.

Wieso blitzt und donnert es bei Gewitter?

Jedes Kind weiß, was ein Gewitter ist: Gewitter ist, wenn es in der Luft blitzt und donnert. Ein Blitz ist eine elektrische Entladung – ein Funkensprung zwischen einer Wolke und dem Erdboden oder zwischen zwei Wolken. Der berühmte Naturforscher Benjamin Franklin konnte das im Jahr 1752 beweisen, indem er zusammen mit seinem Sohn einen Drachen in heraufziehende Gewitterwolken steigen ließ. Über die Drachenschnur konnte er einen daran befestigten metallenen Schlüssel elektrisch aufladen, sodass der dann Funken schlug. Ein gefährliches Experiment! Wäre ein Blitz in den Drachen eingeschlagen, hätte Franklin das wohl mit seinem Leben bezahlt. Als praktische Anwendung erfand Franklin sogleich den Blitzableiter, den man heute in verbesserter Form an vielen Gebäuden findet. Ein Blitzableiter ist aus Metall und ragt über das Dach eines Hauses hinaus. So zieht er einen Blitz an, der sonst am und im Haus großen Schaden angerichtet hätte, und leitet ihn sicher in den Boden.

Strom besteht aus Elektronen – das sind winzige Teilchen, die negative elektrische Ladung tragen und in allen Atomen um den positiv geladenen Atomkern herumsausen. Also auch in den Wolken. Bei Gewittern trennen sich die positiven und negativen Ladungen: Die

Blitze selbst gemacht

Blast einen Luftballon auf und reibt einen Wollpullover daran. Auf diese Weise wird der Ballon elektrisch geladen. Jetzt setzt den Ballon in ein Salatsieb aus Edelstahl, das auf einem trockenen Glas steht (zur Isolierung). Wenn man nun langsam einen Finger dem Griff des Salatsiebs nähert, springt ein kleiner Funke über – ein Miniblitz! Im Dunkeln kann man ihn sehen.

Oberseite der Wolken lädt sich meist positiv auf, die Unterseite dagegen negativ. So entsteht eine elektrische Spannung: eine Art Anziehungskraft auf die Elektronen, die umso größer wird, je größer der Unterschied in der Ladung ist. Wenn die Spannung unerträglich groß wird, entlädt sie sich ganz plötzlich in einem Blitz. So ähnlich wie sich manchmal Spannungen zwischen zwei Geschwistern aufbauen, die sich dann in einem heftigen Streit entladen! Na ja, eigentlich doch ganz anders. Die Spannung zwischen dem Erdboden und einer Gewitterwolke kann hundert Millionen Volt betragen – dagegen ist die Spannung an einer Steckdose mit 220 Volt nur ein Mückenschiss.

Wie die Ladungen in einer Gewitterwolke getrennt werden, weiß man noch nicht so genau – aber es hat etwas mit den heftigen Luftbewegungen und der damit verbundenen Reibung in einer solchen Wolke zu tun.

Wie Reibung zu elektrischer Aufladung führen kann, kann jeder selbst ausprobieren: Wenn man einen Wollpullover an einem Stück Plastik reibt, kann man winzige Funken erzeugen. Deshalb knistert es auch manchmal, wenn man einen Pullover auszieht.

Bei einem Gewitterblitz fließt der Strom durch einen sogenannten Blitzkanal, der etwa einen Zentimeter dick ist. Der Blitzkanal bahnt sich einen zackigen, verzweigten Weg von der Wolke zur Erde oder zwischen den Wolken. Die Luft wird dort unvorstellbar heiß: 30 000 Grad Celsius. Das ist fünfmal so heiß wie die Oberfläche der Sonne! Derart heiße Gase leuchten – so entsteht der helle Lichtblitz. Der Stromstoß dauert nur einen Sekundenbruchteil an. Meist gibt es kurz hintereinander mehrere Entladungen durch denselben Blitzkanal, daher sieht man Blitze flackern.

Der Donner kommt auch von der plötzlichen Erhitzung der Luft. Sie dehnt sich dabei explosionsartig aus und fängt an zu schwingen, so wie eine Glocke schwingt, wenn man dagegen schlägt. Schallwellen sind ja einfach nur Luftschwingungen.

Der Schall saust mit einem Tempo von 330 Metern pro Sekunde durch die Luft – er braucht also ziemlich genau drei Sekunden für einen Kilometer. Das klingt schnell, aber Licht ist noch viel schneller: In einer Sekunde kann Licht gleich siebenmal um die ganze Erde fliegen! Den Blitz sehen wir deshalb praktisch sofort, aber den Donner dazu hören wir erst später. Wenn man die Sekunden zwischen Blitz und Donner zählt und durch drei teilt, dann weiß man, wie viele Kilometer entfernt der Blitz war. Dauert es weniger als 15 Sekunden, dann ist das Gewitter keine 5 Kilometer mehr entfernt und man ist schon in der Gefahrenzone, in der der nächste Blitz einschlagen könnte.

Wie die Wetterküche ein Gewitter kocht

Um ein richtiges Gewitter zu machen, braucht die Natur drei Zutaten. Die erste Zutat ist Wasserdampf (also feuchte Luft) in Bodennähe. Der Wasserdampf ist der Sprit, aus dem das Gewitter Energie bezieht. Zweitens muss die Luft nach oben hin rasch kälter werden, das heißt, in Bodennähe muss sie viel wärmer sein als in einigen Kilometern Höhe. Als dritte Zutat muss etwas die feuchte Luft vom Boden hochheben.

Was dann passiert, ist eine spannende Kettenreaktion: Eine Blase feuchter Luft steigt auf. Dabei kühlt sie sich ab, denn nach oben hin nimmt der Druck ab und die Luft dehnt sich aus. Ihr kennt den umgekehrten Effekt von der Luftpumpe: Drückt man darin Luft zusammen, wird sie warm. Kalte Luft kann aber weniger Wasserdampf halten – ein Teil des Wasserdampfes wird deshalb flüssig, und es bilden sich Wassertröpfchen. Das sind die Wolken, die wir vom Boden aus sehen. Wenn Wasserdampf flüssig wird, wird Wärme frei – umgekehrt muss man Wärme hineinstecken, um flüssiges Wasser zu verdunsten, also in Wasserdampf umzuwandeln. Wärme ist eine Form von Energie, und Energie bleibt insgesamt immer erhalten, sie verschwindet niemals, sie verwandelt sich nur – darüber reden wir noch im nächsten Kapitel.

Zurück zur aufsteigenden Luft: Die freigesetzte Wärme aus dem Wasserdampf macht die aufsteigende Luftblase wärmer als die Luft drum herum und damit auch leichter. Nun steigt sie erst recht auf, so wie ein Heißluftballon, nur ohne die Stoffhülle. Dabei wird noch mehr Wasserdampf in Tröpfchen umgewandelt und es wird noch mehr Wärme frei, die Luft steigt noch schneller – bis aller Wasserdampf verbraucht ist. Jetzt ist klar, weshalb wir den Wasserdampf den Sprit genannt haben, dessen Energie die Gewitterküche befeuert. Es brodelt nun richtig in der Luft, Luftblasen und Wolken steigen heftig nach oben.

Außer Blitz und Donner entsteht dabei auch starker Regen, denn die vielen entstandenen Wassertröpfchen fallen irgendwann herunter. Die rasch aufsteigende Luft hebt die Wassertröpfchen aber vorher manchmal in so große Höhen, dass sie gefrieren, weil es dort oben so kalt ist. Wenn die gefrorenen Tröpfchen schließlich herunterfallen, dann hagelt es bei uns unten am Erdboden. In seltenen Fällen können Hagelkörner gefährlich groß werden. Das schwerste, das je gefunden wurde, wog 759 Gramm und hatte einen Durchmesser von 14 Zentimetern – so etwa wie eine Honigmelone. Im Sommer 2006 berichteten Zeitungen sogar, dass in Kroatien eine ganze Schafherde vom Hagel erschlagen wurde. Manchmal fallen auch riesengroße, eiskalte Regentropfen. Das waren dann Hagelkörner, die auf dem Weg zum Boden wieder geschmolzen sind.

Die Meteorologen – so nennt man die Wissenschaftler, die sich mit dem Wetter beschäftigen – unterscheiden verschiedene Arten von Gewittern, je nachdem, wieso die Luft aufzusteigen beginnt. Wärmegewitter gibt's im Sommer meist am Nachmittag oder Abend. Sie entstehen, weil die Sonne die Luft in Bodennähe stark aufheizt und außerdem durch Verdunstung von Wasser mit Feuchtigkeit sättigt. Ab einem bestimmten Punkt steigen dann Warmluftblasen nach oben. Die selteneren Wintergewitter laufen im Grunde ähnlich ab, nur entsteht der nötige starke Temperaturunterschied nicht durch Heizen am Boden (dazu ist die Sonne im Winter zu schwach), sondern durch Abkühlung der hohen Luftschichten, zum Beispiel, wenn in großer Höhe eisige Polarluft heranströmt. Eine weitere Art sind die Frontgewitter, die oft vor einer Kaltfront auftreten und daher

Donner-Versuch

Füll mit einem Trichter Mehl in einen Luftballon und blas ihn auf. Jetzt stell dich im Abstand von mindestens 200 Schritten von einem Freund auf der Straße auf. Dann lass den Ballon mit einer Nadel zerplatzen. Dein Freund sieht jetzt das Mehlwölkchen – aber den Knall hört er erst etwas später.

einen Wetterwechsel ankündigen. Dabei schiebt sich die herannahende kalte (und daher schwere) Luft wie ein Keil unter die vorhandenen feuchtwarmen Luftmassen und drückt sie nach oben, was wiederum die oben geschilderte Kettenreaktion auslösen kann. Eine letzte Art sind die Gebirgsgewitter. Wenn die Luft ein Gebirge überströmt, wird sie zwangsläufig dabei nach oben gehoben, und auch dies kann ein Gewitter auslösen.

Der teuerste Hagel

Am 12. Juli 1984 prasselte abends ein schwerer Hagelsturm auf München nieder. Aus den bis zu 12 Kilometer hoch aufgetürmten Gewitterwolken donnerten Eisbrocken so groß wie Walnüsse oder gar Tennisbälle herunter. Nach einer Viertelstunde war der Spuk vorbei – und 70000 Häuser, 150 Flugzeuge und mehr als 200000 Autos waren kaputt. Für die deutschen Versicherungen war das bis dahin der größte Schadensfall in ihrer Geschichte.

Wie viele Blitze gibt es auf der Welt?

In jeder Sekunde entladen sich auf der Erde rund 100 Blitze, denn zu jedem beliebigen Zeitpunkt gibt es zwischen 2000 und 3000 Gewitter irgendwo auf der Erde. In einem Jahr macht das über drei Milliarden Blitze! In Deutschland sind es immerhin über zwei Millionen. Wer die alle gezählt hat? – Tausende von Wetterforschern haben ein Jahr lang Tag und Nacht Ausschau gehalten und alles notiert. – Nun ja, das ist geschwindelt. In Wahrheit haben zwei Satelliten von ihrer Umlaufbahn aus diese Daten gesammelt; sie hatten Spezialgeräte an Bord, mit denen sie automatisch Blitze erkennen konnten.

Diese Satelliten zeigen auch, wo es die meisten Blitze gibt: nämlich in der Nähe des Äquators, und die allermeisten im afrikanischen Kongobecken. Dort kann man an jedem beliebigen Ort fast täglich Hitzegewitter erleben. Durch aufsteigende Warmluftblasen lüftet die Atmosphäre in den Tropen jeden Abend die tagsüber aufgestaute Hitze einfach weg. Deutschland sieht im Vergleich ziemlich langweilig aus. Wer bei uns viele Blitze sehen will, muss möglichst nach Süden fahren, am besten in den Schwarzwald, und außerdem im Sommer, denn im Sommer gibt es viel mehr Gewitter als im Winter.

Übrigens: Nur jeder zehnte Blitz sieht aus, wie wir uns einen Blitz vorstellen, und erreicht den Erdboden. Die meisten Blitze springen zwischen Wolken über. Oft sieht man diese Blitze nicht direkt, nur ihren Widerschein in den Wolken. Bei Gewittern in großer Entfernung ist das auch so. Man spricht dann von Wetterleuchten.

Kugelblitze

Wissenschaftlich noch nicht richtig erklärbar ist der selten auftretende Kugelblitz. Es gibt zahlreiche Berichte über diese etwa fußballgroßen, schwebenden Lichtkugeln, die auf einmal in Gewitternähe auftauchen und nach einigen Sekunden wieder verschwinden. Mein Schwiegervater hat einmal in einem heftigen Gewitter in Potsdam einen Kugelblitz die Straße entlangrollen sehen, der schließlich eine Hauswand bis zum Dach hinaufstieg. Erst kürzlich ist es Forschern gelungen, etwas Ähnliches wie einen Kugelblitz im Labor zu erzeugen.

Mit viel Glück kann man einige besonders seltene Gewitterphänomene beobachten, das Elmsfeuer etwa. Hohe metallene Gegenstände wie zum Beispiel ein Antennenmast oder ein Gipfelkreuz scheinen dann Funken zu sprühen.

Sind Gewitter wirklich gefährlich?

Viele Menschen haben bei Gewittern große Angst, vom Blitz getroffen zu werden. Das kann auch wirklich passieren. Allerdings sterben derzeit in Deutschland nur etwa sieben Menschen pro Jahr durch Blitzschlag. Im Vergleich: Von den 80 Millionen Deutschen kommen im Jahr rund 5000 durch Verkehrsunfälle ums Leben. Man könnte also meinen, die Gefahr durch Gewitter sei nur minimal – der Blitztod »so wahrscheinlich wie ein Sechser im Lotto«, wie man manchmal liest. Doch muss man natürlich bedenken, dass sich die meisten Menschen kaum je der Gefahr eines Gewitters aussetzen, dafür aber ständig am Straßenverkehr teilnehmen (und viele spielen jede Woche Lotto). Dafür spricht auch, dass im 19. Jahrhundert in Deutschland noch jährlich 300 Menschen durch Blitze starben, weil viel mehr Menschen draußen auf den Feldern arbeiteten.

Machen wir doch einfach mal eine grobe Schätzung: Das machen Forscher gerne in den Fällen, in denen sie keine genauen Erkenntnisse haben. Nach statistischen Untersuchungen nimmt ein Deutscher im Schnitt täglich eineinviertel Stunden am Straßenverkehr teil, also knapp 500 Stunden im Jahr. Die Gefahr, während einer Stunde im Straßenverkehr umzukommen, beträgt daher eins zu acht Millionen (die Zahl ergibt sich aus 80 Millionen Deutschen mal 500 Stunden geteilt durch 5000 Opfer). Es ist nicht bekannt, wie lange sich ein Deutscher pro Jahr im Durchschnitt bei Gewitter im Freien aufhält, aber man kann versuchen, das zu schätzen und dazu auch Freunde und Familie fragen. Man muss dabei bedenken, dass manche gar nie bei Gewitter draußen sind, dass aber andererseits Wanderer, Segler, Rad- und Motorradfahrer, Golfspieler oder Bauern durchaus einmal fern von schützenden Räumen in ein Gewitter geraten – und dass viele Menschen zumindest einige Minuten im Gewitter unterwegs sind, vom Parkplatz zur Haustür zum Beispiel. Nehmen wir mal an, dass pro Person im Durchschnitt pro Jahr vielleicht fünf Minuten im Gewitter zusammenkommen. Machen wir damit dieselbe Rechnung wie mit dem Verkehr: Demnach sollte bei einer Stunde im Gewitter das Todesrisiko bei etwa eins zu einer Million liegen, rund zehnmal so hoch wie im Straßenverkehr.

Blitzwunder

Angeblich gibt es einen Menschen, der siebenmal vom Blitz getroffen wurde: den ehemaligen Parkaufseher Roy C. Sullivan aus Virginia in den USA. Er berichtet, dass es zwei Sekunden vorher immer in den Haaren knisterte!

Bei einer derart groben und damit unsicheren Abschätzung einer Gefahr sollte man besser auf »Nummer sicher« gehen, schließlich könnte man sich verschätzt haben – gehen wir also sicherheitshalber einmal davon aus, dass die Gefahr im Gewitter vielleicht doch noch zehnmal größer ist, als eben geschätzt. Dann wären fünf Minuten im Gewitter so gefährlich wie sieben Stunden im Verkehr. Vor Letzterem hat kaum jemand große Angst. Wir sehen also: Es gibt keinen Grund für übertriebene Ängste bei Gewittern.

Wohl aber für vernünftige Vorsichtsmaßnahmen, mit denen man die Gefahr deutlich verringern kann. Blitze schlagen besonders gern in hoch emporragende Gegenstände ein, etwa in einen einzeln stehenden Baum. Von Bäumen und Masten sollte man daher einige Meter Abstand halten. Man sollte aufpassen, nie selbst der höchste Punkt in der Umgebung zu sein. Ich würde auch nicht mitten im Gewitter schwimmen gehen, denn Wasser leitet den Strom, und man kann von einem zehn

Michael Faraday

bis zwanzig Meter entfernt ins Wasser einschlagenden Blitz verletzt werden. Wenn man auf offenem Feld in ein Gewitter gerät, kann man die Gefahr verringern, indem man sich mit eng zusammengestellten Füßen hinkauert, möglichst in eine Mulde. Aber nicht hinlegen, denn wenn ein Blitz in der Nähe in den Boden trifft, gibt es ein Spannungsgefälle im Boden. Das heißt, wer liegt, hat am Kopf eine andere Spannung als an den Füßen, und dadurch kann Strom durch den Körper fließen.

Bei nahendem Gewitter sollte man möglichst ein Haus oder Auto aufsuchen, dort ist man weitgehend sicher. Autos sind sogenannte Faraday'sche Käfige. Der berühmte englische Physiker Michael Faraday konnte im 19. Jahrhundert nachweisen, dass Strom bei einem Metallkäfig außen herumläuft, ohne im Innenraum spürbar zu werden. Ich selbst saß einmal in einem ICE, der im Rheintal vom Blitz getroffen wurde. Im Zug merkte man davon gar nichts – außer dass der Zug plötzlich auf offener Strecke hielt und erst nach einer längeren Pause weiterfuhr, nachdem der Lokführer geprüft hatte, dass alle elektronischen Systeme noch funktionierten. Denn Elektrogeräte – besonders die empfindlichen Computer – gehen durch einen Stromschlag leicht kaputt. In Häusern kann man übrigens auch bei Gewitter gefahrlos telefonieren, baden oder duschen, vorausgesetzt, die Telefonleitung ist unterirdisch verlegt und die Wasserleitung vorschriftsmäßig geerdet, also mit einer elektrisch leitfähigen Verbindung zum Erdboden versehen. Bei einfachen Berghütten oder im Ausland kann man sich darauf aber nicht immer verlassen. In Amerika sind zum Beispiel viele Leitungen noch überirdisch an Leitungsmasten verlegt.

Was wenige wissen: Die meisten Menschen überleben einen Blitztreffer, nur jeder vierte stirbt daran. Der Stromstoß dauert nur einen Sekundenbruchteil, und der größte Teil des Stromes fließt außen über die Körperoberfläche und dringt nicht in den Körper ein. Bei Atemstillstand helfen Wiederbelebungsmaßnahmen. Wichtig ist, dass man nach einem Blitzschlag von einem Spezialisten richtig behandelt wird, denn es können Spätfolgen auftreten, etwa Kopfschmerzen und Gedächtnisprobleme.

Sind Windhosen Hosen?

Das Wort Windhose hat nichts mit Beinkleidern zu tun. Es kommt vom englischen Wort *hose*, was Schlauch bedeutet.

Wilde Winde

Nicht nur Gewitter können ganz schön aufregend und manchmal bedrohlich sein. Unser Planet Erde hat ein ganzes Arsenal an wildem Wetter zu bieten. Zum Beispiel Tornados, auch Windhosen genannt. Das sind kleine, aber heftige Luftwirbel, die meist unter einer Gewitterwolke entstehen und bis zum Boden herunterreichen. Mal sehen sie aus wie ein dünner Wolkenschlauch, allenfalls so breit wie ein Haus, mal wie ein großer Trichter, so breit wie ein ganzes Dorf. Mal wüten sie kaum eine Minute, mal bis zu einer Stunde lang. Über dem Meer werden diese Luftwirbel auch Wasserhosen genannt, sie saugen dann regelrecht Wasser in die Höhe.

Nirgendwo auf der Erdoberfläche hat man je so starken Wind gemessen wie in einem Tornado: fast 500 Stundenkilometer schnell! Die brutale Gewalt dieser Stürme kann ganze Häuser zerfetzen, Kühe hoch in die Luft wirbeln und Wälder dem Erdboden gleichmachen.

Ihre geballte Kraft bekommen diese Stürme vom »Ballerina-Effekt« (eine Ballerina ist eine Baletttänzerin), den man am besten beim Eiskunstlauf beobachten kann. Wenn eine Eistänzerin, die sich zunächst mit ausgebreiteten Armen dreht, die Arme ganz nah an den Körper nimmt, wirbelt sie schneller herum. Anders gesagt: Der Drall (wir Physiker nennen es »Drehimpuls«) der Drehbewegung bleibt gleich, das ist ein Gesetz der Physik, aber er wird auf engstem Raum gebündelt. Dadurch wird die Drehung schneller. Die Tornados nehmen den Drall oft aus einem rotierenden großen Gewitter und konzentrieren ihn in eine kleine Windhose, die sich umso rascher dreht, je enger sie sich zusammenzieht – wie die Eiskunstläuferin.

Sturmjäger

In den USA jagen viele *storm chasers*, Sturmjäger, in ihren oft speziell ausgerüsteten Autos Tornados hinterher. Manche von ihnen arbeiten für Forschungsinstitute, andere betreiben es als gefährliches Hobby. Sie wollen nur die Naturgewalten beobachten und spektakuläre Fotos machen.

Die meisten Tornados gibt es in den USA, dort zählt man über tausend im Jahr. Zum Glück sind die meisten nicht so schlimm, nur rund ein Dutzend davon gehört in die Kategorie »zerstörerisch«, die bei Windgeschwindigkeiten über 320 Stundenkilometern anfängt. Und nur ein kleiner Teil trifft auf Häuser und Menschen. Über den Great Plains, der riesigen Ebene im Zentrum der Vereinigten Staaten, sind die Bedingungen für die Entstehung von Tornados besonders günstig. Es gibt dort eine regelrechte »Tornadostraße« vom nördlichen Texas bis nach Minnesota. Das liegt an den besonders schweren Gewittern, den »Superzellen«, die sich dort bilden. Wenn die Bedingungen stimmen, kommt es oft zu einem ganzen Schwarm von Tornados innerhalb von wenigen Stunden.

Doch nie zuvor kam es so dicke wie im April 2011, als unglaubliche 875 Tornados über das Land zogen; über 300 davon in einem einzigen verheerenden Aus-

bruch. Das war Rekord: Nicht nur der »Super Outbreak« (148 Tornados bei einem Ausbruch) aus dem April 1974 wurde damit weit in den Schatten gestellt, sondern auch der bisherige Rekord der meisten Tornados in einem Monat (542 Stück im Mai 2003).

Auch bei uns in Mitteleuropa, also auch in Deutschland, Österreich und der Schweiz gibt es Tornados, insgesamt immerhin einige Dutzend im Jahr. Meist sind sie harmlos. Gelegentlich kommt es aber auch zu Schäden. Am 27. März 2006 warf ein Tornado in Hamburg Bäume und Baukräne um, und in einem Teil der Stadt fiel der Strom aus.

Katrina, der Monstersturm

Am Dienstag, dem 23. August 2005, bildete sich über den Bahamas, einer Inselgruppe im westlichen tropischen Atlantik, ein Tiefdruckgebiet. Das nationale Hurrikanzentrum der USA nannte es das tropische Tiefdruckgebiet Nummer 12. Die Wetterexperten in Miami verfolgen jedes Tief im tropischen Atlantik genau. Schon am nächsten Morgen hatte es sich so verstärkt, dass es zu einem Tropensturm hochgestuft wurde. Er erhielt den Namen *Katrina;* der Anfangsbuchstabe *K* signalisierte den elften Tropensturm der Saison.

> **Ruhe vor dem Sturm**
>
> Die sprichwörtliche Ruhe vor dem Sturm, bei Tropenstürmen gibt es sie wirklich. Weil in der Mitte dieser Stürme viel Luft aufsteigt, sinkt sie außen wieder herab. Absinkende Luftmassen sind meist mit ruhigem, sonnigem Wetter verbunden. Bevor es Wettervorhersagen und Satelliten gab, ahnten die Menschen oft nichts von einem nahenden Wirbelsturm. Am Tag vor der Katastrophe genossen sie vielleicht einen herrlichen Tropenabend, statt ihr Haus mit Brettern zu vernageln und ins Landesinnere zu fliehen.

Katrina driftete erst nach Nordwesten und bog dann nördlich der Bahamas nach Westen ab in Richtung Florida. Dabei verstärkte sich der Sturm allmählich. Das Hurrikanzentrum gab eine Sturmwarnung für Florida heraus. Keine zwei Stunden bevor er am Donnerstag auf die Küste von Florida traf, hatte *Katrina* Hurrikanstärke erreicht und ein Auge entwickelt. Trotz rechtzeitiger Warnung richtete der Sturm dort über eine Milliarde Dollar an Schäden an, die Sturmflut erreichte eineinhalb Meter Höhe, und 14 Menschen kamen ums Leben. Der Gouverneur von Florida rief den Notstand aus, mehr als eine Million Menschen waren ohne Strom. Über Land schwächte der Sturm sich ab. Und doch war das erst ein kleiner Vorgeschmack dessen, was *Katrina* noch zu bieten hatte.

Florida ist eine Halbinsel, und *Katrina* benötigte nur sechs Stunden, um sie zu überqueren und wieder auf das Meer hinauszugelangen, in den warmen Golf von Mexiko. Eine Stunde danach war *Katrina* wieder ein Hurrikan. In den folgenden beiden Tagen verdoppelte der Sturm seine Größe, er war jetzt größer als ganz Deutschland. Und er entwickelte über dem warmen Wasser eine ungeheure Kraft: Am 28. August erreichte er die höchste Hurrikanstufe 5 und Windgeschwindigkeiten von bis zu

280 Stundenkilometern. Damit war *Katrina* der stärkste Hurrikan, der je über dem Golf von Mexiko verzeichnet wurde – ein Rekord, der allerdings später im selben Jahr vom Hurrikan *Rita* nochmals überboten wurde.

Wer hat schon mal bei 140 Sachen die Hand aus dem Autofenster gestreckt und gespürt, wie stark der Fahrtwind dagegendrückt? Dazu muss man wissen, dass bei 280 Stundenkilometern der Winddruck nicht doppelt, sondern viermal so stark ist! Denn die Kraft des Windes steigt quadratisch an.

Der Monstersturm zog jetzt geradewegs nach Norden auf die Stadt New Orleans zu. Erstmals in der Geschichte ordnete der Bürgermeister die komplette Evakuierung an. Am Samstagmorgen traf das Auge des Sturms auf Land. Dabei hatte New Orleans noch Glück im Unglück: Erstens hatte sich *Katrina* in den vorangegangenen Stunden abgeschwächt und war nur noch ein Sturm der Kategorie 3. Und zweitens drehte der Sturm in letzter Minute ab, sein Auge traf das Land östlich der Stadt. Ein Volltreffer auf die Stadt wäre schlimmer gewesen – ein Treffer weiter westlich aber auch, denn die höchste Sturmflut gibt es immer auf der Ostseite eines Hurrikans, wo der Wind auflandig ist, das heißt Richtung Land weht. In den ersten Stunden sah es so aus, als sei New Orleans das Schlimmste erspart geblieben.

Doch am folgenden Tag, am 29. August, stellte sich heraus, dass auch so die Deiche der Sturmflut nicht gewachsen waren. An 53 Stellen brachen sie. Weil New Orleans zum großen Teil unter dem Meeresspiegel liegt und nur durch die Deiche trocken gehalten wird, liefen jetzt 80 Prozent der Stadt zum Teil über sieben Meter hoch voll Wasser. In der Stadt herrschten daraufhin chaotische Zustände. Tausende von Menschen, die nicht rechtzeitig aus der Stadt geflohen waren, suchten Schutz in einem großen Sportstadion. Die Versorgung

Hurrikanstärken

Die Stärke von Hurrikanen wird auf einer fünfstufigen Skala angegeben, je nach Windgeschwindigkeit:
Kategorie 1: ab 118 km/h*
Kategorie 2: ab 154 km/h
Kategorie 3: ab 178 km/h
Kategorie 4: ab 210 km/h
Kategorie 5: ab 249 km/h
* Kilometer pro Stunde oder Stundenkilometer

Schnell in jeder Hinsicht

Hurrikan *Wilma* entwickelte sich 2005 zum Staunen der Experten innerhalb eines Tages vom Tropensturm unterhalb der Hurrikanschwelle die ganze Stufenleiter hoch bis zum stärksten je im Atlantik gemessenen Sturm, mit Winden bis 295 Stundenkilometern.

Orkane

Allgemein wird jeder Wind, der über 118 Stundenkilometer erreicht, als Orkan bezeichnet, ganz gleich ob tropischer Wirbelsturm oder Sturm über der Nordsee.

und Evakuierung der Menschen war schwierig, da fast alle Straßen nach New Orleans unpassierbar waren.

Katrina war mit rund 100 Milliarden Dollar Sachschaden der teuerste und mit rund 1800 Todesopfern einer der tödlichsten Wirbelstürme in der Geschichte der USA. Drei Jahre nach dem Sturm war ein Viertel der früheren Einwohner von New Orleans immer noch nicht in ihre Stadt zurückgekehrt.

Kleine Wirbel, große Wirbel

Von allen Wetterphänomenen richten tropische Wirbelstürme wie *Katrina* am meisten Leid und Elend an. Tropenstürme aus dem Indischen Ozean haben in Indien und Bangladesch in den letzten dreihundert Jahren schon mehr als eine Million Menschenleben gefordert.

Wenn Tornados kleine Wirbel sind, dann sind die tropischen Wirbelstürme Riesenwirbel – und den machen sie auch. Sie sind nicht nur größer, sondern sie leben zudem viel länger als Tornados: manchmal wochenlang. Weil sie so groß sind, gehorchen sie anderen physikalischen Gesetzen als die kleinen: Die Drehbewegung der Tropenstürme kommt direkt von der Erdrotation. Anders als Tornados drehen sich daher alle Hurrikane und Taifune gleichsinnig, nämlich linksherum auf der Nordhalbkugel und rechtsherum auf der Südhalbkugel. Direkt am Äquator gibt es keine, denn dort würden sie ja gar nicht wissen, in welche Richtung sie sich drehen sollen. Das ist kein Scherz: Am Äquator ist die Achse der Erdrotation parallel zur Meeresoberfläche, und deshalb werden Stürme dort nicht durch die Erddrehung in Rotation versetzt.

Arlene, Bret, Cindy …

Die Namen von Tropenstürmen folgen dem Alphabet und fangen jede Saison wieder mit A an. Die Hurrikane des Jahres 2005 hießen zum Beispiel Arlene, Bret, Cindy, Dennis, Emily usw. 2005 reichten erstmals die Buchstaben des Alphabets nicht aus, weil es so viele Stürme im Atlantik gab wie nie zuvor. Das Hurrikanzentrum musste die weiteren Stürme mit griechischen Buchstaben kennzeichnen: Alpha, Beta, Gamma, Delta, Epsilon.

Jeder Tropensturm erhält einen eigenen Namen wie *Anna* oder *Gustav*, sobald er sich aus einer normalen Tiefdruckstörung zu einem richtigen Sturm entwickelt hat, in dem der Wind mit mehr als 62 Stundenkilometern weht. Ab einer Windgeschwindigkeit von 118 Stundenkilometern bezeichnet man diese Stürme in Amerika als Hurrikan und in Asien als Taifun, in anderen Gegenden als schwere tropische Zyklone. Die Idee mit den Eigennamen hatte ein Meteorologe in Australien schon im 19. Jahrhundert. Er benannte die Tropenstürme dort nach griechischen Göttern oder auch mal nach Politikern, die er nicht leiden konnte. Seit 1953 gab der US-Wetterdienst den Hurrikanen Frauennamen. Erst in den siebziger Jahren ging man dann dazu über, den Stürmen im Zuge der Gleichberechtigung abwechselnd Frauen- und Männernamen zu geben.

Aus dem Weltall betrachtet sind diese Stürme von beeindruckender Schönheit, ein echtes Wunder der Natur – so schrecklich sie auch für die Menschen sind, die sie am Boden erleben müssen. Es sind riesige runde Wolkenräder mit langen weißen Spiralarmen aus Eiskristallen, ähnlich den Spiralgalaxien im Weltall. In der Mitte sitzt das Auge des Sturms, eine kreisrunde Röhre, umschlossen von senkrechten Wolkenwänden. Im Auge ist es windstill, der Himmel ist fast wolkenlos blau. Doch am Rand des Auges, in der Wolkenwand, toben die allerstärksten Böen des Sturms, die schlimmste Verwüstungen anrichten. Schon manch einer hat es mit dem Leben bezahlt, als er im Auge des Sturms aus seinem Schutzraum kam, weil er glaubte, der Sturm sei vorbei. Doch wenn gerade die vordere Wand des Auges an einem vorbeigezogen ist, dann folgt die hintere Wand so sicher wie das Amen in der Kirche. Der Sturm kommt dann plötzlich mit voller Wucht aus der Gegenrichtung.

Kaum zu glauben, dass wagemutige Piloten, die *hurricane hunters* (Hurrikan-Jäger), regelmäßig direkt in das Herz tropischer Wirbelstürme fliegen. Im Auge des Sturms machen sie Messungen, die den Wetter-

Zyklone und Antizyklone

Nein, es geht hier nicht um Zyklopen, die einäugigen Wesen aus den griechischen Sagen. Ein Zyklon ist der Windwirbel um ein Tiefdruckgebiet, der sich auf der Nordhalbkugel gegen den Uhrzeigersinn dreht, auf der Südhalbkugel dagegen im Uhrzeigersinn. Das liegt an der Erddrehung, und diese Drehrichtung nennt man »zyklonal«. Die umgekehrte Drehrichtung heißt »antizyklonal« und bezeichnet die Drehrichtung des Windes um ein Hochdruckgebiet.

experten des Hurrikanzentrums bei der Vorhersage der Stürme helfen. Schon seit 1944 werden alle Tropenstürme im Atlantik so untersucht. Die Besatzung wirft Sonden ab, die an einem kleinen Fallschirm hängen und per Funk ihre Messdaten übermitteln.

Die Journalistin Mary Wozniak durfte im März 2008 in den Hurrikan *Gustav* mitfliegen. Als sich das Flugzeug dem Auge näherte, wurde es kräftig durchgeschüttelt und hin und her geworfen. »Das Auge des Hurrikans ist unbeschreiblich«, schrieb sie. »Der massive Wolkenring ist wie das Ufer eines weiten, großen Sees aus Nichts, in dem nur ein paar verstreute Wölkchen treiben. Man kann durch sie hinunterblicken auf die kochende blaue Lava der sturmgepeitschten See.«

Was treibt diese furchtbar schönen Monsterstürme an? Es ist die Energie des Meeres. Tropenstürme sind Wärmemaschinen, die die Wärmeenergie des tropischen Ozeans aufsaugen und in Wind verwandeln. Das funktioniert genauso wie bei den Gewittern, und Tropenstürme entstehen auch oft aus Gewittern. Feuchte warme Luft steigt wie in einem Kamin auf, dabei wird der Wasserdampf flüssig und Wärme wird frei, so steigt die Luft noch rascher auf. Über den tropischen Meeren funktioniert das besonders gut. Der Nachschub an feuchtwarmer Luft ist dort unbegrenzt. Der Wind selbst liefert diesen Nachschub, denn Wind lässt das Wasser rascher verdunsten. Wo immer das Meerwasser wärmer ist als 26 Grad Celsius, kann so ein fataler Teufelskreis entstehen: Wind facht die Verdunstung an, und der verdunstete Wasserdampf wird nach oben gesogen und facht dabei wiederum den Wind an. Die Erddrehung lenkt die Winde ab, die von allen Seiten auf den Warmluftkamin im Zentrum des Sturms hinströmen. So entsteht ein stabiler, geordneter Wirbelsturm.

Dieser Wirbelsturm zieht meist den vorherrschenden großräumigen Winden folgend nach Westen, dreht irgendwann Richtung Pol ab (also auf der Nordhalbkugel nach Norden) und zieht dann in einem großen Bogen ostwärts, wenn er in die Westwindzone der mittleren Breiten kommt. So landen die abgeschwächten Ausläufer der Hurrikane in der Karibik oft Tage später bei uns in Europa.

Kaputt kriegen können einen tropischen Wirbelsturm eigentlich nur zwei Dinge. Entweder ungünstige Höhenwinde, die ihm oben die Wolken wegpusten und den Sturm regelrecht zerreißen. Oder aber dem Sturm geht der Sprit aus, weil er über kaltes Wasser läuft oder auf Land trifft.

Wehe dem Land, das einem solchen Sturm im Weg steht. Der Wind kann so stark sein, dass er in einem großen Gebiet Bäume wie Streichhölzer umknickt, Häuser und Industrieanlagen zerstört und die Ernten auf den Äckern vernichtet. Dazu kommt die Sturmflut dort, wo der Wirbelsturm das Meerwasser an die Küste drückt. Eine solche Sturmflut kann sechs Meter Höhe oder mehr erreichen und ganze Küstenstriche unter Wasser setzen. Und das ist noch nicht alles. Hinzu kommt

sintflutartiger Regen – denn all das verdunstete Wasser muss ja auch wieder herunterkommen. Oft ist es der Regen, der die schlimmsten Überschwemmungen und Schäden verursacht. Es kann noch tagelang gießen, nachdem ein Tropensturm an Land gegangen ist und sich abgeschwächt hat. Taifun *Nina* überschüttete die chinesische Küste bei Shanghai im Jahr 1974 mit sagenhaften 1,6 Metern Regen innerhalb von drei Tagen. Beinahe hunderttausend Menschen kamen in den Fluten um. Wenn ein Tropensturm an Land gegangen ist, gibt es dort überdies beste Bedingungen für Tornados. Bis zu sechzig Tornados hat man in einem einzigen tropischen Wirbelsturm nach seinem Landgang gefunden.

Lothar und Kyrill

In Deutschland sind wir zum Glück vor tropischen Wirbelstürmen sicher. Trotzdem können auch bei uns heftige Orkane auftreten, zumeist im Winter. Wer erinnert sich an *Lothar* und *Kyrill*?

Lothar kam am zweiten Weihnachtsfeiertag im Jahr 1998. Das Orkantief hatte sich urplötzlich draußen auf dem Meer vor der französischen Küste zusammengebraut, eine sogenannte »meteorologische Bombe«. Dadurch gab es kaum Vorwarnungen. Der Sturm zog rasch über Frankreich und die Schweiz nach Süddeutschland und Österreich. Auf dem Hohentwiel am Bodensee wurde mit 272 Stundenkilometern die stärkste Bö gemessen. Das ähnelt den heftigsten Tropenstürmen – allerdings reden wir hier von einer kurzen Bö auf einer Bergkuppe, nicht von anhaltenden Winden direkt über dem flachen Meer wie bei den Hurrikanen.

Lothar schlug eine Schneise der Zerstörung durch viele Waldgebiete, und er beschädigte unzählige Gebäude. Über zwanzig Menschen kamen ums Leben. Die Versicherungen mussten riesige Summen (6 Milliarden Dollar) auszahlen, um die Schäden zu ersetzen. Für sie war es ein schwarzer Tag – so teuer war noch nie ein Sturm in Europa gewesen.

Kyrill schlug am 18. Januar 2007 zu. Das Orkantief war schon Tage von Neufundland her über den Atlantik unterwegs gewesen, und es gab diesmal rechtzeitige Unwetterwarnungen. Anders als *Lothar* kam *Kyrill* über Irland, England und die Nordsee zu uns. Dort befürchtete man eine extreme Sturmflut, aber zum Glück passierte nichts. Denn der Sturm bewegte sich so schnell über die Nordsee hinweg, dass der stärkste Wind bei Ebbe wehte und schon wieder abgeflaut war, als die Flut kam. Oft entstehen Katastrophen ja durch das unglückliche Zusammentreffen mehrerer Umstände – zum Beispiel ein starker Sturm aus ungünstiger Richtung genau

zum Zeitpunkt der höchsten Flut –, aber in diesem Fall hatte man Glück.

Wegen der Unwetterwarnungen wurde erstmals in der Geschichte der deutschen Bahn vorsorglich der gesamte Fernverkehr über Nacht gestoppt. Viele Bahnreisende mussten in den stehenden Zügen schlafen. Autobahnbrücken wurden gesperrt. Und die Schüler freuten sich: An vielen Schulen fiel der Unterricht aus, zumindest am Nachmittag. Auch *Kyrill* knickte ganze Wälder um, führte zu Stromausfällen, tötete einige Menschen und war ähnlich teuer wie der Sturm *Lothar* einige Jahre zuvor.

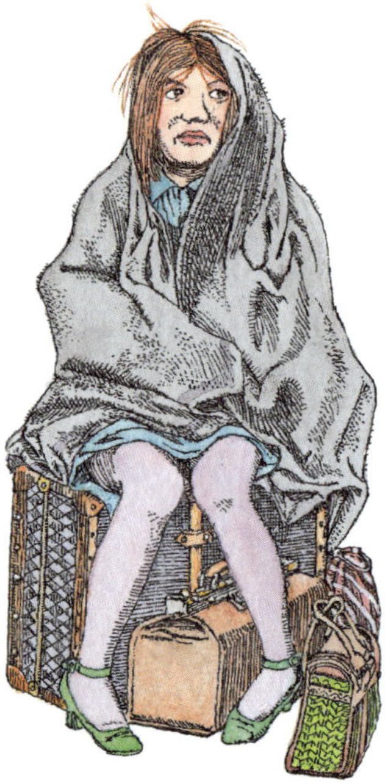

Schneewelt, Eiswelt

Im Februar 1994 saß ich in einem Flieger irgendwo über der kanadischen Ostküste; am Abend sollten wir in New York landen. Auf einmal bemerkte ich, wie wir einen scharfen Bogen flogen und wendeten. Ich wunderte mich, bis einige Minuten später die Durchsage des Piloten kam: Alle Flughäfen von New York wegen Schneesturms geschlossen, wir würden stattdessen in Montreal landen. Nach einer Nacht im Hotel im frosterstarrten Montreal konnte es am nächsten Morgen weitergehen, der Sturm war vorüber, und als eines der ersten Flugzeuge landeten wir auf der frisch vom Schnee geräumten Landebahn des Kennedy Airport.

Dieser Samstag in New York war unvergesslich: Der Autoverkehr war wegen der Schneemassen praktisch zum Erliegen gekommen, die Stadt war in eine seltsame Stille gehüllt. Nicht einmal die am Straßenrand geparkten Autos konnte man sehen – von einer dicken weißen Schneeschicht bedeckt sahen sie aus wie Schneewehen, die in der Sonne glitzerten. Manhattan gehörte den

Fußgängern, die staunend und lachend durch die vom Schnee verzauberte Welt flanierten. Einige hatten ihre Langlaufski angeschnallt und waren auf dem Weg zum Central Park, andere vergnügten sich mit Schneeballschlachten.

Solche Schneestürme, auch Blizzard genannt, sind an der Ostküste von Nordamerika nicht selten. Das liegt daran, dass weit draußen vor der Küste ein warmer Meeresstrom aus den Subtropen vorbeiströmt: der Golfstrom, über den wir im dritten Kapitel noch einmal reden. Bei der richtigen Wetterlage saugt sich die Luft mit Wasser voll, denn warmes Wasser verdunstet leicht. Eine Kaltfront schiebt kalte Luft unter die nasse Luft und hebt sie hoch; das Wasser gefriert dabei und fällt in Form von Schnee wieder herunter. Auch dazu kommen wir später noch einmal zurück, in Kapitel 4.

Der heftigste Schneesturm in New York seit Beginn der Aufzeichnungen vor 140 Jahren schlug übrigens am 12. Februar 2006 zu: 68 Zentimeter hoch lag da der Schnee im Central Park von Manhattan. Dabei blitzte und donnerte es kräftig – der Wetterdienst sprach blumig von »Donnerschnee«. Der Sturm hatte die Menschen nach einem ungewöhnlich milden Januar überrascht.

Auch in Deutschland kann es manchmal zu heftigen Schneestürmen kommen. Im November 2005 legte ein Rekordschneesturm das Münsterland lahm. In Münster fielen 32 Zentimeter – so viel wie nie zuvor in einem November, seit man dort im Jahr 1888 mit Wetteraufzeichnungen begann. Fünfzig Strommasten knickten unter der Schneelast ein. 250 000 Menschen saßen deshalb ohne Strom da und mussten das Adventswochenende bei Kerzenschein verbringen. Einige Autobahnen und Straßen waren wegen hoher Schneewehen unbefahrbar – viele Autofahrer blieben stecken und mussten die Nacht in ihren Autos verbringen.

Noch schlimmer war die Schneekatastrophe Ende 1978 in Norddeutschland. Nachdem es über Weihnachten sehr mild gewesen war, prallen am 28. Dezember frühlingshafte, feuchtwarme Luftmassen und eisige Polarluft über dem Norden aufeinander. Die Temperaturen stürzen um bis zu 30 Grad ab, stellenweise auf unter minus 25 Grad Celsius. Eisregen glasiert erst die Landschaft mit einer Eiskruste, dann beginnt ein drei Tage andauernder Schneesturm. An manchen Orten fallen bis zu 60 Zentimeter Schnee. Durch den starken Wind bilden sich meterhohe Schneewehen, der Auto- und Bahnverkehr kommt völlig zum Erliegen. Mithilfe von Panzern dringen Soldaten zu liegen gebliebenen Fahrzeugen und Zügen vor, um Menschen aus dem Schnee zu retten. Nicht alle werden rechtzeitig erreicht. Auf der Insel Rügen steckt ein Zug zwei volle Tage im Schnee fest, abgeschnitten vom Rest der Welt. Der Strom fällt flächendeckend aus. Eckernförde, Kiel, Lübeck, Wismar und Rostock kämpfen zu allem Unglück noch mit Sturmfluten. Dabei drückt der Sturm ganze Stapel von mächtigen Eisschollen in die Häfen. Und sechs Wochen später dann der Schock: Der Schnee vom letzten Sturm ist noch nicht geschmolzen, da sucht am 13. Februar ein zweiter, ähnlich verheerender Schneesturm den Norden heim. Erneut bricht der Verkehr zusammen, erneut Katastrophenalarm, erneut Schneeverwehungen und Stromausfall. Zum Glück sind die Hilfskräfte dieses Mal schon eingespielt, so kommt man besser mit dieser zweiten Katastrophe zurecht.

Noch gemeiner als verheerende Schneestürme können Eisregen sein, die zum Glück auch seltener auftreten. Bei uns in Europa kennen wir es, dass es im Winter vielleicht mal eine Stunde lang einen Eisregen gibt. Im Wetterbericht wird dann vor »Blitzeis« gewarnt. Straßen und Gehwege verwandeln sich in Eisbahnen, und die Nachrichten zeigen lustige Filme von Fußgängern, die auf den Po fallen. Mancher findet es weniger lustig, etwa wenn er sich den Arm dabei bricht oder mit dem Auto einen Blechschaden erleidet.

Doch all das ist nichts gegen die schweren Eisregen, die gelegentlich die Ostküste Nordamerikas heimsuchen. Die Gegend um Montreal in Kanada bekommt etwa 15 Mal im Jahr Eisregen ab, meist für einige Stunden. Doch im Januar 1998 kam es ganz anders. Fünf Tage lang, von Montag bis Freitag, fiel dort beinahe andauernd Eisregen. Schon am ersten Tag waren viele Zweige so von Eis ummantelt, dass sie das eigene Gewicht nicht mehr tragen konnten. Wer sich zu einem Spaziergang hinauswagte, hörte ringsherum das Knacken abbrechender Äste, gefolgt von Klirren wie von zerbrechendem Glas, wenn der kristallene Ast am Boden zerbarst.

In den nächsten Tagen krachten dann überall massenweise ganze Bäume, Strommasten und Leitungen zu Boden. Die Eisschicht wuchs auf über zehn Zentimeter Dicke! Vier Millionen Menschen waren ohne Strom und froren – einige bis zu einem Monat lang. Über hunderttausend Menschen flohen in Notunterkünfte, weil ihre Häuser bei den eisigen Temperaturen nicht mehr zu heizen waren. 120 000 Kilometer Strom- und Telefonkabel, die über 50 Jahre aufgebaut worden waren, wurden innerhalb von Stunden zerstört. Auch die Wasserversorgung in Montreal drohte zeitweise zu kollabieren – es ging sogar die Furcht vor einem Feuersturm um, wenn die Feuerwehr kein Löschwasser haben würde. 15 000 Soldaten waren im Einsatz, um hinterher die Stadt wieder aufzuräumen und bewohnbar zu machen.

Jetzt haben wir einiges an ziemlich wildem Wetter kennengelernt! In den nächsten Kapiteln wollen wir herausfinden, was das Wetter antreibt, wie das Klima funk-

Wie Eisregen entsteht

Normalerweise wird es in der Luft nach oben hin immer kälter. Eisregen kann entstehen, wenn eine Kaltluftschicht unterhalb feuchter Warmluft liegt. Der Regen fällt aus der warmen Luft heraus, durchquert die Kaltluft und kühlt dabei bis unter den Gefrierpunkt ab. Er bleibt aber vorerst flüssig, weil ein Anstoß zum Gefrieren fehlt – irgendeine Oberfläche, an der sich die ersten Eiskristalle bilden könnten. Erst wenn sie auf den Boden treffen, gefrieren die Regentropfen. Manchmal reicht es auch aus, dass der Boden unter null Grad kalt ist, weil vorher Frostwetter war. Gefriert der Regen schon in der Luft, gibt es Graupel.

Kapitel 2

tioniert und wie und wodurch es sich verändert.

Wieso ist die Erde nicht tiefgefroren?

Wer kann sich das vorstellen: die ganze Erde komplett zugefroren, eine vielleicht Hunderte Meter dicke Eisschicht auf allen Meeren, sogar in den Tropen, wo heute die Urlauber an den Stränden in der Sonne brutzeln. Oder eine Erde so warm, dass selbst in der Arktis die Palmen wachsen und Krokodile träge auf Beute lauern.
Beides hat es – soweit wir wissen – schon gegeben.
Das Geheimnis lautet Energie. Wärme ist Energie. Wer verstehen will, wieso unser Planet mal heiß und mal eisig war, der muss vor allem Energie verstehen: wo sie herkommt, wo sie hinfließt und wie die Energiebilanz unserer Erde aussieht – oder die von Mars oder Venus. Und er wird danach vielleicht nie mehr über zu heiße oder zu kalte Temperaturen jammern!

Wer schon einmal an einem Wintermorgen um halb sieben bei minus zehn Grad auf den Schulbus gewartet hat, wird sich gedacht haben: Verdammt ungemütlich hier! Warum muss es dermaßen eisekalt sein? Mir friert ja gleich der Hintern ab!

Vielleicht aber habt ihr auch nur gedacht: Warum muss ich bloß in die Schule, statt gemütlich auszuschlafen und dann in der warmen Stube ein paar Stunden spielen zu können? Eines habt ihr aber bestimmt nicht gedacht: Warum ist es eigentlich nur gemütliche minus zehn Grad kalt und nicht noch viel kälter? Dabei ist diese letzte Frage bei weitem die interessanteste! Denn die Antwort verrät uns ein spannendes Geheimnis über unser Klima, wie wir gleich sehen werden.

Minus zehn Grad ist jedenfalls sehr angenehm im Vergleich zur Temperatur auf der dunklen Seite des Mondes: Dort will wohl niemand morgens an der Haltestelle auf den Raumgleiter zur Schule warten, bei minus 170 Grad. Die Sonnenseite des Mondes ist allerdings bei plus 130 Grad auch nicht erträglicher. Auch auf der Venus würden Schulkinder es nicht viel besser haben: Da herrschen siedendheiße 460 Grad! Bei diesen Temperaturen würde es bestimmt jeden Tag Hitzefrei geben. Auf dem Mars dagegen herrschen im Durchschnitt frostige minus 46 Grad. Dabei sind Venus und Mars unsere Nachbarn im Sonnensystem, auf anderen Planeten geht es noch extremer zu.

Woran liegt es also, dass wir zwar manchmal frieren und manchmal schwitzen, aber dass alles in allem unser Raumschiff Erde für uns Menschen beste Lebensbedingungen bietet? Fast überall auf unserem blauen Planeten leben Menschen und fühlen sich wohl, von den Beduinen in der Sahara bis hin zu den Eskimo im arktischen Eis. Und auch sonst strotzt die Erde nur so vor Leben, vor unzähligen Arten von Tieren und Pflan-

Die tiefste Temperatur des Universums

Weil Wärme das Zappeln der Atome ist, gibt es eine allertiefste überhaupt denkbare Temperatur: den »absoluten Nullpunkt«. Er liegt bei minus 273 Grad Celsius. Da zappeln keine Atome mehr, ihre Bewegungen sind erstarrt und ihre Bewegungsenergie ist gleich null. Eine kältere Temperatur gibt es nirgends im Universum. Physiker nennen diese Temperatur 0 Kelvin, und der Gefrierpunkt von Wasser (0 Grad Celsius) liegt bei 273 Kelvin.

zen, die auch noch den hinterletzten Winkel erobert und besiedelt haben. Am Südpol watscheln die Pinguine herum, am Nordpol jagen Eisbären auf dem Meereis nach Robben, Echsen huschen über den glühenden Sand der Wüste Gobi, durch die tropischen Regenwälder schallen die Rufe exotischer Vögel, die Besteiger des Mount Everest begrüßen selbst in dieser Höhe Alpenkrähen, und auch am tiefsten Meeresgrund, in völliger Finsternis Tausende von Metern unter der Oberfläche, finden sich noch allerlei bizarre Kreaturen. Auf keinem anderen Planeten in unserem Sonnensystem gibt es etwas Ähnliches, selbst wenn man tatsächlich noch ein paar Spuren von Leben auf dem Mars entdecken würde.

Der Erste Hauptsatz: Wieso wir gerne Pizza essen

Wer diese riesigen Temperaturunterschiede zwischen den Planeten verstehen will, der muss erst mal das wohl wichtigste Gesetz der Physik verstehen: den Satz von der Erhaltung der Energie. Wir Physiker nennen ihn den Ersten Hauptsatz der Thermodynamik. Schon der Name »Erster Hauptsatz« lässt seine große Bedeutung erahnen. Dabei ist er ganz einfach zu verstehen: Er besagt nämlich nur, dass Energie niemals aus dem Nichts entstehen kann, und sie kann auch niemals einfach verschwinden. Die Energiemenge bleibt also immer erhalten. Die Energie wandelt sich höchstens um, denn sie ist ein echter Verwandlungskünstler. Es gibt viele Sorten von Energie: zum Beispiel Wärme, Licht, Bewegungsenergie, elektrische Energie oder chemische Energie. Die kann man alle messen, und so unterschiedlich sie auch sind, sie haben alle die gleiche Maßeinheit. Wir nennen sie »Joule« (abgekürzt »J«), nach dem britischen Physiker James Joule.

Bekannter ist die Maßeinheit »Watt« (abgekürzt »W«). Das hat nichts mit dem Wattenmeer zu tun, sondern heißt so nach dem englischen Forscher James Watt. Das Watt misst, wie viel Energie in einer Sekunde verbraucht (oder richtiger: verwandelt) wird, zum Beispiel 100 Watt in einer hellen Glühbirne. Man nennt das die »Leistung«. Leistung ist also der Energieumsatz pro Zeiteinheit, und ein Watt ist einfach ein Joule pro Sekunde.

Auch wenn die Batterie im Gameboy leer ist – die Energie aus der Batterie ist nicht verschwunden, sie hat sich nur umgewandelt in elektrische Energie (den Strom, der durch die Schaltkreise des Gameboy fließt), in Licht auf dem Display, vor allem aber in Wärme. Sicher kennt ihr es, dass viele Geräte beim Benutzen ein wenig warm werden (mein Laptop beheizt gerade meine Oberschenkel) – das liegt daran, dass am Ende einer Kette von Energieverwandlungen meist Wärme entsteht. (Den Grund dafür erklärt übrigens der Zweite Hauptsatz der Thermodynamik – aber dies soll ja kein Physikbuch werden, deshalb bleiben wir lieber beim Ersten Hauptsatz und dem Klima, auch wenn der Zweite Hauptsatz ein sehr spannendes Thema wäre!)

Jahrhundertelang haben Tüftler immer wieder versucht, den Ersten Hauptsatz zu überlisten und eine Maschine zu bauen, die aus dem Nichts Energie holt. Man nennt das ein Perpetuum mobile – das ist Lateinisch und bedeutet eine Maschine, die sich dauernd bewegt, ohne dass man ihr Energie zuführen muss, zum Beispiel ein Auto, das ohne Treibstoff fährt.

Jim Knopf und Lukas der Lokomotivführer aus den bekannten Büchern von Michael Ende haben ein solches Perpetuum mobile gebaut. Sie haben einen starken Magneten an einer Stange vor ihre Lok gespannt, und dieser Magnet zieht die Lok voran. Weil der Magnet an der Stange hängt, bleibt er immer im gleichen Abstand

Wie viel Energie ist ein Kilojoule?

Mit einer Energiemenge von 1000 Joule (einem Kilojoule) kann ich zum Beispiel 100 Gramm Wasser um zwei Grad aufheizen oder ein 100 Gramm schweres Spielzeugauto aus dem Stand auf eine Geschwindigkeit von 509 Stundenkilometern beschleunigen. Das Wasser hat dann ein Kilojoule mehr an Wärmeenergie und das fahrende Spielzeugauto ein Kilojoule mehr an Bewegungsenergie als zuvor. Wenn das Auto danach an eine Wand knallt und zum Stehen kommt, wird dabei die Bewegungsenergie in Wärme verwandelt. Eine 100-Watt-Glühbirne kann ich mit einem Kilojoule gerade mal zehn Sekunden lang betreiben.

Perpetuum mobile?

In den 1760ern erfand James Cox eine Standuhr, die er als Perpetuum mobile ausgab – sie lief ohne Aufziehen. Dabei hat er allerdings nicht den Ersten Hauptsatz ausgetrickst. In Wahrheit hatte er einen Antrieb entwickelt, der aus kleinen Temperaturschwankungen die Menge an Energie gewann, die seine Uhr brauchte, um weiterzulaufen. Noch heute kann man solche Uhren als »atmosphärische Uhren« kaufen.

vor der Lok und zieht sie immer weiter. Als Kind habe ich tatsächlich mit einem Magneten und einem Spielzeugauto versucht, das nachzubauen, und mich gewundert, dass es nicht funktioniert. Damals verstand ich die Gesetze der Physik noch nicht. Es ist eben noch keinem Menschen gelungen, ein echtes Perpetuum mobile zu bauen. Egal was man anschaut: Immer stellt man fest, dass der Erste Hauptsatz strengstens eingehalten wird.

Er ist auch der tiefere Grund, warum wir so gerne Pizza und Pommes essen. Denn in Pizza und Pommes (und jedem anderen Nahrungsmittel) ist Energie gespeichert in Form von chemischer Energie. Und Energie brauchen wir, damit wir warm bleiben, herumlaufen, denken, fernsehen (dazu braucht man allerdings nicht sehr viel) oder sonst etwas tun können. Deswegen liest man auf manchen Nahrungsmittelpackungen, wie viel Energie sie enthalten, in Kilojoule (früher in Kalorien). Eine anständige Pizza hat rund 4000 Kilojoule (1000 Kalorien), eine Portion Pommes oder eine Tafel Schokolade etwa 2000 Kilojoule. Mit dem Brennwert der Pizza könnte man immerhin 10 Liter Wasser von null Grad Celsius zum Kochen bringen. Oder aber die 100-Watt-Glühbirne elf Stunden lang betreiben. Oder ein Kind noch etwas länger – Kinder verbrauchen etwa 8000 Kilojoule am Tag.

Was machen wir also mit der Pizza? Letztlich verbrennen wir sie (wenn auch ohne Flammen), so ähnlich wie der Motor im Auto Benzin verbrennt. Beim Verbrennen wird Energie frei – zum Beispiel in einem Holzfeuer die im Holz gespeicherte chemische Energie. Zum Verbrennen braucht man Sauerstoff, denn chemisch betrachtet ist die Verbrennung eine Oxidation, das heißt eine Verbindung mit Sauerstoff. Deshalb müssen wir atmen. Ein großer Teil unserer Körper – unser ganzes Verdauungssystem und die Lungen – dient also unserer Energieversorgung, genauso wie ein großer Teil unseres Wirtschaftssystems – zum Beispiel die Kohlebergwerke, Erdölraffinerien, Tankstellen, Kraftwerke und Stromleitungen – der Energieversorgung dienen. Wir müssen nicht ständig essen, weil die chemische Energie der Nahrung in unseren Körpern für Stunden, Tage oder sogar Wochen gespeichert werden kann wie Benzin im Tank eines Autos oder ein Brennholzstapel im Schuppen. Wir müssen aber andauernd atmen, denn wir müssen dauernd kleine Mengen Treibstoff verbrennen, damit der Körper stets Energie zum Leben hat – sonst geht der Motor aus.

Auch das Klima gehorcht vor allem dem Ersten Hauptsatz der Thermodynamik, denn Wärme ist Energie. Genau genommen besteht Wärme aus der Bewegungsenergie der Atome und Moleküle, aus denen alle Dinge aufgebaut sind. Je stärker sie schwingen und herumzappeln, desto mehr Energie haben sie, und diese Energie spürt man als Wärme.

Effiziente Menschen

Die Glühbirne macht nur aus 3 bis 5 Prozent der elektrischen Energie Licht, der Rest wird als Wärme abgegeben. Der Mensch ist da schon effizienter: Auf einem Fahrrad setzen wir bis zu 25 Prozent der eingesetzten Energie in Antriebsleistung um. Mit der Energie aus einem Liter Olivenöl (das entspricht ungefähr der Energiemenge von einem Liter Benzin) kommt ein Radfahrer rund 350 Kilometer weit – zehnmal so weit wie das angeblich so effiziente Drei-Liter-Auto!

Wie werden wir nur all die Sonnenenergie wieder los?

Nach all diesen Abschweifungen über Energie, Wärme und Temperatur wird es höchste Zeit, dass wir endlich wieder zum Klima kommen! Unser Klimasystem erhält seine Wärme fast vollständig von der Sonne, alle anderen Wärmequellen sind dagegen verschwindend klein – etwa so klein wie der Popel in der Nase der Ameise, die auf dem Hintern eines Elefanten durch Afrika reitet und die uns schon im Kinder-Uni-Band zum Weltall begegnet ist. Von der Sonne kommt ständig ein Energiestrom von unvorstellbaren 175 000 000 000 000 000 Watt bei uns an. Einfach in Form der Sonnenstrahlen, die unsere Haut wärmen, wenn wir uns in die Sonne legen. Und einen Sonnenbrand verursachen, wenn wir das zu lange tun.

Riesenzahlen

Die Zahl 175 gefolgt von 15 Nullen würde ein Physiker einfach 175×10^{15} schreiben. Die »10 hoch 15« bedeutet eine 1 mit 15 Nullen. Man könnte sagen 175 Millionen Milliarden Watt. Oder aber 175 Petawatt. Die Vorsilbe »peta« steht immer für 10^{15}, so wie »kilo« für 10^3 steht, also für tausend. Ein Kilogramm sind tausend Gramm, ein Megabyte sind eine Million Byte (10^6) und ein Petawatt sind 10^{15} Watt.

Klingt viel, oder? Aber auf jedem Quadratmeter unserer Erde sind das durchschnittlich nur 342 Watt – die Erdoberfläche hat einfach verdammt viele Quadratmeter. Fast ein Drittel dieser Strahlung wird außerdem gleich zurückgespiegelt von hellen Oberflächen wie Wolken, Schnee- und Eisflächen und entfleucht in die Tiefen des Weltalls. Es verbleiben 242 Watt pro Quadratmeter, die von der Erde aufgenommen werden. Das ist so, als würde jeder Quadratmeter Erde von vier 60-Watt-Glühbirnen beheizt. (Glühbirnen sind ja tatsächlich vor allem Heizungen, nur ein kleiner Bruchteil ihrer Leistung wird zu Licht.) Insgesamt ist das immerhin 8000-mal so viel Energie, wie alle Menschen auf der Erde derzeit verbrauchen. Nicht schlecht. Eigentlich sollten wir mit diesem Überfluss an Energie etwas Vernünftiges anfangen können!

Die Energie, die uns von der Sonne erreicht, ist aber nur die eine Hälfte der Geschichte. Denn jetzt kommt

Energiegewinnung in der Sahara

Die Menschen auf der Erde verbrauchen heute im Durchschnitt 1500 Watt an Energie. In der Sahara kommen 300 Watt Sonnenenergie pro Quadratmeter an – auf fünf Quadratmetern also so viel, wie ein Durchschnittsmensch benötigt. Auf 30 Milliarden Quadratmeter fällt daher so viel Energie, wie alle sechs Milliarden Menschen derzeit brauchen. 30 Milliarden Quadratmeter sind 30 000 Quadratkilometer oder eine Fläche von 100 Kilometer mal 300 Kilometer Größe – oder 0,3 Prozent der Fläche der Sahara. Eine Solarzelle kann nur 12 Prozent der Sonnenenergie in Strom verwandeln, also müsste man knapp 3 Prozent der Sahara-Fläche nehmen. Natürlich will niemand die ganze Welt nur aus der Sahara mit Solarstrom versorgen. Man würde auch andere Wüsten, Hausdächer und dergleichen nutzen, dazu noch die Windkraft. Und der Wirkungsgrad der Solarzellen wird auch immer besser. Auf jeden Fall ist mehr als genug Sonnenenergie da.

der Erste Hauptsatz ins Spiel. Energie verschwindet niemals. Wenn die Erde sie nicht wieder loswerden könnte, dann würde diese riesige Energiemenge sich bei uns ansammeln, und es würde heißer und heißer und heißer.

Und zwar verdammt rasch – man sieht ja, wie schnell die Sonne am Morgen, wenn sie aufgeht, die Temperaturen in die Höhe treibt. Zehn Grad in ein paar Stunden sind kein Problem. Wir könnten den Ansturm von Sonnenenergie keinen Tag überleben, wenn wir die gleiche Menge an Energie nicht auch ständig wieder abgeben würden. Aber wie?

Auch die Erde strahlt, nicht nur die Sonne. Diese Strahlung können wir nicht sehen – unsere Augen sind nur dafür gemacht, Sonnenstrahlung zu sehen, also das »sichtbare Licht«. Deswegen heißt es ja so. Tatsächlich strahlt aber alle Materie Strahlung ab: Je heißer sie ist, desto intensiver. Wir kennen das von der Herdplatte: Sie glüht dunkelrot, wenn sie heiß wird, dann orange, wenn sie noch heißer wird, und dann gelb. Die Strahlung wird energiereicher, je wärmer die Oberfläche ist. Dabei ändert sich auch die Farbe des Lichts. Die Oberfläche der Sonne hat eine Temperatur von 5600 Grad Celsius, und damit ist sie weißglühend. Sonnenlicht erscheint dem Auge deshalb weiß. Die Oberfläche der Erde ist dagegen so kühl, dass sie im Bereich der für uns unsichtbaren infraroten Wellenlängen strahlt. Infrarotes Licht findet man im Regenbogenspektrum unterhalb des roten Lichtes. Außerirdische mit Infrarotaugen würden unsere Erde bei Nacht sanft leuchten sehen.

Messen können Physiker diese Strahlung natürlich schon. Die Strahlung von der Erde enthält viel weniger Energie als die von der Sonne, weil die Erde viel kühler ist. Trotzdem können wir damit genauso viel Energie abstrahlen, wie von der Sonne bei uns ankommt. Denn die Sonne nimmt nur eine ganz kleine Fläche an unserem

Himmel ein, weil sie so weit weg ist. (Man bräuchte etwa 90 000 Sonnen, um den ganzen Himmel damit abzudecken.) Nur aus diesem winzig kleinen Teil des Himmels kommt die heiße Sonnenstrahlung. Energie loswerden können wir dagegen in sämtliche anderen Himmelsrichtungen. Wir strahlen nach allen Seiten Wärmestrahlung ins All ab. Auch wenn diese Strahlung nicht so intensiv ist wie die Sonnenstrahlung – die Masse macht es.

Wir merken uns also: Die Erde muss ungefähr genauso viel Energie wieder loswerden, wie Sonnenenergie ankommt, und zwar durch die eigene Strahlung ins All hinaus. Sonst könnte das Klima nicht über Jahre oder gar Jahrhunderte hinweg annähernd stabil sein. Das ist das Grundgesetz, nach dem sich die Temperatur unserer Erde und der anderen Planeten einpegelt. Es ist nichts anderes als der Erste Hauptsatz der Thermodynamik; deshalb ist er für das Klima so wichtig.

Jetzt wird es spannend, denn jetzt können wir ausrechnen, wie warm die Erdoberfläche sein muss. Schließlich wissen die Physiker nicht nur, dass Materie umso mehr strahlt, je wärmer sie ist. Sie haben auch genau gemessen, wie viel mehr, und eine einfache Formel dafür gefunden. Man nennt sie das Stefan-Boltzmann-Gesetz. Es besagt: Die abgestrahlte Leistung ist eine bestimmte Zahl (ratet mal, wie sie heißt: Stefan-Boltzmann-Konstante) mal der Temperatur hoch vier. Damit kann man ausrechnen, bei welcher Temperatur die Erde genau die 242 Watt pro Quadratmeter wieder abstrahlt, die von der Sonne ständig hereinkommen. Das Ergebnis lautet: minus 18 Grad Celsius!

Hmmm … dagegen ist es an der Bushaltestelle noch ganz schön warm. Aber Moment mal. Irgendwo muss hier doch ein Rechenfehler stecken? Denn die Erdoberfläche ist ja gar nicht so kalt – höchstens an ein paar Stellen, auf dem Mount Everest etwa oder in der Arktis,

Ein Thermometer zum Selberbauen

Füllt eine Flasche zu ¾ mit einer kalten, farbigen Flüssigkeit (Saft). Macht oben einen Korken drauf, in den ihr ein Loch gebohrt habt, und steckt einen Strohhalm durch das Loch bis in die Flüssigkeit. Jetzt den Korken mit Knete luftdicht machen. Wenn ihr die Flüssigkeit erwärmt (z. B. mit den Händen), steigt sie im Strohhalm hoch. Die Luft in der Flasche dehnt sich beim Erwärmen aus und verdrängt die Flüssigkeit.

aber insgesamt ist es doch offenbar viel wärmer. Aus den Tausenden von Wetterstationen an Land und auf Schiffen, wo ständig die Temperatur gemessen wird, kann man ausrechnen, wie warm es im Durchschnitt an der Erdoberfläche ist: nämlich etwa plus 15 Grad. Der Erste Hauptsatz hat uns in die Irre geführt! Unsere Rechnung liegt um satte 33 Grad daneben.

Der Entdecker des Treibhauseffekts …

… war der berühmte französische Wissenschaftler Jean-Baptiste Fourier. Er hat schon vor über 180 Jahren, im Jahre 1824, die Wirkung des Treibhauseffekts durch Spurengase in der Atmosphäre beschrieben.

JEAN-BAPT·I·FOURIER

Haben wir uns verrechnet?

Verrechnet haben wir uns nicht – nur eine ganz wichtige Sache vergessen. Für den Mond wäre die Rechnung in Ordnung gewesen. Aber die Erde kann gar nicht so einfach von ihrer Oberfläche Wärme ins All hinausstrahlen, weil unser Heimatplanet eine Lufthülle hat – die Atmosphäre. Da müssen die Wärmestrahlen hindurch, um ins Weltall zu entweichen. Können sie aber nicht so leicht, weil die meisten unterwegs aufgefangen werden. Das ist der sogenannte Treibhauseffekt. Er macht das Klima unserer Erde überhaupt erst geeignet für das Leben, wie wir es kennen – für Bäume, Tiere und Menschen. Er heizt die Temperatur von frostigen minus 18 auf behagliche plus 15 Grad im Durchschnitt auf. Es liegt also am Treibhauseffekt, dass die Erde nicht komplett tiefgefroren ist. Wir sollten ihm sehr dankbar sein!

Und wie funktioniert er? Ganz kurz und einfach kann man es so erklären: Einige Gase in der Luft, vor allem Wasserdampf und Kohlendioxid, lassen die Wärmestrahlung nicht ungehindert durchkommen – so ähnlich wie ein dicker Nebel, durch den wir nicht hindurchgucken können. Nur sehen unsere Augen diesen »Nebel« nicht, denn er fängt nicht das sichtbare Licht ab, sondern nur die unsichtbaren Wärmestrahlen. Ein Teil der Wärmestrahlen kommt aus der Atmosphäre wieder zurück, statt durch sie hindurch ins All zu entwischen. Deshalb staut sich gewissermaßen die Wärme an der Erdoberfläche. Das Klima muss viel wärmer sein, damit trotz dieses hinderlichen »Nebels« immer noch genug Wärme ins Weltall abgestrahlt werden kann, um die aufgenommene Sonnenenergie wieder loszuwerden. Und damit dem Ersten Hauptsatz zu gehorchen, den außer Jim Knopf und Lukas niemand jemals überlistet hat! (Eine etwas genauere Erklärung geben wir in Kapitel 3, denn dazu müssen wir erst noch ein paar mehr Dinge über unsere Atmosphäre erfahren.)

Und was kommt heraus, wenn wir die gleiche Rechnung für den Planeten Venus machen? Eine ziemliche Überraschung! Bei der Venus kommen nämlich erst mal 645 Watt Sonnenenergie pro Quadratmeter an, fast doppelt so viel wie auf der Erde, weil die Venus ja näher an der Sonne ist (nämlich nur 108 Millionen Kilometer entfernt, statt 150 Millionen Kilometer wie wir). Andererseits ist die Venus in eine ganz dicke Wolkendecke gehüllt, die 80 Prozent der Sonnenstrahlen gleich zurück ins All spiegelt – deshalb strahlt die Venus besonders hell an unserem Abendhimmel, wenn sie in der Nähe ist. Dafür ist das Licht an der Oberfläche der Venus umso schummriger, und daher wird die Venus auch nur mit 130 Watt pro Quadratmeter beheizt. Das ist kaum mehr als zwei 60-Watt-Glühbirnen. Man könnte also meinen, dass es

Treibhauseffekt: Fußballkicken

Man kann den Treibhauseffekt mit Fußbällen erklären. Stellen wir uns vor, wir sind auf einem Fußballplatz, wo ständig Fußbälle vom Himmel fallen – das sind die Sonnenstrahlen. Die Fußbälle müssen wir in den Himmel zurückkicken, um sie wieder loszuwerden. Aber das gelingt oft nicht: Ein großer Teil fällt wieder auf den Platz zurück, und es werden dort immer mehr. Das ist der Treibhauseffekt, bei dem allerdings Wärmestrahlen und nicht Bälle zurückkommen.

Was bestimmt das Klima auf anderen Planeten?

Die Temperatur auf der Oberfläche der Planeten in unserem Sonnensystem wird von drei Dingen bestimmt: ihrem Abstand von der Sonne, ihrer Helligkeit (helle Flächen spiegeln mehr Sonnenstrahlung zurück) und dem Treibhauseffekt in der Lufthülle. Wegen ihrer dichten Atmosphäre ist die Venus wärmer als Merkur, obwohl sie weiter von der Sonne entfernt ist.

auf der Venus viel kälter sein muss als auf der Erde, wenn die Heizung durch die Sonne doch so viel schwächer ist. Stattdessen herrschen dort, wie schon gesagt, 460 Grad Celsius! Selbst auf dem innersten Planeten Merkur, der viel näher an der Sonne ist, ist es lange nicht so heiß.

Grund ist ein regelrechter Amoklauf des Treibhauseffekts auf der Venus: Ihre Atmosphäre besteht zu 96 Prozent aus dem Treibhausgas Kohlendioxid (das die Chemiker CO_2 abkürzen), während der Anteil auf der Erde nicht einmal ein Promille (also ein Zehntel eines Prozents) beträgt. Bevor man wusste, welche Treibhauskatastrophe unseren Nachbarplaneten Venus heimgesucht hat, hoffte man noch, dort vielleicht einen üppigen Regenwald zu finden. Erst als die russischen Venera-Sonden zur Venus flogen und Venera 7 im Jahr 1970 sogar erfolgreich landete, war dieser Traum ausgeträumt.

Wieso es Jahreszeiten gibt

»Dieser See ist durchschnittlich nur einen Meter tief!«, rief der Nichtschwimmer erfreut, sprang ins Wasser und ging an einer tiefen Stelle unter. Durchschnittswerte sind eben nicht alles. Das gilt auch beim Klima. Wir alle wissen: In den Tropen ist es heiß, an den Polen ist es eiskalt, im Sommer ist es wärmer als im Winter, und nachts ist es meist kälter als tagsüber. Wer schon mal auf der Südhalbkugel war, zum Beispiel in Neuseeland, der weiß auch, dass dort der Februar mitten im Sommer liegt, die Sonne mittags im Norden steht und die Leute verrückt nach der langweiligsten Sportart der Welt sind: Cricket. Bloß beim Angeln zuschauen ist noch weniger spannend. Ähnliches gilt auch auf anderen Planeten (außer der Sache mit dem Cricket, soweit wir wissen). Schuld an alledem ist der Stand der Sonne.

Der russische Dichter Kozma Prutkov hat einmal die Frage gestellt: Was ist nützlicher, die Sonne oder der Mond? Seine Antwort: der Mond. Denn die Sonne scheint nur am Tage, wenn es sowieso hell ist, der Mond aber in der Nacht, wenn es dunkel ist.

Auf jeden Fall werden Klima und Jahreszeiten von der Sonne bestimmt und nicht vom Mond. Jedes Kind weiß, dass es in den Tropen wärmer ist als am Pol, weil in den Tropen mehr Sonne ankommt. Und warum? Weil

Sonnenfinsternis

Eine Sonnenfinsternis gibt es, wenn der Mond genau zwischen Erde und Sonne steht und dadurch die Sonne verdeckt. Die Mondscheibe passt dabei exakt vor die Sonnenscheibe, bis auf ein Prozent genau. Das ist ein fast unglaublicher Zufall! Der Sonnendurchmesser (1,39 Millionen Kilometer) ist genau 400-mal so groß wie der des Mondes (3476 Kilometer), und die Sonne ist zufällig 400-mal weiter weg als der Mond. Daher kann der Mond genau die Sonne verdecken.

Mondfinsternis

Eine Mondfinsternis gibt es, wenn die Erde zwischen Sonne und Mond steht. Da der Erdschatten viel größer ist als der Mond, sind Mondfinsternisse häufiger als Sonnenfinsternisse.

in den Tropen die Sonne fast senkrecht über der Erde steht (zumindest mittags), während sie am Pol in einem sehr flachen Winkel auftrifft. Dadurch verteilt sich am Pol die gleiche Menge an Sonnenwärme auf eine größere Fläche. Um das einzusehen, muss man nur eine Taschenlampe auf ein Blatt Papier richten. Haltet das Papier erst senkrecht in den Lichtstrahl, sodass ein kleiner runder Lichtfleck auf dem Papier erscheint. Kippt man jetzt das Papier (bei gleichem Abstand), so wird der Lichtfleck oval – und dabei größer. Die Menge an Licht, die aus der Lampe kommt, bleibt natürlich die gleiche, aber sie verteilt sich nun auf eine größere Fläche. So wird die Sonnenwärme in Richtung Pol immer »dünner verteilt«.

Am Äquator kommen im Jahresdurchschnitt 260 Watt Sonnenenergie pro Quadratmeter an, am Pol dagegen nur weniger als 50 Watt (wäre die Erdachse nicht etwas gekippt, würde am Pol sogar fast gar keine Sonnenenergie auftreffen, die Sonne schiene dann immer parallel zum Boden, außer an Berghängen). Dieser große Unterschied an Sonnenwärme führt dazu, dass es am Äquator etwa 25 Grad Celsius warm ist, an den beiden Polen dagegen weit unter null. Dabei wären die Temperaturunterschiede noch viel größer, würden sie nicht teilweise durch die Atmosphäre und den Ozean ausgeglichen. Am Äquator kommt nämlich wesentlich mehr Wärme an, als wieder abgestrahlt wird – am Pol ist es genau umgekehrt. Die Differenz wird dadurch wieder ausgeglichen, dass Winde und Meeresströme die überschüssige Wärme vom Äquator Richtung Pole abtransportieren.

Unser Freund, der Erste Hauptsatz, gilt natürlich auch für jeden Punkt auf der Erde. Aber dabei gleichen sich jetzt drei Dinge gegenseitig aus, nicht mehr nur zwei: die Sonnenstrahlung, die Abstrahlung von der

Temperaturskala

Die heute gebräuchlichste Temperaturskala erfand Anders Celsius im Jahr 1742. Als Fixpunkte wählte er 0 Grad als Siedepunkt von Wasser und 100 Grad als Gefrierpunkt. Seine Kollegen fanden das doof und stellten die Skala vom Kopf auf die Füße – daher ist heute der Gefrierpunkt bei 0 Grad und der Siedepunkt bei 100 Grad. Zu Ehren von Anders Celsius sprechen wir übrigens von Grad Celsius, abgekürzt °C.

Erde und die durch Luft und Wasser transportierte Wärme.

Fragt einmal einen Erwachsenen, wieso es im Sommer wärmer ist als im Winter. Erstaunlich viele können das gar nicht so genau erklären. Manche werden sogar regelrechten Unsinn erzählen wie den, dass im Sommer die Erde näher an der Sonne dran ist. Stimmt nicht – jedenfalls nicht bei uns auf der Nordhalbkugel. Denn am 4. Januar kommt die Erde jedes Jahr der Sonne am nächsten. Während unseres Sommers ist sie sogar am weitesten von der Sonne entfernt. Allerdings ist die Umlaufbahn der Erde um die Sonne fast kreisförmig: Am sonnenfernsten Punkt (dem Aphel) ist die Sonne 152 Millionen Kilometer weit weg, am sonnennächsten (Perihel) 147 Millionen Kilometer. Das macht zwar 5 Millionen Kilometer Unterschied, aber gemessen an der Gesamtentfernung ist es ein Klacks, nämlich nur 3 Prozent der Strecke.

Der wahre Grund für den warmen Sommer ist natürlich nicht der Abstand zur Sonne, sondern die Neigung der Erdachse. Sie steht nicht senkrecht zur Ebene der Erdbahn, sondern um 23,5 Grad schief. Dabei zeigt sie im Weltraum das ganze Jahr in die gleiche Richtung, und so ist auf einer Seite der Bahn um die Sonne die Nordhalbkugel zur Sonne hin gekippt, und dann ist es dort Sommer. Erreicht die Erde ein halbes Jahr später die andere Seite ihrer Bahn, dann zeigt die Südhalbkugel zur Sonne hin, und dann ist bei den Kiwis in Neuseeland Sommer. Ich habe vier Jahre dort gelebt und dabei festgestellt: Im Hochsommer in Weihnachtsstimmung zu kommen erfordert viel Übung!

Auch die Jahreszeiten werden vom Ersten Hauptsatz beherrscht, aber dabei wird jetzt noch ein vierter Mitspieler wichtig: die Speicherung von Wärme. Die Temperaturänderungen zwischen Sommer und Winter

sind teilweise so groß und geschehen so rasch, dass die Meere nicht mehr hinterherkommen. So schnell, wie es im Frühling warm wird, kann sich das Meerwasser gar nicht aufheizen – wir haben oben ja schon gesehen, wie viel Wärmeenergie man braucht, um Wasser zu erwärmen. Die Meere wirken wie ein großer Wärmepuffer. Deshalb sind die Wassertemperaturen in der Ostsee nicht am 20. Juni am wärmsten, wenn die Sonne am höchsten steht, sondern erst im August. Der ganze Jahresgang hinkt ziemlich hinter dem Stand der Sonne her. Außerdem wird er durch das Meer abgeschwächt: Der Unterschied zwischen Sommer und Winter ist in der Nähe von Küsten generell viel kleiner (häufig so um die 8 Grad) als im Inneren der großen Kontinente (bis über 40 Grad Celsius im Monatsmittel). Das Meeresklima ist deshalb ausgeglichener als das Kontinentalklima.

Die extremsten Temperaturunterschiede …

… zwischen Sommer und Winter gibt es in Sibirien: In der Ortschaft Oymyakon wurden einmal minus 68 Grad Celsius gemessen – nur in der Antarktis wird es kälter (bis zu minus 89 Grad Celsius). Im Sommer herrschen in Teilen von Sibirien dagegen schon mal plus 38 Grad Celsius. Die wärmste Temperatur wurde in El Azizia in Libyen gemessen, 57,8 Grad Celsius.

War die Erde früher tiefgefroren?

Jetzt verstehen wir zwar, warum es an unserer Haltestelle für den Schulbus selbst im Winter selten kälter als minus 10 Grad wird und die Erde derzeit nicht tiefgefroren ist. Aber war das schon immer so? Kenner der Astronomie und Sternenentwicklung haben allen Grund zum Zweifeln. Unsere Mutter Erde ist ein wahrhaftiger Gruftie: Schon viereinhalb Milliarden Jahre hat sie auf dem Buckel. Über einen so langen Zeitraum kann die Sonne nicht immer gleich hell geleuchtet haben. Auch normale, sterbliche Sterne, wie unsere Sonne einer ist, durchleben eine Kindheit, wachsen allmählich zur vollen Kraft heran und altern dann, bevor sie endlich spektakulär verglühen. Astronomen, die die Entwicklung von Sternen untersuchen, sind sich ziemlich sicher, dass die Sonne im Laufe dieser viereinhalb Milliarden Jah-

re langsam, aber sicher an Leuchtkraft zugelegt haben muss, und zwar fast um ein Drittel. Doch das ergibt ein Paradoxon, das in der Klimaforschung (wo alle englisch miteinander reden, damit Forscher aus allen Ländern sich auch verstehen können) als das »faint young sun paradox« berühmt ist, also das Paradoxon der blassen jungen Sonne.

Das Paradoxon lautet: Diese Zunahme der Sonnenstrahlung müsste die Temperatur auf der Erde im Laufe ihrer Entwicklung um rund 40 Grad erhöht haben. Wenn die Durchschnittstemperatur heute bei 15 Grad Celsius liegt, dann müsste die Erde also mehr als die Hälfte ihrer Geschichte tiefgefroren gewesen sein, weil die Sonne in ihrer Jugend so ein Schwächling war. Wahrscheinlich noch viel länger, denn wenn die Ozeane einmal zugefroren sind, dann spiegelt die Erde fast die gesamten Sonnenstrahlen ins All zurück und fällt in einen eisigen Dornröschenschlaf, aus dem sie kaum noch aufzuwecken ist. Wir wissen aber, dass sich schon recht früh – vor rund dreieinhalb Milliarden Jahren – Leben auf der Erde entwickelt hat und seither ständig vorhanden war, was bei einer zugefrorenen Erde kaum möglich gewesen sein dürfte. Das Klima der Erde muss also trotz der anfangs schwächlichen Sonne schon seit sehr, sehr langer Zeit dauerhaft lebensfreundlich gewesen sein.

Irgendetwas muss also die zunehmend intensiver werdende Sonne ausgeglichen haben. Viele Möglichkeiten dazu gibt es nicht, wenn wir uns einmal die Energiebilanz der Erde und den Ersten Hauptsatz vor Augen halten. Wenn die Sonnenstrahlung im Lauf der Zeit zunimmt, dann muss zum Ausgleich entweder immer mehr davon zurückgespiegelt werden oder aber der Treibhauseffekt muss abnehmen. Das Erste ist sehr unwahrscheinlich – in der Frühphase der Erdgeschichte (außer ganz am Anfang, als es sehr heiß war, weil wir

Das Wetter auf dem Merkur

Wer es noch extremer als Sibirien mag, der sollte einen Urlaub auf dem Planeten Merkur einplanen. In der Sonne ist es dort 400 Grad Celsius heiß – nachts dagegen kühlt es auf minus 180 Grad Celsius ab. Das liegt an den langen Nächten und der sehr dünnen Atmosphäre, die nachts kaum Wärme zurückhält. Auch auf der Erde würde es ohne den Treibhauseffekt nachts dramatisch auskühlen. Auf der Venus dagegen ist es durch den Supertreibhauseffekt Tag und Nacht, Sommer wie Winter fast gleichmäßig heiß.

ständig von Meteoriten bombardiert wurden) hätte dann praktisch gar kein Sonnenlicht zurückgespiegelt werden dürfen (heute ist es ja ein Drittel). Alle Landflächen hätten sehr dunkel sein müssen, nirgendwo Eis, Schnee oder Wolken, und das bei schwächerer Sonne und damit kälterem Klima. Das kann kaum sein.

Also bleibt nur der Treibhauseffekt als Ausweg. Der von Wasserdampf verursachte scheidet dabei aus, denn die Luft enthält umso mehr Wasserdampf, je wärmer es wird. Damit verstärkt Wasserdampf jeden Klimawandel: Wird es wärmer, nimmt die Wasserdampfmenge zu, was den Treibhauseffekt verstärkt und das wiederum die Erwärmung. Wir suchen aber keinen Verstärker, sondern ganz im Gegenteil irgendetwas, das die wachsende Leuchtkraft der Sonne ausgeglichen haben könnte.

Infrage kommen daher nur die anderen Treibhausgase: insbesondere Kohlendioxid (CO_2) und Methan. Beide Theorien werden von seriösen Wissenschaftlern vertreten, und die Daten aus der Frühgeschichte der Erde sind so spärlich, dass noch keine der beiden als eindeutiger Sieger vom Platz gegangen ist. Die meisten Forscher neigen aber zu der Annahme, dass die Kohlendioxidmenge in der Luft in der Frühgeschichte unseres Planeten viel höher war als heute. Dafür spricht, dass sie auch in den letzten 500 Millionen Jahren meist um ein Vielfaches höher war als derzeit – das sind zwar nur die letzten 10 Prozent der Erdgeschichte, aber über diesen Zeitraum gibt es wenigstens Daten aus den Sedimenten der Tiefsee.

Vor allem aber gibt es einen Mechanismus, durch den das Kohlendioxid wie ein Thermostat das Klima regeln kann. Und erst ein solcher Regelmechanismus würde eine gute Erklärung bieten, warum die CO_2-Menge in der Luft sich gerade so verändert hat, dass sie die zunehmende Sonnenstrahlung ausgeglichen und die Temperaturen im grünen Bereich gehalten hat.

Stellen wir uns vor, wir fragen einen Forscher, warum die CO_2-Konzentration gerade im richtigen Maß abgenommen hat, um die Zunahme der Sonnenstrahlung auszugleichen, und der Forscher antwortet: »Tja, das war halt zufällig so.« Das wäre nicht sehr befriedigend. Forscher glauben nicht an Zufälle, wenn es nicht unbedingt sein muss. Also muss ein vernünftiger Regelmechanismus her.

Den gibt es tatsächlich, und er funktioniert so: Durch das Driften der Kontinente steigen im Laufe von vielen Jahrmillionen ständig ganze Gebirge auf und werden wieder abgewittert, Teile der Erdkruste werden eingeschmolzen, Vulkane speien geschmolzene Lava und heiße Gase aus. Nur weil wir Menschen ein im Vergleich so kurzes Leben führen, kommt die Erde uns fest und unveränderlich vor – in Wahrheit blubbert und brodelt sie wie ein riesiger Topf mit kochendem Grießbrei und verändert sich ständig. Durch Vulkane entweicht jede Menge CO_2 aus der Erde in die Atmosphäre. Das CO_2 löst sich im Regenwasser und wird dort zu Kohlensäure – genau wie im Sprudel. Allerdings ist es viel weniger, sodass ein Glas Regenwasser beim Trinken nicht bitzelt. Die Säure reicht aber aus, um Gestein nach und nach zu zersetzen. Bei diesem Verwitterungsprozess geht die Kohlensäure chemische Verbindungen mit dem Gestein ein, es bilden sich Mineralien wie Kalziumkarbonat, die werden durch Flüsse ins Meer gewaschen und landen letztlich in den Sedimenten und damit dann wieder in der Erdkruste.

Das ist ein riesiger Kreislauf, der auch heute noch in Aktion ist, allerdings nur sehr langsam abläuft. Trotzdem kann er auf lange Sicht das Klima regulieren. Wird es warm, geht die Verwitterung schneller vonstatten, weil es mehr regnet und auch die chemischen Reaktionen schneller laufen. Also wird bei warmen Temperaturen mehr CO_2 aus der Atmosphäre entfernt, die

Wühlen im Schlamm

Die Schlammschichten, die sich am Meeresboden im Lauf von Jahrmillionen ansammeln, nennt man Sedimente. Die enthalten zum Beispiel jede Menge winzige Kalkschalen von Plankton, also von Organismen, die im Wasser leben, deren genaue Analyse Rückschlüsse auf frühere Temperaturen und viele andere Dinge erlaubt.

CO_2-Konzentration sinkt ab, der Treibhauseffekt wird schwächer und das Klima wieder kühler. Umgekehrt läuft die Verwitterung langsamer, wenn es kalt ist, und die CO_2-Menge in der Luft steigt allmählich an. Dies funktioniert tatsächlich wie ein Thermostat!

Und sie war doch gefroren!

Können wir uns also entspannt zurücklehnen und sagen: Alles easy, die Erde hat einen tollen Thermostaten, der garantiert, dass die Temperaturen immer im grünen Bereich bleiben? Leider nicht, denn viele Spuren deuten darauf hin, dass die Erde trotzdem zeitweise tiefgefroren gewesen ist. Und zwar mehr als einmal! Mehrmals in seiner Geschichte ist unser Planet offenbar in eine Klimakatastrophe von kaum vorstellbarem Ausmaß geschlittert, die das Leben insgesamt nur knapp überlebt hat – die Erde hätte danach ein toter Steinklops sein können. Die Klimaforscher nennen diese Zeiten die »Schneeball Erde«-Episoden, und sie sind spannender als jeder Science-Fiction-Roman.

Schon in den vierziger Jahren des letzten Jahrhunderts entdeckte der australische Geologe Sir Douglas Mawson in der Nähe seiner Heimatstadt Adelaide über 500 Millionen Jahre alte Sedimentschichten, die eindeutig auf große Eisberge hinwiesen. Erkennen kann man das daran, dass große Steine in den Sedimenten eingeschlossen sind, die die darunterliegenden Schichten eingedrückt haben. Genau so sähe es aus, wenn man heute einen Felsbrocken ins Meer werfen und auf den Meeresgrund hinunterfallen ließe. Er würde eine große Delle in das weiche Sediment machen, und allmählich würde er von weiteren Sedimentschichten zugedeckt. Vielleicht würde dieses Stückchen Meeresboden im

Zuge der Kontinentaldrift hochgedrückt; eines Tages würde ein Bergwanderer über das schön regelmäßig gestreifte Sedimentgestein und den darin eingeschlossenen Brocken staunen. Aber wie kommen Steine und sogar große Felsbrocken ins Meer, wenn man sie nicht von einem Schiff aus hineinwirft? Der Wind oder Meeresströme können sie nicht dorthin verfrachtet haben, dazu sind die Steine zu schwer. Vielleicht eine Schlamm- oder Geröllawine? Die bringt nicht einzelne Steine fein säuberlich in eine ansonsten ungestörte Sedimentschicht hinein. Es gibt nur eine Lösung: Solche als »Dropstones« (so viel wie »Fall-Steine«) bekannten Steine können nur von schmelzenden Eisbergen hinuntergefallen sein, denn solche Eisberge (also abgebrochene Stücke von Gletschern) enthalten üblicherweise viel Geröll. Dropstones, die man an vielen Orten der Welt findet, sind also immer ein Beleg für Eis auf den Kontinenten. Aber im warmen Australien?

Am anderen Ende der Welt, im arktischen Spitzbergen, untersuchte Mawsons Kollege Brian Harland von der Universität Cambridge in den fünfziger Jahren ganz ähnliche Ablagerungen aus der gleichen Epoche. In der Arktis mag man sie schon eher erwarten. Aber Harland wusste bereits von der Drift der Kontinente, und durch Magnetfeldmessungen kam er zu dem Schluss, dass Spitzbergen in Äquatornähe gewesen sein musste, als diese Ablagerungen sich bildeten. Denn aus der Magnetisierung von Gesteinen kann man auf den Breitengrad schließen, an dem sie sich gebildet haben. Zu dieser Zeit gab es also schon einmal Eis auf Spitzbergen, obwohl es damals in den Tropen lag! Mawson und Harland kamen beide zu der Überzeugung, dass vor gut 500 Millionen Jahren die Erde eine große Klimakatastrophe erlebt haben musste, bei der Eismassen bis in die Tropen vorgedrungen waren.

Die meisten ihrer Kollegen überzeugte das allerdings weniger – neue Theorien werden in der Wissenschaft stets sehr skeptisch beäugt. Und je außergewöhnlicher eine Behauptung ist, desto stärkere Beweise fordern die Kollegen. Sie glaubten lieber an eine weniger dramatische Erklärung der Vereisungsspuren: Die Ablagerungen, so meinten sie, waren einfach zu einem Zeitpunkt entstanden, als die betreffenden Kontinente gerade eine Kreuzfahrt in die Arktis oder Antarktis unternommen und sich in kalten Breitengraden herumgetrieben hatten. Harlands Magnetisierungsdaten ließen sie nicht gelten, denn man hatte festgestellt, dass die Magnetisierung von Gesteinen sich später nochmals ändern kann, wenn sie erhitzt werden.

Erst drei Jahrzehnte später, Ende der achtziger Jahre, wurde die »Schneeball Erde«-Theorie wieder aus der Schublade der »spinnerten Ideen« hervorgeholt, in der im Laufe der Wissenschaftsgeschichte so vieles auf Nimmerwiedersehen verschwindet. Mit einer neuen Methode gelang einer Studentin der Beweis, dass die Ablagerungen mit den Vereisungsspuren in Australien tatsächlich in den Tropen gebildet worden waren. Wie so oft hatte ihr Doktorvater eigentlich ein ganz anderes Ergebnis erwartet, als er die Studentin den Test mit der Gesteinsprobe machen ließ. Jetzt begannen auch andere Forscher, sich mit dem Problem zu befassen, und inzwischen gibt es ähnliche Belege aus allen Kontinenten – und eine Vielzahl weiterer Hinweise, durch die das Drama sich ziemlich gut rekonstruieren lässt.

Aus irgendeinem Grund ist unsere Erde damals sehr kalt geworden – wahrscheinlich hatte es eine ungewöhnliche Ansammlung aller Kontinente in den Subtropen und Tropen gegeben, was die Verwitterung anheizte und die Kohlendioxidmenge in der Atmosphäre immer weiter absinken ließ. Der Thermostat wurde heruntergeregelt. Die Physiker haben errechnet, was dann passiert: Sobald etwa die Hälfte der Erde vereist ist, gibt es kein Halten mehr. Jedes weitere Eis spiegelt mehr Sonnenlicht zurück, es wird noch kälter, und das führt zu noch mehr Eis. Der Eis-Rückkopplungseffekt wird so stark, dass er zur einer Todesspirale wird. Der Schnee auf den Landmassen schmilzt auch im Sommer nicht mehr ab – erst in den Subtropen, dann sogar in den Tropen. Das Land versinkt unter einer Schneedecke, die im Lauf der Jahrtausende zu einem dicken Eispanzer anwächst. Auch das Meer friert immer weiter zu. Unaufhaltsam schiebt die Eisdecke sich auf den Äquator zu; bald sehen die tropischen Meere so aus wie heute das Nordpolarmeer. Das Eis wächst und wächst, und nach einer gewissen Zeit sind die Meere unter einer 1000 Meter dicken Eisschicht verschwunden. Diese schluckt das Licht und verhindert den Sauerstoffnachschub aus der Luft; das meiste Leben im Meer stirbt. Selbst die Meeresströme kommen zum Erliegen; gespenstisch still ruht der Ozean. Dass die Meere damals tatsächlich weitgehend leblos waren, ist durch Daten aus Sedimentbohrkernen belegt.

Wie kam die Erde jemals wieder aus diesem tiefgefrorenen Zustand heraus? Wie konnte sie ihren Eispanzer, der fast das ganze Sonnenlicht zurückspiegelte, wieder abwerfen? Erinnern wir uns an den Kohlendioxid-Thermostaten! Kann er uns retten? Wenn alles Land unter einer dicken Eisdecke liegt, dann hört auch die Verwitterung von Gestein auf – und kein Kohlendioxid wird mehr aus der Luft entfernt. Aus den Vulkanen kommt aber – durch die Eisschicht hindurch – immer weiterer Kohlendioxidnachschub. So wie auf der Venus.

Die Klimatologen haben ausgerechnet, dass 10 Prozent Kohlendioxid in der Luft nötig waren, um die Erde aus ihrem Dornröschenschlaf zu erwecken – das ist fast dreihundertmal so viel wie heute. Bis Vulkane derart viel Kohlendioxid ausgespuckt haben, müssen mehrere Millionen Jahre vergangen sein. Und in der Tat bestätigen die Daten, dass die »Schneeball Erde«-Episoden so lange anhielten. Millionen Jahre im Tiefkühlfach!

Was dann passierte, als endlich die Eismassen aufbrachen, kann man sich kaum vorstellen. Denn das Schwinden des Eises ließ die Sonnenwärme wieder herein – doch die Kohlendioxidkonzentration war zunächst immer noch hoch, denn es dauerte Hunderttausende von Jahren, bis sie sich wieder auf normalere Werte verringerte. Die Erde kam vom Eisfach in den Backofen: Es müssen Temperaturen von 40 oder 50 Grad Celsius geherrscht haben – im globalen Durchschnitt, nicht etwa nur an einigen extremen Orten. Und auch das bestätigen die Ablagerungen: Auf jede Eisphase folgte unmittelbar eine Heißphase. Über jeder Schicht von Eisspuren findet man eine Karbonatschicht, wie sie sich nur unter tropischen Bedingungen bilden kann. Diese Schichten sind mehrere hundert Meter dick. Saurer Regen voller Kohlensäure und Schwefel prasselte auf die vom Eis befreite Landschaft, bis allmählich Kohlendioxid und Hitze wieder abnahmen – und die Erde aufs Neue in den Schneeball-Zyklus stürzte.

Diese extreme Achterbahnfahrt des Klimas zeigt vor allem eines: Unser Klima ist nicht beliebig stabil. Es ist ein dynamisches System, von außen getrieben durch die Sonne, von innen durch den brodelnden Grießbrei unserer Erde, bewegt durch die Gesetze der Physik.

Dazu gehören verstärkende Rückkopplungen wie das Wachsen der Eismassen, die die Sonne reflektieren und damit die Erde noch weiter herunterkühlen. Andere Rückkopplungen wirken ausgleichend – so wie der geologische Kohlenstoffkreislauf, der uns aus dem Schneeball wieder herausgeholt hat. Doch der Thermostat reagierte zu langsam! Der Retter CO_2 kam zu spät, um die Eiskatastrophe zu verhindern, und dann verursachte er eine Überhitzung, weil er zu spät wieder ging.

Wie hat das Leben all dies überstanden? Offenbar ist das Leben auf unserem Planeten nur knapp dem Aussterben entronnen. Daten aus den Ozeanen zeigen, dass sie damals fast tot gewesen sein müssen. Und auch die Artenvielfalt sank dramatisch – viele Arten starben aus. Dabei darf man sie sich nicht als Pflanzen oder gar Tiere im heutigen Sinne vorstellen – die damaligen primitiven Lebensformen glichen eher einem grünen Algenschleim, der nur in den wenigen verbleibenden Winkeln mit flüssigem Wasser und Licht überleben konnte. Paradoxerweise hat das Leben vor den »Schneeball Erde«-Phasen mehrere Jahrmilliarden in dieser primitiven Form verharrt und sich kaum weiterentwickelt – doch nach Ende der Serie von Vereisungen, vor rund 500 Millionen Jahren, tauchten bald vielfältige Lebensformen auf. Manche Forscher vermuten, dass die Katastrophe der Evolution des Lebens am Ende einen kräftigen Schub gegeben haben könnte, dem letztlich auch wir Menschen verdanken, dass es uns heute gibt.

Kapitel 3

Ruht der Wind sich jemals aus?

Willkommen zu einer Expedition in die geheimnisvollen Tiefen eines weltumspannenden, hundert Kilometer tiefen Meeres! Kapitän Nemo hätte seine Freude daran gehabt. Auf dem »Meeresgrund« leben wir. Gemeint ist nämlich der Luftozean, der unsere Erde umgibt. In diesem Kapitel werfen wir einen Blick auf die Luft über uns, die nach oben hin immer dünner und kälter wird. Die Strömungen in diesem Luftozean sind die Winde. Aber auch den echten Ozean, den aus Wasser, und seine Ströme wollen wir uns anschauen.

Wir Menschen leben eigentlich am Grund eines Ozeans: eines Ozeans aus Luft. Ohne diese Luft gäbe es kein Leben auf der Erde. Wir brauchen sie nicht nur zum Atmen. Sie schützt uns auch vor der eisigen Kälte (minus 270 Grad im Schatten) und der harten Strahlung des Weltalls. Auf dem Mond, der keine Lufthülle um sich herum hat, könnten wir nur in einem ausgefeilten Raumanzug überleben, wie wir ihn von den Astronauten kennen, einer Art tragbarem Miniraumschiff, das die ungesunde Strahlung abschirmt, uns mit Sauerstoff versorgt und warm hält, das für den richtigen Luftdruck sorgt, aber natürlich beim Herumrennen auf dem Pausenhof oder beim Radfahren etwas lästig wäre.

Wo die Spucke kocht

Die Lufthülle der Erde ist, wenn man das Ganze mal aus einiger Entfernung betrachtet, unglaublich dünn. Ganz genau kann man das zwar nicht sagen, denn die

Atmosphäre hat keine scharfe Oberkante. Sie wird einfach nach oben hin immer dünner und dünner und geht so allmählich ins Weltall über. Drei Viertel der Luft befinden sich aber allein in den untersten 11 Kilometern der Atmosphäre. Auf dem Mount Everest, in knapp 9 Kilometern Höhe, kann ein Mensch nur für Stunden überleben, weil es mit der Energieversorgung (also der Atmung) hapert – es gibt in dieser Höhe nicht mehr genug Sauerstoff, denn der Luftdruck beträgt dort nur noch ein Drittel des normalen Drucks. Da macht selbst die olympische Flamme schlapp. Als sie vor den Olympischen Spielen 2008 in Peking auf den Everest geschleppt wurde, funktionierte sie nur mit einem speziellen Raketenbrennstoff, der selbst Sauerstoff freisetzt.

Je dünner die Luft, desto eher kocht Wasser. Es wird für Wasser umso leichter, sich in Wasserdampf umzuwandeln und dabei stark auszudehnen, je weniger Druck auf dem Wasser lastet. Schon in 19 Kilometern Höhe ist der Luftdruck derart gering, dass Wasser bei 37 Grad Celsius – das ist die Temperatur des menschlichen Körpers – anfängt zu kochen. In dieser Höhe würde einem deshalb die Spucke im Mund kochen, und man kann dort nur mit einem Raumanzug überleben.

Auf jeden Fall könnte man locker mal schnell mit dem Fahrrad ins Weltall radeln, so nah ist es – sieht man einmal von der Erdanziehungskraft, die man überwinden muss, und einigen anderen Unannehmlichkeiten einer solchen Radtour ab. Bedenkt man auch noch, wie leicht Luft ist, muss man schaudern: Nur ein feiner Hauch, ein dünner Schleier, trennt uns vom kalten Weltall. Auf den Fotos der Erde, die die Astronauten vom All aus gemacht haben, kann man diesen dünnen Schleier gut erkennen. Die Atmosphäre ist nur etwa ein Tausendstel so hoch wie breit (der Erdumfang beträgt 40 000 Kilometer). Wenn die Erde ein Apfel wäre, wäre

Wer ist Astronaut?

Ein Astronaut oder ein Kosmonaut (das ist das russische Wort, das auch in Ostdeutschland gebräuchlich ist) ist ein Raumfahrer. Eine internationale Organisation hat festgelegt, dass man sich nur Astronaut oder Kosmonaut nennen darf, wenn man mindestens 100 Kilometer von der Erdoberfläche entfernt war. Das haben bisher fast 500 Menschen geschafft.

die Atmosphäre so dünn wie seine Schale. Zehn Meter Meerwasser haben schon so viel Masse wie die gesamte Atmosphäre darüber. Das macht es verständlich, dass wir Menschen durch die Abgase aus unseren Autos und Schornsteinen die Zusammensetzung unserer Lufthülle erheblich verändern können – das werden wir uns später noch genauer ansehen.

Bei Luft denkt mancher vielleicht als Erstes an Sauerstoff – dieses Gas macht aber nur ein Fünftel (genau genommen 21 Prozent) der Luft aus. 78 Prozent bestehen aus Stickstoff – einem recht gutmütigen und sehr stabilen Molekül, das kaum mit anderen Molekülen reagiert. Das restliche Prozent verteilt sich auf eine ganze Reihe von sogenannten Spurengasen – die heißen so, weil sie nur in kleinen Spuren in der Luft vorkommen. Das bedeutet nicht, dass ihre Wirkung gering ist – auch eine Spur von scharfem Chilipulver kann ja eine Mahlzeit schon spürbar verändern.

Der Londoner Smog

Früher gab es in Europa große Probleme mit Luftverschmutzung, genannt Smog. Das ist ein Kunstwort, geschaffen aus den englischen Wörtern *smoke* (Rauch) und *fog* (Nebel). Besonders schlimm war es Anfang Dezember 1952 in London, als Tausende Menschen an der Luftverschmutzung starben. In Deutschland gab es in den siebziger- und achtziger Jahren mehrmals Smogalarm, einige Male wurde deshalb sogar das Autofahren verboten. Heute ist Smog vor allem ein Problem in Riesenmetropolen wie Mexiko City oder Peking.

Auch ist in diesem Gemisch ein wenig Wasserdampf enthalten. Dessen Anteil an der Luft ist je nach Ort und Zeit sehr unterschiedlich und hängt stark von der Temperatur ab; im Durchschnitt beträgt er weniger als ein Prozent.

Und zuletzt gibt es noch kleine Partikel, die durch die Luft treiben – zum Beispiel von Meereswellen hochgeschleuderte Salzkristalle, Schwefelpartikel aus Vulkanausbrüchen, vom Wind aufgewirbelter Staub, Ruß von Wald- und anderen Bränden, Blütenpollen oder Teilchen aus unseren Autoauspuffen und Schornsteinen. Meist schweben sie nur einige Stunden bis Tage in der Luft, bevor sie wieder herunterfallen oder durch Regen ausgewaschen werden. Die Smogteilchen sorgen zwar für besonders schöne Sonnenuntergänge, sie trüben aber auch die Fernsicht und schaden der Gesundheit, weil wir sie natürlich mit einatmen.

Sauerstoff: Müll mit Folgen

Ohne sie könnten wir nicht leben, wo aber kam die Atmosphäre überhaupt her? Nach allem, was man heute weiß, hat sie sich schon vor über vier Milliarden Jahren bei der Entstehung der Erde gebildet, aus den Gasen, die aus der heißen jungen Erde aufstiegen und aus Vulkanen herausgeschleudert wurden. Da kam auch das Wasser her, das heute zwei Drittel der Erde als Ozean bedeckt. Die Mischung der Gase in der Atmosphäre hat sich im Laufe der Erdgeschichte stark verändert. Zunächst gab es viel Kohlendioxid, aber sehr wenig Sauerstoff. Erst die Entstehung des Lebens auf der Erde brachte den Sauerstoff in die Luft: Bakterien und später auch Pflanzen entdeckten die Fotosynthese, einen cleveren Trick zur Gewinnung und Speicherung von Sonnenenergie. Dabei fällt Sauerstoff als Abfallprodukt ab. Vor zwei Milliarden Jahren fing Sauerstoff an, aus dem Meer in die Luft zu blubbern, aber erst vor 300 bis 400 Millionen Jahren stieg der Sauerstoffgehalt stark an, weil erstmals massenhaft Landpflanzen auftraten.

Das Leben ist also nicht einfach nur ein blinder Passagier auf dem Raumschiff Erde – es hat unseren Planeten vollkommen umgestaltet. Wie Ozean und Atmosphäre zusammengesetzt sind, wie die Landoberflächen aussehen, die großen Umsätze von Substanzen wie Sauerstoff, Stickstoff oder Kohlenstoff, das Klima – all dies sähe ohne Leben völlig anders aus.

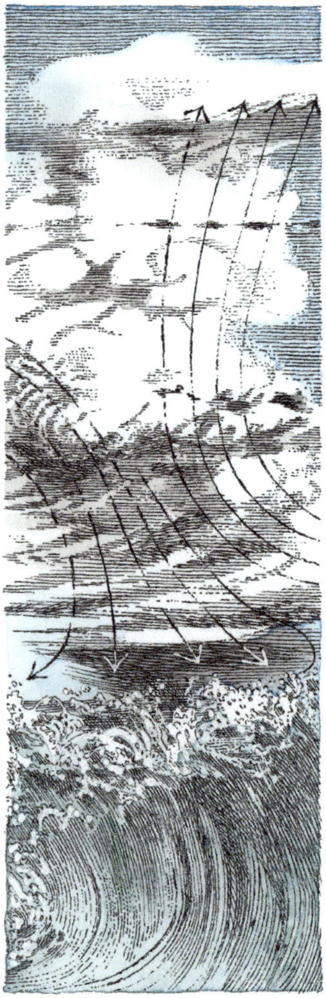

Die Wetterküche

Das Erdgeschoss der Atmosphäre ist die »Troposphäre« – das sind die untersten 10 bis 16 Kilometer, in denen fast das gesamte Wettergeschehen brodelt. Unten ist die Luft am wärmsten, und nach oben hin wird es immer kälter – das kennt jeder aus dem Gebirge. Aber wieso? Im Meer ist es ja umgekehrt – da wird es nach unten hin immer kälter. Der Grund ist sehr einfach: Die Heizung ist an der Oberfläche unserer Erde. Die Sonnenstrahlung scheint großenteils durch die klare Luft hindurch bis zum Boden, erst dort wird sie verschluckt und in Wärme umgewandelt. Dadurch wird das Meer von oben beheizt, die Atmosphäre aber von unten.

Das ist ein wichtiger Unterschied, denn Wärme steigt auf. Warme Luft ist leichter als kalte Luft, warmes Wasser ist leichter als kaltes Wasser. Die Situation im Ozean ist also stabil, denn dort schwimmt das von oben beheizte Wasser einfach obenauf, und es gibt wenig Vermischung. Um das Meer zu durchmischen, muss man eine Menge Energie aufwenden und es kräftig umrühren – Stürme tun das zum Beispiel. Bei der Atmosphäre ist es umgekehrt: Die von unten beheizte Luft will aufsteigen, zum Ausgleich muss anderswo kühlere Luft absinken – dauernd wird dadurch die Luft umgewälzt und kräftig durcheinandergewirbelt. Nie kommt die Troposphäre zur Ruhe – im Spiel der Sonne zwischen Tag und Nacht, Sommer und Winter, Wolken und klarem Himmel wird immer irgendwo Luft geheizt oder gekühlt. Ein nicht endender Tanz der Energie!

Aber wenn doch alles so kräftig durchgerührt wird, wieso ist dann nicht auch die Temperatur von unten bis oben die gleiche? Ganz einfach: weil der Luftdruck nach oben abnimmt. Je höher man geht, desto weniger Luft ist noch über einem, und der Luftdruck ist ja einfach nur das Gewicht dieser Luft. Drückt man ein Gas zusammen, wird es wärmer. Das kennt jeder von der Fahrradpumpe: Hält man das Ventil zu und drückt die Luft in der Pumpe kräftig zusammen, wird sie heiß. Dehnt Luft sich aus, wird sie wieder kühler. Wenn ich also etwas Luft in der Troposphäre auf und ab bewege, dann wird sie dabei kälter und wärmer, auch ohne dass man Wärmeenergie zuführt – nur durch diesen Druckeffekt. Deshalb nimmt in der turbulenten Troposphäre die Temperatur nach oben hin ab. Man kann sogar ausrechnen, um wie viel: etwa 6,5 Grad pro Kilometer Höhenunterschied. Abweichungen von dieser Faustregel gibt es natürlich auch. Zum Beispiel wenn die Luft voller Wasserdampf ist – der kann dann Tröpfchen bilden und dabei Wärme freisetzen. Aber das schauen wir uns im nächsten Kapitel an, wenn wir uns näher mit den Wolken beschäftigen.

Jetzt, da wir wissen, wie es kommt, dass die Luft nach oben hin kälter wird, können wir auch den Treibhauseffekt erst richtig verstehen. Wir hatten ja gesehen, dass die Erde eigentlich minus 18 Grad kalt sein müsste, um gerade so viel Wärme abzustrahlen, wie von der Sonne ankommt. In gewissem Sinne ist sie auch so kalt – nur eben nicht an der Oberfläche, auf der wir herumspazieren. Die Wärme, die ins All abgestrahlt wird, stammt nämlich nur zu einem kleinen Teil vom Erdboden. Denn

Frostschock

In dem Kinofilm »The Day After Tomorrow« gibt es dramatische Szenen, in denen im Auge eines Zyklons eisige Luft aus großer Höhe heruntersackt und alles schockfrostet – auch Menschen. Eine nette Filmidee, mehr nicht! Erstens steigt Luft im Zentrum eines Zyklons auf und sackt nicht ab. Und zweitens würde die Luft aus der oberen Troposphäre (dort oben ist es tatsächlich minus 60 Grad kalt) sofort angenehm warm, fiele sie tatsächlich hinunter.

die Atmosphäre ist unten so dicht, dass sie nur einen kleinen Teil der Wärmestrahlung durchlässt. Im unteren Teil transportiert die Atmosphäre die Wärme durch aufsteigende Warmluft nach oben. Erst von weiter oben in der Atmosphäre entfleucht die Wärme dann als Strahlung ins Weltall.

Da es pro Kilometer nach oben hin rund 6,5 Grad kälter wird, ist es in 5 Kilometern Höhe rund 33 Grad kälter als an der Oberfläche, also minus 18 Grad. Wenn die Wärmestrahlung aus 5 Kilometern Höhe ins All entweicht, ist die Energiebilanz unserer Erde daher gerade ausgeglichen. In der Wirklichkeit ist es ein klein wenig komplizierter, denn nur im Durchschnitt entweicht die Strahlung aus dieser Höhe. Tatsächlich kommt ein kleiner Teil von der Erdoberfläche, ein kleiner Teil aus 10 Kilometern Höhe und Teile aus allen Schichten dazwischen. Spezielle Satelliten können die Strahlungsbilanz genau messen.

Gerät mehr Kohlendioxid in die Luft, dann wird die Atmosphäre undurchlässiger für Wärmestrahlung. Unsere Erde muss die einfallende Sonnenwärme trotzdem durch Abstrahlung ausgleichen. Die Strahlung kann nun aber erst aus größerer Höhe ins All entweichen. Alles verschiebt sich nach oben. Auch die berühmten minus 18 Grad, die zum Ausgleich gebraucht werden, herrschen dann in größerer Höhe. Zum Beispiel in 6 Kilometern statt in 5 Kilometern Höhe: Dann wäre es automatisch am Boden 6,5 Grad wärmer als vorher. So kommt es, dass mehr Kohlendioxid in der Luft zu wärmeren Temperaturen am Boden führt.

Hallo, da ist ein Loch in der Stratosphäre!

Der Deckel auf der Troposphäre ist die Tropopause: Das ist die Höhe, in der die Temperaturkurve auf einmal abknickt und es nach oben hin nicht mehr kälter wird. Im Gegenteil: In diesem zweiten Stockwerk der Atmosphäre, der Stratosphäre, wird es nach oben hin allmählich wieder wärmer. Oben in der Stratosphäre, so in 50 Kilometer Höhe, werden wieder fast null Grad Celsius erreicht. Dort gibt es nämlich eine weitere Heizung: die Ozonschicht. Das Gas Ozon, das aus drei Sauerstoffatomen besteht, fängt einen Teil der Sonnenstrahlung auf und heizt sich dabei auf. Glücklicherweise hat Ozon eine Vorliebe für die besonders energiereiche ultraviolette Sonnenstrahlung. Ohne das Ozon würde die Sonnenstrahlung nicht die Stratosphäre heizen, sondern uns hier am Boden brutzeln. Leben, wie wir es heute kennen, wäre ohne die schützende Ozonschicht gar nicht möglich. Doppelter Dank also an die Bakterien, die zuerst die Fotosynthese erfanden: Denn ohne Sauerstoff gäbe es natürlich auch keine Ozonschicht.

Allerdings hat der Mensch inzwischen die Ozonschicht erheblich beschädigt – vor allem über der Antarktis verschwindet sie jeden Sommer für einige Wochen fast völlig: Das berühmte Ozonloch tut sich auf. Schuld sind einige industriell hergestellte Gase, die man FCKW nennt.

Es war ein Riesenglück, dass Forscher das Ozonloch rechtzeitig entdeckt und den Grund dafür gefunden haben, bevor es zu spät war! Zum Glück haben auch die Politiker in diesem Fall rechtzeitig reagiert und die FCKW weltweit verboten. Nur wenigen ist klar, wie knapp die Menschheit damals an einer großen Katastrophe vorbeigeschrammt ist. Bis das Ozonloch wieder richtig verheilt ist, wird es allerdings noch Jahrzehnte dauern.

FCKW

ist die Abkürzung für den Zungenbrecher Fluor-Chlor-Kohlenwasserstoffe – bitte dreimal schnell laut aufsagen! Irgendwann fanden Wissenschaftler heraus, dass diese Gase, die man zum Beispiel in Spraydosen verwendete, mit Ozon chemisch reagieren und dass dadurch die Ozonschicht der Erde abgebaut wird. 1987 wurde die Herstellung von FCKW stark eingeschränkt und später dann auf der ganzen Welt verboten.

Was kommt hinter dem Himmel?

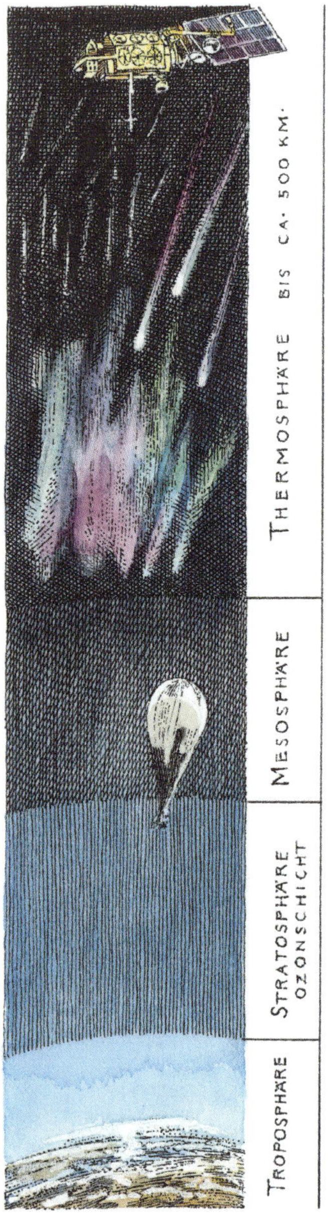

Über der Stratosphäre liegt die Mesosphäre, die bis 80 Kilometer Höhe reicht. Dort treten hauchfeine Wolken auf, die man manchmal im Sommer nach Sonnenuntergang gegen den schon dunklen Himmel leuchten sehen kann, wenn die Sonnenstrahlen sie gerade noch erreichen. Man nennt sie deshalb auch nachtleuchtende Wolken.

Über der Mesosphäre liegt die Thermosphäre, aber da gibt es wirklich kaum noch Luft, und die vereinzelten Gasmoleküle begegnen sich kaum je. Die Thermosphäre kann sehr heiß werden (daher der Name), bis 1800 Grad Celsius, aber das hat wenig zu sagen. Hohe Temperaturen bedeuten nur, dass die Moleküle sehr schnell herumflitzen – das hat mit der Energie pro Molekül zu tun. Aber weil es dort oben nur noch ganz wenige Moleküle gibt, kommt dabei insgesamt kaum Wärmeenergie zusammen.

Jenseits der Mesosphäre geht die Atmosphäre langsam, über Hunderte Kilometer, ins Weltall über. Weil die leichtesten Moleküle, allen voran der Wasserstoff, immer weiter nach oben steigen, verschwinden jedes Jahr einige Hundert Tonnen Wasserstoff im Weltraum (eine Tonne sind übrigens tausend Kilogramm). Außerdem werden Moleküle von der starken Sonnenstrahlung zerbrochen in elektrisch geladene Ionen. Hinzu kommt in diesen Regionen auch noch der Sonnenwind – das sind Ströme von geladenen Teilchen, die von der Sonne ins All geschleudert werden. Das Magnetfeld unserer Erde lenkt diese Teilchen ab und schützt uns davor, dass sie uns zu nahe kommen – sie strömen in großer Höhe um die Erde herum. Doch manchmal, wenn besonders heftiger Sonnenwind herrscht, kommt es auf der Erde zu geomagnetischen Stürmen – der Radioempfang wird dann gestört, Satelliten können beschädigt werden, und im Extremfall bricht die Stromversorgung zusammen. Im Jahr 1989 fiel deshalb in der Stadt Montreal für neun Stunden der Strom aus. Der Sonnenwind schenkt uns aber auch eines der schönsten Lichtphänomene: die Polarlichter.

Was wiegt die Luft?

Wie viel Luft gibt es wohl insgesamt in der Atmosphäre? Um das festzustellen, braucht man eigentlich nur ein Barometer, das heißt ein Gerät, mit dem man den Luftdruck messen kann. Der schwankt zwar ein wenig, je nach Wetter, und er nimmt nach oben hin ab. Aber misst man auf Meereshöhe, stellt man fest: Im Durchschnitt liegt der Luftdruck bei rund einem Bar. Das »Bar« ist eine historische Messeinheit für Druck – nach dem griechischen Wort *baros* für Gewicht oder Druck. Ein Bar entspricht ungefähr einer Last von 1 Kilogramm pro Quadratzentimeter. Jetzt muss man nur noch wissen, wie viele Quadratzentimeter die Erde groß ist, und schon hat man die Gesamtmasse der Atmosphäre: 5×10^{18} Kilogramm – eine 5 gefolgt von 18 Nullen. Das klingt vielleicht viel, ist aber weniger als ein Millionstel der Masse der Erde!

Ihr könnt auch ausrechnen, wie viel Luft auf eurem Kopf lastet. Nehmt einfach ein Maßband und messt mal, wie viele Quadratzentimeter die Oberfläche eures Kopfes groß ist – genau so viele Kilo Luft lasten auf ihm! Diese Last spürt man allerdings nicht, weil der Luftdruck ja von allen Seiten gleichzeitig auf uns und auch in uns wirkt. Haltet einmal ein Blatt Papier waagerecht vor euch – auch darauf lasten jetzt Hunderte Kilogramm Luft. Aber das Papier wird dadurch nicht nach unten gedrückt, weil der Luftdruck genauso von unten gegen das Papier drückt.

Polarlichter

Die Polarlichter sind wunderschöne Himmelserscheinungen, die man am ehesten in den Polarregionen beobachten kann. In roten, grünen oder blauen Schleiern oder Bändern leuchten sie über den Nachthimmel. Sie entstehen, wenn elektrisch geladene Teilchen aus der Sonne auf die obere Atmosphäre prasseln und die Luftmoleküle zum Leuchten bringen. Das Magnetfeld der Erde schirmt die meisten dieser Teilchen ab; doch vor allem in Polnähe dringen sie gelegentlich in die Atmosphäre vor. Die Lichter am Nordpol nennt man Aurora borealis, die am Südpol Aurora australis. Wenn die Sonne besonders aktiv ist, kann man manchmal sogar in Deutschland rote Polarlichter beobachten.

Das Ei in der Flasche

Für ein einfaches Experiment zum Luftdruck braucht ihr nur ein hart gekochtes, geschältes Ei und eine Flasche, deren Hals etwas kleiner als das Ei ist, zum Beispiel eine Milchflasche. Die Flasche spült ihr gründlich mit kochend heißem Wasser aus. Jetzt ist die Luft in der Flasche heiß. Setzt das Ei oben auf die Flasche, sodass sie luftdicht verschlossen wird. Nun einfach abwarten, bis die Flasche sich abgekühlt hat. Durch die Abkühlung sinkt der Luftdruck in der Flasche, weil kältere Luft weniger Platz einnimmt als warme Luft. Der Druck außerhalb der Flasche ist jetzt größer als drinnen. Was glaubt ihr, wie das Ei wohl auf diesen Druckunterschied reagiert?

Wenn ich den Luftdruck messen will, dann benötige ich etwas, gegen das die Luft nur von *einer Seite* drückt, von der anderen Seite aber nicht – erst dann kann man den Effekt bemerken. Ich kann also nicht den Druck selbst, sondern nur Druck*unterschiede* messen. Wo aber gibt es keinen Luftdruck? In einem Raum ohne Luft, im sogenannten Vakuum. Noch im 17. Jahrhundert dachten die meisten Gelehrten, ein solches Vakuum könne in der Natur gar nicht vorkommen. Doch im Jahre 1640 hatte Gasparo Berti eine geniale Idee. An seinem Haus in Rom brachte er eine mehrere Stockwerke hohe Glasröhre an, füllte sie mit Wasser und versiegelte sie oben. Das untere Ende stellte er in einen Eimer Wasser, dann öffnete er die Röhre unten. Wasser lief hinaus – aber nur ein Teil. Im oberen Teil der Röhre entstand ein Hohlraum – ein Vakuum, denn woher sollte Luft dort hineingelangt sein? Auf das Wasser unten im Eimer drückte die Luft der Umgebung, und dieser Luftdruck hinderte das Wasser daran, weiter auszulaufen.

Eine noch eindrucksvollere Demonstration des Luftdrucks lieferte der deutsche Forscher, Erfinder und Politiker Otto von Guericke auf dem Reichstag in Regensburg im Jahr 1654. Er legte zwei 50 Zentimeter große Halbkugeln mit einer Dichtung aufeinander, sodass eine hohle Kugel entstand. Mithilfe einer Kolbenluftpumpe pumpte er danach die Luft aus dieser Kugel – und nun wurden die beiden Halbkugeln allein vom Luftdruck zusammengepresst. Zwei Pferdegespanne mit je 15 Pferden konnten die Halbkugeln nicht auseinanderreißen! Das war zweifelsohne nicht nur ein schönes wissenschaftliches Experiment, sondern zugleich ein geniales Stück Öffentlichkeitsarbeit.

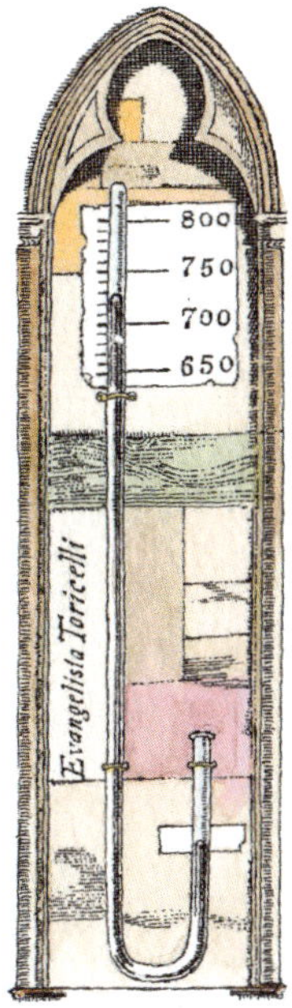

Nach Bertis Idee konstruierte sein Kollege Evangelista Torricelli wenig später ein erstes echtes Barometer – er benutzte dazu Quecksilber statt Wasser, denn Quecksilber ist etwa vierzehnmal schwerer als Wasser. Sein Barometer war ein U-förmiges Glasrohr, das unten Quecksilber enthielt. Auf einer Seite war das Rohr oben offen, sodass die Luft auf das Quecksilber drückte. Auf der anderen Seite war das Rohr luftdicht verschlossen, sodass sich wieder, wie im Gerät von Berti, ein Vakuum über der Flüssigkeit bildete. Auf der Seite mit dem Vakuum stand die Quecksilbersäule schließlich 76 Zentimeter höher – denn 76 Zentimeter Quecksilber wiegen gerade so viel wie die gesamte Luftsäule. Ein Glasrohr und etwas Quecksilber, mehr brauchte es also nicht, um die Atmosphäre unseres Planeten zu wiegen – man muss eben nur clever sein!

Noch ein Experiment zum Luftdruck

Füllt ein Glas randvoll mit Wasser, sodass auch der Rand nass ist. Dann drückt eine Postkarte mit der glänzenden Seite auf das Glas und dreht es rasch auf den Kopf. Jetzt könnt ihr die Karte loslassen. Der Luftdruck, der von unten gegen die Postkarte drückt, hält das Wasser im Glas. Solange keine Luft in das Glas hineinströmen kann, fließt das Wasser nicht heraus.

Im 17. Jahrhundert beschäftigten sich einige der größten Naturforscher mit dem Wetter und dem Klima, und es wurden noch viele andere Messgeräte erfunden. Die Grundlagen der auf Messungen und physikalischen Gesetzen beruhenden Klimawissenschaft wurden damals gelegt.

Dreht sich das Wasser im Abfluss auf der Südhalbkugel andersrum?

Nein – auch wenn man das immer wieder mal hört! Zwar stimmt es, dass Strömungen auf der Nordhalbkugel nach rechts, auf der Südhalb-kugel nach links abgelenkt werden. Die Strömungen in einer Badewanne oder einem Waschbecken drehen sich aber viel zu schnell, um davon beeinflusst zu werden. Um die Erdrotation zu spüren, muss eine Strömung schon einen nicht zu kleinen Bruchteil ein Tages in eine Richtung fließen – in einer Minute dreht die Erde sich einfach nicht besonders weit. Man kann das entweder an den Gleichungen der Hydrodynamik sehen, oder man probiert es einfach mal zu Hause aus! Übrigens: Wissenschaftler haben den Effekt 1965 tatsächlich nachgewiesen – aber in einer »Badewanne« mit extrem langsamen Strömungen, unter sehr aufwendig kontrollierten Bedingungen.

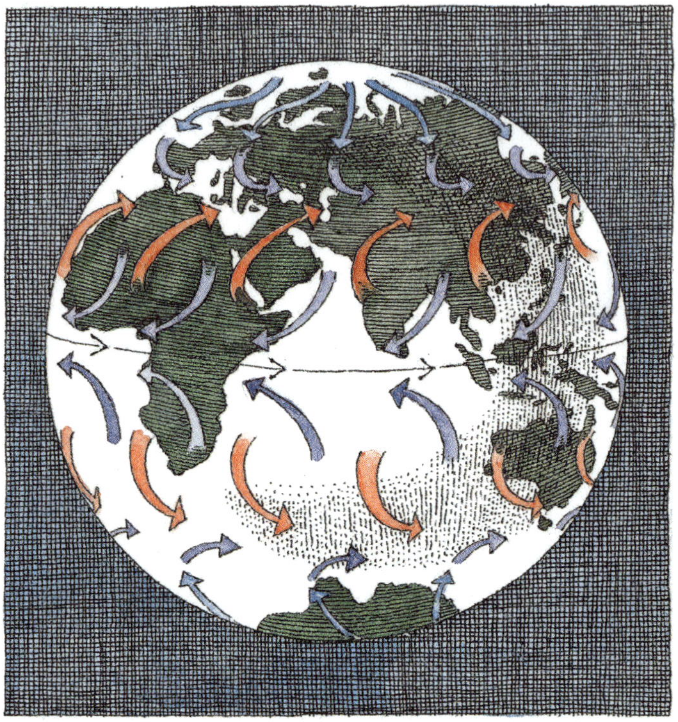

Ein windiger Planet

Unser Planet ist ein windiger Ort – andauernd bewegt sich die Luft. Windstill ist es an den meisten Orten eher selten – außer in dem früher bei Seefahrern sehr gefürchteten Kalmengürtel am Äquator, in dem die Segelschiffe oft wochenlang in der Flaute steckten und an Bord Hunger und Skorbut drohten. Dabei bekommen wir an der Erdoberfläche nur einen schwachen Abklatsch des Windes mit, der in höheren Luftschichten, in der oberen Troposphäre, wütet.

Getrieben wird der Wind von Druckunterschieden. So wie in der Luftpumpe: Drücke ich sie zusammen, ist innen der Druck höher als draußen, und dieser Druckunterschied treibt die Luft aus der Pumpe. So wird die Luft auch von einem Hochdruckgebiet weggedrückt, hin zu einem Tiefdruckgebiet. Sie kann da aber nicht auf geradem Weg hinströmen, denn sie wird durch die Erdrotation abgelenkt – auf der Nordhalbkugel nach rechts. Sie macht eine Kurve, und statt geradewegs vom Hochdruck wegzuströmen, fängt sie an, sich im Uhrzeigersinn um das Hochdruckgebiet herumzudrehen. Auch Luft, die in ein Tiefdruckgebiet einströmen will, wird nach rechts abgelenkt, sie umkreist deshalb das Tiefdruckgebiet gegen den Uhrzeigersinn. Auf der Südhalbkugel ist der Drehsinn umgekehrt.

Druckunterschiede entstehen ständig in der Atmosphäre, vor allem durch die Heizkraft der Sonne. Heizt die Sonne über dem Land eine Luftmasse auf, dann dehnt diese sich dabei aus, sie wird weniger dicht. Dadurch wird die Luft darüber angehoben – es bildet sich eine Art »Buckel« in der Atmosphäre. Am Boden ist der Druck zwar zunächst gleich geblieben, weil sich die Luftmenge darüber ja nicht verändert hat. Weiter oben an diesem Buckel gibt es nun aber eine Druckdifferenz. Denn in dem warmen Buckel befindet sich jetzt *mehr* Luft oberhalb einer bestimmten Höhe als nebenan, wo die Luft nicht angehoben wurde. Mehr Luft oberhalb heißt mehr Gewicht und damit mehr Druck. Oben wird die Luft deshalb aus diesem Gebiet mit höherem Druck wegströmen. Sobald das passiert, verringert sich darunter am Boden der Druck. Faustregel ist also: Dort, wo die Sonne kräftig heizt, steigt Luft auf und es entsteht am Boden Tiefdruck; dort, wo es im Vergleich zur Umgebung kalt ist, sinkt Luft ab und es entsteht Hochdruck.

Das gilt im Kleinen – ihr könnt es zum Beispiel an einem schönen Sommertag am Nord- oder Ostseestrand selbst beobachten. Die Sonne heizt am Tag das Land rascher auf als das Meer, weil das Meer viel Wärme

Schöne Winde

Jeder Ort der Erde hat ganz bestimmte, immer wieder auftretende »vorherrschende« Winde. Viele haben schöne Namen, so etwa Mistral, Bora, Gibli oder Schirokko. Oder lustige wie Willy-Willies, wie die Australier ihre manchmal gar nicht so lustigen kleinen Wirbelwinde nennen.

speichern kann. Deshalb wird am Nachmittag der Luftdruck über dem Land niedriger sein als über dem Meer, und es entsteht ein Wind vom Meer her – die bekannte Seebrise. Nachts ist es umgekehrt – da kühlt das Land sich ab, über dem Meer bleibt es wärmer und der Wind weht vom Land aufs Meer.

Das gilt aber auch für größere Gebiete und längere Zeitspannen, zum Beispiel beim Monsun. Im Sommer heizt sich die Landmasse Indiens auf und wird wärmer als der umgebende Indische Ozean. Also wehen vorherrschend Winde vom Meer zum Land – Winde, die sich über dem Wasser mit Feuchtigkeit vollgesogen haben und die sehnsüchtig erwarteten Regenfälle für die Bauern bringen. Im Winter ist die Situation genau umgekehrt. Auch auf anderen Kontinenten, zum Beispiel in Nordafrika, gibt es Monsunwinde.

Und auch die ganz großen, weltumspannenden Windmuster in der Atmosphäre kann man so verstehen. Schon in den Jahren nach 1680 sammelte der britische Astronom Edmond Halley Berichte über die Winde aus verschiedenen Weltgegenden und verglich sie mit Druckmessungen von Barometern. Er erkannte, dass am Äquator die Luftmassen aufsteigen und dass sich deshalb um den Äquator ein Tiefdruckgürtel zieht. An der Oberfläche wehen die Winde von beiden Seiten auf den Äquator zu – das sind die berühmten Passatwinde. Der Name stammt vom italienischen Wort für Überfahrt, denn die verlässlichen Passatwinde ermöglichten im Zeitalter der großen Segelschiffe eine sichere Passage über den Atlantik nach Nordamerika. Die Passatwinde wehen nicht senkrecht, sondern schräg auf den Äquator zu: Auf der Nordhalbkugel kommen sie aus Nordosten und auf der Südhalbkugel aus Südosten, weil sie von der Erdrotation abgelenkt werden – auf der Nordhalbkugel nach rechts, auf der Südhalbkugel nach links.

Windstärken

Die Windstärke gibt man seit 200 Jahren mithilfe einer von Sir Francis Beaufort erfundenen Skala an, die von Windstärke 0 (totale Flaute) bis 12 (Orkan) reicht. Ursprünglich beruhte sie nur auf Beobachtung dessen, was man von einem Schiff aus sehen kann, zum Beispiel ob Schaumkronen auf dem Meer zu sehen sind. Seit 1926 gehört zu jeder Windstärke eine bestimmte Spanne von Windgeschwindigkeiten: So bedeutet Windstärke 6 Winde zwischen 39 und 49 Stundenkilometern. Das ist starker Wind, in dem große Äste in den Bäumen schwingen und man nur mit Mühe einen Regenschirm benutzen kann.

Grad	Bezeichnung	Auswirkung auf Binnenland	Auswirkung auf See	km/h	Knoten
0	still	Rauch steigt gerade empor	glatte See	1	1
1	leiser Zug	Windfahne zeigt nichts an, aber Rauch	kleine Kräuselwellen	1–5	1–3
2	leichte Brise	Säuseln von Blättern, Windfahne bewegt sich	kleine, kurze Wellen	6–11	4–6
3	schwache Brise	dünne Zweige bewegen sich bereits	vereinzelt weiße Schaumköpfe, Kämme brechen	12–19	7–10
4	mäßige Brise	Zweige, dünnere Äste bewegen sich, Papier und Staub wird gehoben	kleine, aber längere Wellen, mehr Schaumköpfe	20–28	11–15
5	frische Brise	kleinere Laubbäume schwanken, auch auf Seen Schaumköpfe	Wellen schon größer und recht lang, überall Schaumköpfe	29–38	16–21
6	starker Wind	dicke Äste bewegen sich, Regenschirme kaum zu benutzen	große Wellen, Kämme brechen und hinterlassen Schaumflächen, vereinzelt Gischt	39–49	22–27
7	steifer Wind	Bäume in Bewegung, beim Gehen Widerstand stark merkbar	Der Schaum, welcher sich beim Brechen bildet, fängt an, sich in Streifen gegen den Wind zu legen.	50–61	28–33
8	stürmischer Wind	Zweige brechen	Kämme besonders lang, Gischt weht ab, Schaum liegt in Streifen gegen Windrichtung	62–74	34–40
9	Sturm	kleine Schäden an Häusern	hohe Wellenberge, Schaumstreifen dicht	75–88	41–47
10	schwerer Sturm	Bäume werden entwurzelt, größere Schäden an Häusern	sehr hohe Wellenberge mit langen, brechenden Kämmen, schlechte Sicht durch Gischt	89–102	48–55
11	orkanartiger Sturm	verbreitet Sturmschäden	außergewöhnlich hohe Wellenberge, Sicht noch schlechter	103–117	56–63
12	Orkan	schwerste Verwüstungen	Luft stark mit Gischt und Schaum vermischt, See vollständig weiß, keine Fernsicht mehr möglich	118–133	64–71

Was aufsteigt, muss auch wieder herunterkommen. Die am Äquator aufgestiegene Luft sinkt in den Subtropen, etwa um den 30. Breitengrad, wieder herab. Diese Luft ist extrem trocken, denn oben in den kalten Höhen der Troposphäre kann die Luft kaum Wasserdampf enthalten. Daher regnet das Wasser schon beim Aufsteigen der Luft heraus. Das passiert in den tropischen Regengürteln, wo ständig heftige Schauer herunterprasseln und Gewitter toben und der Regenwald gedeiht, zum Beispiel im Amazonas- und Kongobecken. Dort, wo die Luft absinkt, trocknet das Land dagegen aus. In diesen Regionen befinden sich die großen Trockenwüsten der Erde: die afrikanische Sahara, die Sonora- und Mojave-Wüsten Amerikas und die Wüste Gobi in Asien, und auf der Südhalbkugel die Kalahari im südlichen Afrika, die Atacama in Südamerika und die australischen Wüsten. Auf dem Meer sind diese Breitengrade ebenfalls wegen Flaute gefürchtet. Man nennt sie die Rossbreiten, angeblich weil dort früher die auf den Schiffen mitgebrachten Pferde über Bord geworfen oder geschlachtet wurden, um Trinkwasser und Gewicht zu sparen.

Die stärksten Winde

Der stärkste an der Erdoberfläche gemessene Wind wehte mit 372 Stundenkilometern am Mount Washington in den USA. Der Saturn hat Stürme mit Geschwindigkeiten bis zu 1600 Stundenkilometern. Noch stärker wehen Winde auf Neptun – die werden auf 2500 Stundenkilometer geschätzt.

Das also ist Teil eins der großen Windmuster unserer Atmosphäre: eine Umwälzbewegung der Luftmassen, die in Äquatornähe aufsteigen, sich oben nach Norden und Süden ausbreiten, um den 30. Breitengrad herum wieder absinken und an der Oberfläche als Passatwinde zum Äquator zurückströmen. Diese riesigen Umwälzzellen (in jeder Hemisphäre eine) nennt man Hadley-Zellen, nach dem britischen Meteorologen George Hadley, der sie im 18. Jahrhundert beschrieb.

Im 19. Jahrhundert entdeckte dann William Ferrel am 60. Breitengrad eine weitere Region aufsteigender Luft. Diese verteilt sich nach Norden und Süden und sinkt zum einen in den Rossbreiten, zum anderen in Polnähe wieder ab. Damit ist das große Muster komplett:

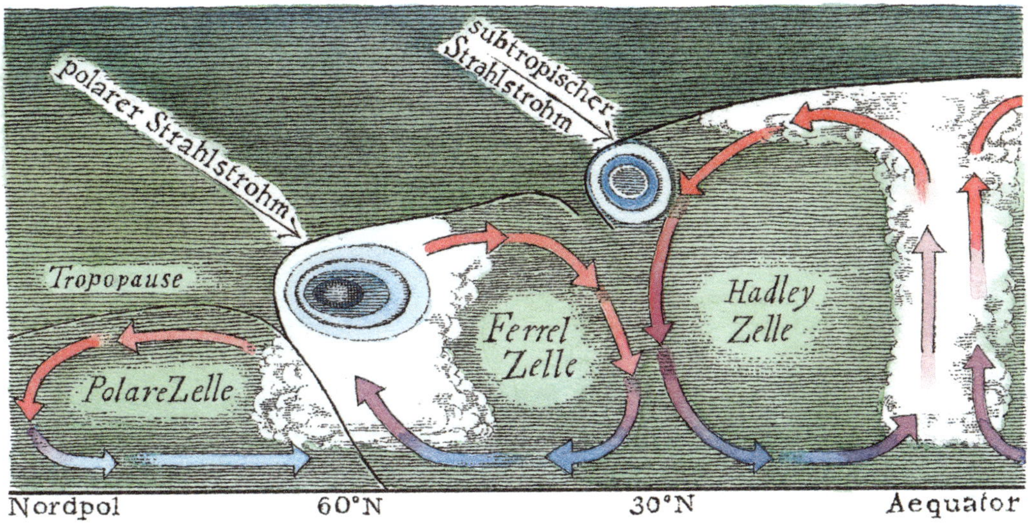

drei Umwälzzellen in jeder Hemisphäre. Die jeweils mittleren wurden nach ihrem Entdecker Ferrel-Zellen genannt, und sie bringen uns die Westwinde, die in den mittleren Breiten vorherrschen.

Wieso aber drei Zellen? Wieso gibt es nicht nur eine in jeder Hemisphäre, mit aufsteigender Luft am Äquator und absinkender Luft an den Polen? Der Grund ist wieder die Erdrotation, die die Winde und Meeresströme stets ablenkt und umbiegt. Sie verhindert, dass die Dinge schön einfach sind, und macht sie dafür umso interessanter. Man kann das am Computer durchspielen. Ein Computermodell des Klimas ist eine Art mathematisches Abbild des echten Klimasystems. Für ein solches Modell werden die Gesetze der Hydrodynamik, der Thermodynamik und weitere wichtige Regeln einprogrammiert, sodass die Modellerde sich nach diesen verhält – ganz wie die echte Erde auch. Auch in der Computersimulation geht jeden Morgen die Sonne auf, es fließen die Meeresströme und wehen die Winde. Und wie zu erwarten ordnen sich die Luftströme zum Beispiel in Hadley-Zellen und Passatwinde.

Das Schöne an der Modellerde im Computer ist aber, dass man mit ihr spielen kann. Man kann diese Erde einfach mal langsamer rotieren lassen. So bekommt man dann tatsächlich eine Atmosphäre mit nur je einer Zelle. Je schneller man die Erde um sich selbst rotieren lässt, in desto mehr Zellen spaltet sich die Zirkulation auf. Auf dem Jupiter kann man das Prinzip schön beobachten: Seine Atmosphäre hat mehr als ein Dutzend heller und dunkler Wolkenbänder, die wahrscheinlich genau solche Zirkulationszellen sind. Jupiter dreht sich zweieinhalb mal schneller als die Erde.

Und jetzt: das Wetter!

In Deutschland leben wir zwar in der Westwindzone, aber es ist klar, dass der Wind nicht dauernd aus Westen weht. Die großen Zirkulationsmuster beschreiben nur die durchschnittlichen Bedingungen – also das Klima. Doch dazu gibt es noch das Wetter: das ständige Wechselspiel von warm und kalt, nass und trocken, windig und windstill. Ein abwechslungsreiches Schauspiel, das sich über Stunden, Tage oder Wochen abspielt, und das zudem von Jahr zu Jahr deutliche Unterschiede hervorbringt. Mal gibt es einen heißen sonnigen Sommer, in dem man fast jeden Tag an den Badesee gehen könnte, dann wieder einen völlig verregneten, über den nur spannende Bücher hinweghelfen.

Klima und Wetter werden oft durcheinandergebracht. »Klima ist, was man erwartet, Wetter ist, was man bekommt«, hat der Schriftsteller Robert Heinlein einmal gesagt. Und damit hat er recht. Unter Klima versteht man die durchschnittlichen, über viele Jahre hinweg herrschenden Bedingungen – oft nimmt man den Mittelwert aus 30 oder mehr Jahren.

In Potsdam beträgt die Tageshöchsttemperatur im Juli im Mittel 23,8 Grad Celsius – das ist der Mittelwert aus sämtlichen Julitagen seit dem Jahr 1893. Nimmt man nur die letzten 30 Jahre (1979 bis 2008), dann erhalten wir einen Mittelwert von 24,2 Grad Celsius, während er in den 30 Jahren von 1893 bis 1922 nur 23,3 Grad Celsius betrug. In etwas mehr als hundert Jahren hat es also eine Erwärmung um fast ein Grad im Julimittel gegeben – eine klimatische Veränderung, auf die wir in Kapitel 6 noch zu sprechen kommen.

Daneben gibt es die großen Schwankungen von Jahr zu Jahr. So betrug im wärmsten Juli (das war 2006) die Tageshöchsttemperatur im Mittel 30,3 Grad Celsius, im kältesten (im Jahr 1898) nur 19,3 Grad – satte elf Grad Unterschied. Zwischen einzelnen Tagen gibt es noch größere Schwankungen: Der 11. Juli 1959 war mit 38,4 Grad Celsius der wärmste Julitag in Potsdam seit 1893. Diese Schwankungen von Tag zu Tag, von einem Jahr zum nächsten, das nennen wir Wetter. Betrachten wir Mittelwerte und deren Veränderungen über viele Jahre hinweg, dann reden wir über das Klima. Klingt einfach – trotzdem sind Wetter und Klima nicht immer eindeutig auseinanderzuhalten. So war in den ersten 90 Jahren der Messungen (1893 bis 1982) niemals ein Juli wärmer als 27 Grad Celsius. Dass der Juli 2006 mit 30,3 Grad Celsius deutlich über dieser Schwelle lag und der Juli 1994 mit 29,3 Grad Celsius ebenfalls – ist das nun Wetter oder Klima? Welchen Anteil daran hat der Zufall und welchen die klimatische Erwärmung der Julitemperaturen, die im Mittel aber nur etwa ein Grad betragen hat? Wirkt die Klimaerwärmung sich besonders stark auf die Extreme aus? Solche Fragen lassen sich nur schwer beantworten.

Das Jupiterwetter

Auf dem Jupiter toben Gewitter mit heftigen Blitzen, und der Wind heult dort mit bis zu 600 Stundenkilometern um die Hoch- und Tiefdruckwirbel. Der berühmteste ist der Große Rote Fleck – der Wolkenwirbel eines Hochdruckgebiets, der schon im 17. Jahrhundert beobachtet wurde und so groß ist wie die ganze Erde.

Luftdruck und Wetter

Schon im Jahr 1660 erkannte Otto von Guericke, dass vor einem Unwetter der Luftdruck fällt. Nach 1800 entstand ein europäisches Netz von Wetterstationen, an denen gleichzeitig der Luftdruck gemessen und Wetterbeobachtungen gemacht wurden. Das war der Anfang der wissenschaftlichen Wettervorhersage.

Dabei wird das Klima von anderen Gesetzen bestimmt als das Wetter. Beim Wetter sind die Anfangsbedingungen das Wichtigste – die Wetterlage von heute bestimmt ganz stark, wie sie sich bis morgen entwickeln wird. Eine Kaltfront, die heute über Frankreich liegt, wird wohl morgen bei uns sein. Das Klima dagegen wird stark von Bilanzen wie der Energiebilanz, also dem Ersten Hauptsatz der Thermodynamik, regiert, wie wir es im vorigen Kapitel besprochen haben. Wie viel Wärme kommt herein und wie viel geht heraus? Das ist so ähnlich wie beim Geld. Ob wir heute einen neuen iPod kaufen können, hängt davon ab, wie viel im Moment auf dem Sparbuch ist – also von der Anfangsbedingung. Wie viel wir aber auf Dauer jeden Monat im Durchschnitt ausgeben können, das wird von den Randbedingungen bestimmt, etwa der Höhe des Taschengelds.

Die empfindliche Abhängigkeit von Anfangsbedingungen bedeutet, dass Wetter ziemlich chaotisch abläuft. Würden die Winde heute nur ein klein wenig anders wehen, dann würde das Wetter ein oder zwei Wochen später völlig anders aussehen. Das macht es so schwer, es vorherzusagen – das geht überhaupt nur einige Tage im Voraus. Ich beneide die Kollegen von der Wettervorhersage daher nicht! Das Klima dagegen verhält sich zum Glück nicht chaotisch und ist daher viel leichter zu berechnen.

Obwohl das Klima also einerseits das gemittelte Wetter ist, ist es doch auch wieder etwas anderes, eigenes. Wir betreiben zum Beispiel in meiner Forschergruppe ein Klimamodell, in dem es überhaupt kein Wetter gibt! Das Modell rechnet direkt die mittleren Klimagrößen nach eigenen Gesetzen aus. Jeder Juni in diesem Modell ist ein mittlerer Juni – es gibt nicht mal einen besonders warmen Juni und im nächsten Jahr wieder einen kühlen, und es gibt auch keinen Regenguss und dann einen trockenen Tag, sondern dauernd nieselt die durchschnittliche Juni-Regenmenge herab, dauernd scheint dabei auch die durchschnittliche Juni-Sonne und es weht dauernd ein durchschnittlicher Juni-Wind … Sehr trist und langweilig, aber es funktioniert überraschend gut. Man muss nicht erst den Umweg über das Wetter gehen, wenn man das Klima ausrechnen will, da das Klima eigenen Gesetzen gehorcht.

Die treibende Kraft des Wetters sind die wandernden Hoch- und Tiefdruckgebiete, die man auf jeder Wetterkarte sehen kann. (Auch die gibt es in unserem wetterlosen Klimamodell nicht.) Diese Wetterkarten zeigen meist »Isobaren« – das sind Linien mit gleichem Luftdruck. Wichtig sind dabei außer den Hochs und Tiefs die Luftmassengrenzen – dort trifft zum Beispiel milde Atlantikluft, die von Südwesten heranströmt, auf polare Kaltluft, die zuvor von Norden nach Deutschland hereingeflossen ist. In einem solchen Fall, wenn warme Luft herankommt, spricht man von einer Warmfront – im umgekehrten Fall von einer Kaltfront. Diese Fronten waren vor 100 Jahren noch unbekannt. Erst eine Gruppe von Meteorologen aus Bergen in Norwegen hat sie in den zwanziger Jahren beschrieben und ihre Bewegungen untersucht.

Richtig verstehen kann man diese Luftmassen nur in drei Dimensionen – man muss auch ihre Verteilung in der Höhe mitdenken, die man mit Wetterballonen messen kann. Kalte Luft ist zum Beispiel schwerer als warme Luft, und sie breitet sich daher am Boden entlang aus. Etwa so, wie dünner Honig über das Frühstücksbrot fließt. Sie hebt dabei warme Luft hoch.

Gesteuert wird die Bewegung und Verteilung der Hoch- und Tiefdruckgebiete nicht zuletzt von den Höhenwinden. Etwa um den 60. Breitengrad windet sich in etwa 5 bis 10 Kilometern Höhe der polare Strahlstrom um die Erde, getrieben vom Temperaturunterschied zwischen polaren Luftmassen im Norden und wärmeren im Süden. Dort rauscht der Wind oft mit über 300 Stundenkilometern, schneller als ein ICE. Entdeckt haben das Piloten im Zweiten Weltkrieg, die als Erste regelmäßig in diesen Höhen flogen. Weiter südlich braust der subtropische Strahlstrom, der das nördliche Ende der Hadley-Zellen markiert, wo ebenfalls unterschiedliche Luftmassen zusammentreffen.

Schnee im Computer

Die Idee, dass sich die Bewegung der Hoch- und Tiefdruckgebiete und damit die Entwicklung des Wetters nach den Gesetzen der Physik berechnen lassen sollte, stammt ebenfalls aus den zwanziger Jahren des letzten Jahrhunderts. Der britische Wissenschaftler Lewis Fry Richardson stellte sieben physikalische Gleichungen dafür auf, und 1922 wagte er damit eine erste »Wettervorhersage«. Er benutzte Wetterdaten vom 10. Mai 1910, 4 Uhr morgens, um damit auszurechnen, wie das Wetter sechs Stunden später aussehen müsste. Da es damals keine Computer gab, benötigte er sechs Wochen, um die ganzen Berechnungen von Hand zu machen! Das Ergebnis war ein großer Flop: Die tatsächliche Wetterentwicklung war ganz anders verlaufen. Aber Richardson ließ sich von dem Fehlschlag nicht entmutigen und träumte von großen Vorhersagefabriken, wo Hunderte von Rechenknechten schnell genug rechnen würden, damit die Vorhersage überhaupt fertig würde, bevor die Realität sie überholt hätte. Das war eine verrückte Idee – aber 30 Jahre später, nach der Erfindung des Computers, wurde sie dann auf andere Weise doch Wirklichkeit.

Wenn wir heute im Radio oder Fernsehen eine Wettervorhersage hören, dann beruht die vor allem auf Simulationsrechnungen mit Computermodellen, wie sie zum Beispiel vom deutschen Wetterdienst betrieben werden. Es gibt ein weltweites Netz von Wetterstationen, an denen mehrmals täglich Temperatur, Wind, Luftfeuchtigkeit, Regenmenge, Sonnenstrahlung und anderes gemessen werden. Seit den sechziger Jahren haben wir zudem Satelliten, die aus der Erdumlaufbahn das Wetter beobachten. Und mit Radargeräten (die sich unter den weißen Kuppeln verbergen, die man auf Wetterstationen sieht) kann man aus der Ferne Regengebiete sichtbar machen. All diese Daten werden schnell weitergemeldet und international ausgetauscht, und sie werden benutzt, um das Computermodell möglichst genau mit dem aktuellen Wetterzustand zu starten. Dann rechnet das Modell mithilfe von mathematischen Gleichungen – verbesserte Versionen der schon von Richardson benutzten – aus, wie die Sache weitergeht. Diese Gleichungen sind zum Beispiel die Gesetze der Strömungsmechanik und Thermodynamik – unser geliebter Erster Hauptsatz ist natürlich auch dabei.

Dabei gibt es drei Probleme. Erstens sind die Anfangsbedingungen, also der weltweite Zustand des Wetters zu einer bestimmten Zeit, niemals exakt bekannt. Zwei nur geringfügig andere Ausgangslagen, zum Beispiel mit minimal unterschiedlichem Luftdruck, werden sich aber nach einigen Tagen oder spätestens Wochen zu ganz unterschiedlichen Wetterlagen entwickeln. Da diese empfindliche Abhängigkeit von den Anfangsbedingungen praktisch nicht zu beheben ist (obwohl sich ein ganzer Forschungszweig solch »chaotischen« Vorgängen widmet), wird es eine genaue Vorhersage, wie das Wetter am Dienstag in drei Wochen aussehen wird, wohl nie geben.

Wetter im Kochtopf

Stellt euch einen Topf brodelnd kochendes Wasser auf dem Herd vor. Die Wettervorhersage gleicht dem Versuch vorauszusagen, wo in dem Topf die nächste Blase aufsteigen wird. Eine typische Klimafrage wäre dagegen, was die mittlere Temperatur im Topf ist. Das hängt von den Randbedingungen ab – vor allem vom Luftdruck – und ist leicht zu berechnen. Auf Meeresniveau hat kochendes Wasser eine Temperatur von 100 Grad Celsius. Auf dem Mount Everest, wo der Luftdruck nur ein Drittel davon beträgt, kocht es dagegen schon bei 70 Grad Celsius.

Das zweite Problem ist die begrenzte Rechenleistung. Zwar haben wir heute Supercomputer, von denen Richardson nicht einmal träumen konnte und die Milliarden von Rechenoperationen pro Sekunde machen. Diese Rechner kosten viele Millionen Euro. Trotzdem brauchen sie immer noch etwa eine Stunde, um eine Vorhersage auszurechnen, und sie können die Erde nur recht grob auf einem Gitternetz abbilden, das etwa 30 Kilometer mal 30 Kilometer groß ist. Einzelne Wetterecken wie Berge und Täler der Alpen oder ein besonders kleines, aber heftiges Tiefdruckgebiet über dem Atlantik fallen dabei leicht durch die Maschen.

Das dritte Problem ist, dass noch nicht alle Vorgänge in der Atmosphäre physikalisch voll verstanden sind. Das gilt zum Beispiel für die Prozesse bei der Wolkenbildung. Das Prinzip ist zwar einfach: Wenn die Luftfeuchtigkeit zu groß wird, bildet der Wasserdampf in der Luft Tröpfchen, die dann in Wolken sichtbar werden. Will man aber ganz genau wissen, wo und wann sich ein bestimmter Typ von Wolken bildet, wird es schnell sehr kompliziert.

Aus diesen drei Gründen ist die Wettervorhersage so schwierig, und manchmal liegt sie tatsächlich ziemlich daneben – was die Meteorologen zu beliebten Prügelknaben macht. Dabei hat sie sich enorm verbessert. Die Vorhersage für eine Woche ist inzwischen so zuverlässig wie vor 30 Jahren die Vorhersage für den nächsten Tag. Die Vorhersage für den nächsten Tag stimmt heute in neun von zehn Fällen.

Um das Problem mit dem Chaos besser in den Griff zu bekommen, lässt man heute die Wettervorhersagemodelle gleich mehrmals laufen, mit leicht unterschiedlichen Startbedingungen. Bei manchen Wetterlagen kommt immer das Gleiche heraus, dann ist die Vorhersage ziemlich sicher. Manchmal steht das Wetter aber regelrecht auf der Kippe und entwickelt sich in den verschiedenen Modellrechnungen unterschiedlich. Dann kann man nur Wahrscheinlichkeiten angeben, wie man sie in manchen Vorhersagen hört, etwa: »Morgen gibt es in Berlin 30 Prozent Regenwahrscheinlichkeit.«

Allerdings haben Untersuchungen gezeigt, dass viele Menschen dadurch verwirrt werden. Manche meinen, es bedeute, dass es am nächsten Tag auf 30 Prozent der Fläche von Berlin regnen, andere, dass es 30 Prozent der Zeit regnen werde. Wieder andere glauben, es bedeute, dass zehn Meteorologen befragt wurden, und drei von ihnen waren überzeugt, dass es am nächsten Tag regnen werde! – All das ist natürlich falsch. Gemeint ist: Wenn zehnmal die gleiche Wetterlage auftreten würde, die zu einem bestimmten Zeitpunkt herrscht, dann regnet es am nächsten Tag in drei dieser Fälle, in sieben aber nicht. Zumindest im Wettervorhersagemodell, das natürlich auch fehlerhaft sein kann …

Der Vorteil solcher Wahrscheinlichkeitsaussagen für die Meteorologen ist auf jeden Fall, dass sie nie falsch sein können! Regnet es, sind die 30 Prozent eingetreten, regnet es nicht, die 70 Prozent. Doch im Ernst: Sie stellen trotzdem einen echten Fortschritt dar, denn sie geben uns einen Eindruck davon, wie verlässlich die Vorhersage für den nächsten Tag ist.

Bauernregeln

Bauern und Seeleute haben oft Erfahrungsregeln über das Wetter aufgestellt, zum Beispiel: »Regnet es am Siebenschläfertag, es noch sieben Wochen regnen mag.« Manche sind zuverlässiger als die moderne Wettervorhersage. Zum Beispiel diese: »Wenn der Hahn kräht auf dem Mist, ändert sich das Wetter oder es bleibt wie es ist!«

Meeresforschung auf dem Sklavenschiff

Nach so vielen Worten über unseren Luftozean soll auch noch etwas über den echten Ozean gesagt werden, den aus Wasser! Er ist für Wetter und Klima der Erde nicht minder wichtig als die Luft – und nicht nur, weil fast das ganze Wasser für unser Klimasystem, für Regen und Schnee, Flüsse und Wälder, aus dem Meer stammt.

Auch der größte Teil der Sonnenenergie, die unser Klima ewig antreibt, landet erst einmal im Ozean. Dort wird sie gespeichert – im Sommer saugt das Meer Wärme auf, im Winter gibt es Wärme ab, und so dämpft es die Jahreszeitenunterschiede. Meeresklima ist deshalb viel ausgeglichener als Kontinentalklima.

Wer schon einmal zum Strandurlaub in den Tropen war, der weiß: Das Meerwasser ist dort brühwarm, so an die 30 Grad, und man kann stundenlang baden. Was aber die wenigsten wissen: Auch in den Tropen ist das Meerwasser in der Tiefe sehr kalt – das warme Wasser schwimmt nur als dünne Schicht oben auf der eisigen, finsteren Tiefsee. Entdeckt hat das im Jahr 1751 der Kapitän eines englischen Segelschiffs, das Sklaven von Afrika nach Nordamerika brachte. Der hatte von dem wissenschaftlich interessierten Pfarrer Stephen Hales ein selbst erfundenes Gerät mitbekommen, eine Art Spezialeimer an einem langen Seil, mit dem er Wasser aus mehr als 1500 Metern Tiefe heraufholen konnte. Zu seinem Erstaunen hatte es nur eine Temperatur von 12 Grad Celsius. Begeistert schrieb er in einem Brief an Hales: »Dieses Experiment, das anfangs zu nichts weiter als der Befriedigung der Neugier zu dienen schien, hat sich mittlerweile als sehr nützlich für uns herausgestellt. Mit seiner Hilfe können wir unser kaltes Bad haben und unseren Wein und das Trinkwasser nach Belieben kühlen, und das ist uns in diesem brennend heißen Klima höchst willkommen.«

Damit hatte er eine äußerst wichtige Entdeckung gemacht. Wie wir heute wissen, sind vier Fünftel des Meerwassers kälter als 5 Grad Celsius. Warum hat sich die Wärme, die ja von der Sonne ständig Nachschub bekommt, in den Tropen nicht im Laufe der Jahrtausende längst bis in die Tiefe ausgebreitet? Zumal auch der Ozean vergleichsweise so dünn ist wie ein Blatt Papier –

Seegfrörne

Große, tiefe Seen frieren in unseren Breiten nur selten zu. Vereist der Bodensee, nennen die Anwohner das eine »Seegfrörne«. Seit dem Jahr 1573 wird bei jeder Seegfrörne eine Büste des heiligen Johannes feierlich über den See getragen. Seegfrörne gab es danach in den Jahren 1600, 1684, 1695, 1709, 1795, 1830, 1880, 1929 und zuletzt 1963.

der Atlantik ist zum Beispiel rund 5000 Meter tief, aber tausendmal so breit. Es dauerte nicht lange, bis kluge Wissenschaftler den Grund für das kalte Wasser in der Tiefsee erkannten: Es konnte nur aus den Polargebieten stammen und breitete sich von dort in der Tiefe aus. Auch im Ozean gibt es – ähnlich wie die Hadley-Zellen in der Atmosphäre – eine ständige riesige Umwälzbewegung. Man nennt sie das große marine Förderband oder die »thermohaline Zirkulation«. Das Wort bedeutet, dass diese Ströme von Temperatur- und Salzunterschieden im Wasser angetrieben werden. In den Polargebieten sinkt dabei ständig Wasser in die Tiefe ab, weil es dort am schwersten ist.

Das Meerwasser ist in den Polarregionen zum Teil übrigens sogar bis zu minus zwei Grad Celsius kalt. Wie kann das passieren, ohne dass es zufriert? Salz wirkt als Frostschutzmittel, deshalb streut man ja manchmal im Winter Salz auf die Straßen, auch wenn das den Bäumen am Rand schadet. Und Meerwasser enthält Salz. Je salzhaltiger es ist, desto tiefer liegt der Gefrierpunkt.

Diese thermohaline Zirkulation funktioniert für uns in Europa wie eine Zentralheizung. Das abgesunkene, kalte Wasser strömt in der Tiefe nach Süden in Richtung Äquator. Zum Ausgleich kommt an der Oberfläche warmes Wasser von den Tropen bis zu uns vor die Küsten Europas. Das ist der Nordatlantikstrom, der verlängerte Arm des Golfstroms. Auch bei einer Zentralheizung strömt warmes Wasser in die Heizkörper herein, kälteres strömt hinaus, und zurück bleibt deshalb Wärme – streng nach dem Ersten Hauptsatz. Die Wärmemenge, die der Nordatlantikstrom uns bringt, ist unvorstellbar groß: etwa so viel, wie eine Million Kraftwerke leisten. Dadurch ist es bei uns – besonders im Norden Deutschlands – mehrere Grad wärmer, als es ohne diese Strömung wäre.

Wassermassen

Für Meeresforscher ist das Meer nicht einfach nur voll Wasser. Je nach Region und Tiefe gibt es eine Vielzahl unterschiedlicher Wassermassen, die sie lieben wie ein Weinkenner seine Weine, so das »Nordatlantische Tiefenwasser«, das »Antarktische Zwischenwasser« oder das »Labradorseewasser«.

Süß- und Salzwasser

Während Süßwasser bei 4 Grad Celsius am schwersten ist, wird das salzige Meerwasser immer schwerer, je kälter es ist. Das ist der Grund dafür, warum es in den kalten Polarregionen in die Tiefe sinkt.

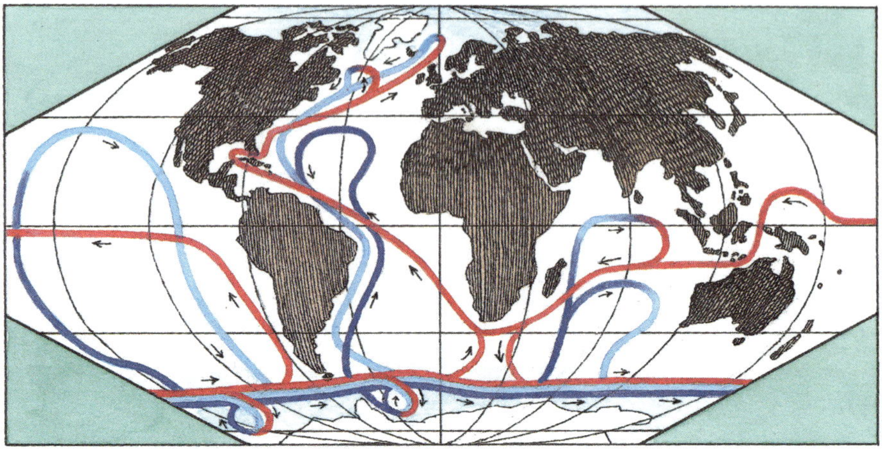

Aber nicht nur Temperaturunterschiede, auch Winde treiben die Strömungen an. Die Reibung des Windes über die Wasseroberfläche setzt das Wasser bis in eine Tiefe von wenigen hundert Metern in Bewegung. Diese Oberflächenströmungen tragen schöne Namen wie Golfstrom, Agulhas, Benguelastrom und Kuroshio, um nur einige zu nennen.

Umgekehrt beeinflussen die Meeresströmungen aber auch den Wind. Denn Meeresströme verändern die Wassertemperaturen, und die wiederum bestimmen, wo warme Luftmassen über dem Meer am ehesten aufsteigen können. Wind beeinflusst Strömungen, Strömungen beeinflussen den Wind – das ist eine klassische Rückkopplung. Physiker wissen, dass solche Systeme unter bestimmten Bedingungen zu schwingen anfangen. Und genau das passiert auch im Klimasystem: Die Rede ist vom El-Niño-Phänomen, einer Klimaschwingung im tropischen Pazifik, die fast die ganze Welt zu spüren bekommt. Alle paar Jahre schlaffen dabei die Passatwinde über dem Pazifik ab. Dadurch schwappt warmes Wasser aus dem westlichen Pazifik, wo weltweit die wärmsten Ozeantemperaturen herrschen (über 32 Grad Celsius), herüber nach Osten an die südamerikanische Küste.

Die thermohaline Zirkulation

ist ein weltumspannendes Strömungssystem, angetrieben von Dichteunterschieden im Meerwasser. In der Labradorsee und im Nordmeer, im Mittelmeer und um die Antarktis herum erreicht das Wasser die höchsten Dichten (fast 1028 Kilogramm pro Kubikmeter). Im Mittelmeer, weil es dort so salzig ist, an den anderen Stellen, weil es so kalt ist. An diesen Stellen sinkt das Wasser in die Tiefe und macht sich dort auf eine Reise um die Welt. Bis dieses Wasser irgendwo wieder an die Oberfläche kommt, kann es Jahrtausende dauern!

Dort ist das Phänomen den Einwohnern seit Jahrhunderten als »Das Christkind« bekannt, auf Spanisch »El Niño«, weil es oft in der Weihnachtszeit beginnt.

In Südamerika hat El Niño sintflutartige Regenfälle und Überschwemmungen zur Folge, auf der anderen Seite des Pazifiks, in Indonesien und Australien, dagegen Dürre. Die veränderten Meerestemperaturen schwächen dabei die Passatwinde weiter, daher schaukelt El Niño sich auf. Doch diese neue Situation ist auf Dauer nicht stabil – nach einigen Monaten bis Jahren schwingt das Pendel wieder zurück, der Ostpazifik wird wieder kühler, die Passatwinde werden wieder stärker.

Zu guter Letzt gibt es noch eine dritte Art von Strömung, die wieder eine andere Ursache hat: die Gezeiten. Die Anziehungskraft von Mond und Sonne, die unsere Erde und diese beiden Himmelskörper umein-ander kreisen lässt, lässt auch das Wasser in den Meeren herumschwappen wie in einem Eimer. Bestimmt kennen viele das vom Urlaub an der Nordsee: Zweimal am Tag steigt das Wasser an (Flut oder auflaufendes Wasser), und zweimal am Tag sinkt der Meeresspiegel (Ebbe oder ablaufendes Wasser). Auch die Gezeiten wirken sich auf das Klima aus: Sie sind eine wichtige Energiequelle für die Vermischung des Meerwassers und beeinflussen so die Meerestemperaturen.

Superkaltes Wasser

Füll ein Glas mit Eiswürfeln und gieß bis zum Rand kaltes Wasser dazu. Miss nach einer Weile die Temperatur – die sollte jetzt 0 Grad Celsius sein. Jetzt streu reichlich Salz drauf. Miss nach einer Weile wieder die Temperatur. Wie kalt kannst du es bekommen?

Kapitel 4

Warum sind die Wolken flauschig?

Wir leben auf einem echten Wasserplaneten – und die sind offenbar sehr selten, denn ein vergleichbarer ist in den Weiten des Weltraums, wo es unzählige Planeten gibt, noch nicht entdeckt worden.
Unten ist Wasser: Mehr als zwei Drittel der Erde sind davon bedeckt. Und oben ist auch Wasser: Seltsame Wolkentiere ziehen über den Himmel, schwerer als Elefanten. Wem ist schon mal eine Wolke auf den Kopf gefallen?
Alle drei Wochen stürzt auf unserer Erde mehr Wasser vom Himmel, als in der gesamten Ostsee zu finden ist.

Außerirdische im Anflug auf die Erde würden schon aus Millionen Kilometern Entfernung sehen, dass sie einen Wasserplaneten vor sich haben. Wir alle kennen die wundervollen Fotos, die Astronauten von der Erde gemacht haben: Wie eine blaue Perle zieht sie ruhig ihre Bahn durch das schwarze Weltall. Manche halten diese Fotos für das wichtigste Ergebnis der Weltraumfahrt überhaupt, denn sie haben das Bild der Erde in den Köpfen der Menschen für immer verändert. Erstmals in der Geschichte der Menschheit haben sie ein Bewusstsein dafür geschaffen, dass die Erde nur ein kleines Raumschiff ist, eine Oase in den unwirtlichen und unermesslichen Weiten des Weltraums, und dass sie die gemeinsame Heimat aller Menschen, Pflanzen und Tiere ist. Die Einzige, die wir haben.

Die Erde bietet uns nicht nur lebensfreundliche Temperaturen, wie wir im ersten Kapitel gesehen haben, sondern auch Wasser im Überfluss. Auch das ist keinesfalls selbstverständlich: Unsere Erde ist der einzige bekannte Planet mit einem Meer. Mehr als zwei Drittel der Erde sind von Ozeanen bedeckt. Eigentlich sollten wir unseren Planeten besser »Ozean« statt »Erde« nennen!

Wäre das ganze Meerwasser gleichmäßig verteilt und würden keine Kontinente herausragen, dann wäre jeder Punkt unseres Planeten unter einer 2700 Meter dicken Wasserschicht begraben. Fast das gesamte Wasser der Erde befindet sich im Meer: nämlich 97 Prozent. Weitere zwei Prozent sind in den großen Eismassen enthalten, vor allem auf Grönland und der Antarktis, denn Eis ist ja nichts anderes als gefrorenes Wasser. Süßwasser in Seen und Flüssen macht dagegen nur etwa 0,02 Prozent aus.

Die Wassermenge in den Ozeanen ist fast unvorstellbar groß: 1370 Millionen Kubikkilometer, das sind 1370 000 000 000 000 000 000 Liter! Im Durchschnitt sind die Meere 3800 Meter tief. Der tiefste Punkt ist sogar fast 11 000 Meter tief – das ist viel tiefer, als der Mount Everest hoch ist. Diesen sagenhaft tiefen Punkt findet man im Marianengraben im nordwestlichen Pazifik. Im Jahr 1960 sind der Schweizer Jacques Piccard und der Amerikaner Don Walsh mit dem U-Boot *Trieste* in den Graben hinabgetaucht, und zu ihrem Erstaunen sahen sie am Meeresgrund Flundern sowie eine Art Garnelen, die dort in völliger Finsternis und bei mehr als tausendfach höherem Druck als an der Oberfläche leben.

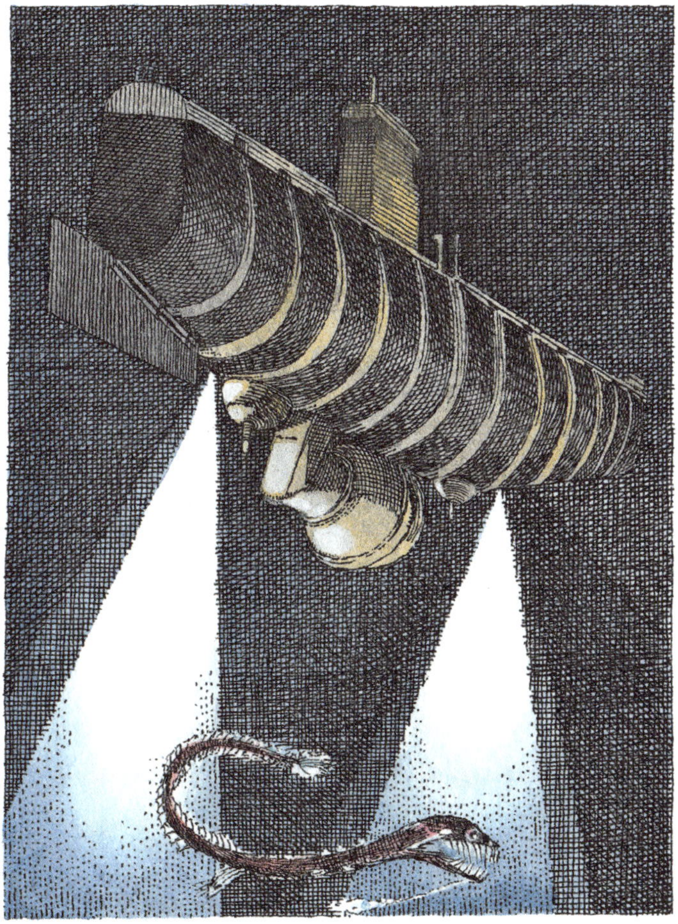

Anders als auf so faden Planeten wie dem Mars fällt bei uns sogar Wasser vom Himmel: Es regnet, es schneit und es hagelt. Uns Erdlingen wird so richtig etwas geboten: Jeden Tag wüten auf der Erde rund vierzigtausend Gewitter! All das verdanken wir dem vielen Wasser, und unser Leben obendrein: Wissenschaftler glauben, dass Wasser eine Grundvoraussetzung dafür ist, dass auf einem Planeten überhaupt Leben entstehen kann. Leben ohne Wasser ist jedenfalls sehr schwer vorstellbar. Deswegen waren die Forscher auch so aufgeregt über die Spuren, die fließendes Wasser offenbar auf der Oberfläche des Mars hinterlassen hat. Allerdings ist es wohl verdammt lange her, dass es dort flüssiges Wasser gegeben hat, und richtiges Leben haben die Sonden, die auf dem Mars gelandet sind, dort bislang leider auch nicht gefunden.

All das Wasser auf der Erde befindet sich ständig in Bewegung und nimmt an einem riesigen Tanz teil, den wir Wasserkreislauf nennen. Verfolgen wir doch einmal eine typische Reise eines Wasserteilchens. Nennen wir es einfach Paula, damit wir es von all den Abermilliarden anderen Wasserteilchen unterscheiden können. Paula ist ein ganz normales Wassermolekül: Das besteht aus einem Sauerstoffatom (abgekürzt O für Oxygen) und zwei Wasserstoffatomen (abgekürzt H für Hydrogen), und wir Wissenschaftler nennen es daher auch kurz H_2O.

Ping!

Die Meerestiefe kann man mit Schallwellen messen. Dazu nimmt man ein Echolot: ein Gerät, das laut »Ping!« macht und misst, wie lange es dauert, bis das Echo vom Meeresboden zurückkommt. Die Tiefe errechnet sich aus der Laufzeit des Schalls mal der Schallgeschwindigkeit – geteilt durch zwei, weil der Schall die Strecke zweimal zurücklegt.

Paulas abenteuerliche Reisen um die Welt

Am Anfang der Geschichte ist Paula im Meer, wie das meiste Wasser auf der Erde. Und wie meistens hängt sie eng mit ihren Wassermolekülfreunden zusammen. Viele Hunderte von Jahren reiten sie gemächlich auf den Meeresströmungen um die Erde. Wir treffen Paula eines Tages im Golfstrom vor der Küste von Florida. Von dort geht es rasch nach Norden. Immer kälter wird es. Vor Neufundland dreht Paula monatelang ein paar Schleifen mit den Wirbeln des Golfstroms, bis es endlich weitergeht Richtung Europa. Der Nordatlantikstrom liefert sie einige Jahre später vor der Küste Norwegens ab. Im Nordmeer wird es jetzt erst richtig kalt! Ein Wintersturm kühlt Paula unter null und lässt sie fast gefrieren, und dann wird es auf einmal auch noch stockfinster: In einem mächtigen Abwärtsstrom wird Paula Hunderte von Metern in

die Tiefe gerissen und findet sich schließlich fast auf dem Boden des Meeres wieder, den kein Sonnenlicht mehr erreicht. Nun geht es wieder Richtung Süden. Mit der Strömung treibt sie durch die Schlucht zwischen Island und Schottland zurück in den Atlantik. Tiefer und tiefer sinkt sie dort, hinunter bis auf 3000 Meter Tiefe. Viele Jahre dauert die Reise mit dem »Nordatlantischen Tiefenwasser« nach Süden, bis endlich das Südpolarmeer erreicht ist. Dort angelangt, fließt Paula mit ihren Wassermolekülfreunden einige Male um die Antarktis herum. Langsam steigt sie mit ihnen dabei auf. In den oberen, endlich wieder wärmeren Wasserschichten drücken Winde sie schließlich in den südlichen Teil des Atlantiks. Und ab geht es wieder nach Norden!

In den Tropen wird Paula auf einmal an die Oberfläche gewirbelt. Plötzlich – hopsa! Paula macht einen Sprung und fliegt! Um sie herum fliegen noch viele andere Wassermoleküle – sie alle sind verdunstet und bilden jetzt Wasserdampf. Paula erlebt ein ganz neues Gefühl, denn einzeln fliegen sie herum, frei und unabhängig voneinander – ganz anders als vorher, als sie eng miteinander verbunden dahinflossen. Paula ist ein Gasmolekül geworden.

Paula wird es inzwischen ganz schwindlig. Luftströme haben sie in Minutenschnelle kilometerweit nach oben gerissen – ein solches Tempo ist sie aus dem gemächlichen Ozean nicht gewöhnt. Außerdem wird es verdammt kalt. Auf einmal ist es vorbei mit der Freiheit – und sie klebt erneut mit anderen Wassermolekülen zusammen, hoch über dem Meer bilden sie in einer Wolke ein Wassertröpfchen. Ein, zwei Stunden schwebt Paula so dahin. Immer dicker und schwerer wird der Tropfen, denn immer mehr Kollegen kommen hinzu. Dann fangen sie an zu fallen, und um sie herum fallen zahllose andere Tropfen. Es sieht lustig aus, wie die Regentropfen ringsherum von der Luftströmung platt gedrückt werden – überhaupt nicht so, wie wir sie uns immer vorstellen und zeichnen. Die Tropfen haben keine Spitze, sondern sie sehen aus wie Linsen oder kleine dicke Pfannkuchen. Platsch! Schon ist der Spaß vorbei und Paula wieder im Meer gelandet, keinen halben Tag nach ihrem rasanten Aufstieg.

Einige Monate treibt Paula danach im tropischen Atlantik, stets in der Nähe der Meeresoberfläche. Es ist angenehm warm. Dann kommt an einem heißen Tag mit stetigem Wind eine neue Chance für einen Ausflug: Wieder schafft Paula den Absprung und fliegt frei durch die Lüfte. Diesmal reißen die Passatwinde sie mit sich fort nach Westen. Bald kommt der Abend und es wird dunkel. Am nächsten Morgen, als es wieder hell wird, hat Paula Land unter sich: ein scheinbar endloses Meer von grünen Baumwipfeln. Der Amazonas-Urwald! Die Sonne steigt rasch am Himmel hoch und wärmt das Land unter ihr. Warme Luftsäulen steigen von dort auf. Sie nehmen Paula mit sich in luftige Höhen – als es mit zunehmender Höhe kälter wird, klumpt sie mit anderen wieder zu einem Tropfen zusammen. In kurzer Zeit ballen sich die Wassertropfen so dicht, dass kaum noch Licht durchdringt. Um sie herum wird es immer finsterer. Und immer turbulenter: Mal wird Paula wild nach oben gerissen, mal rauscht sie in wilder Fahrt nach unten, wie in einer Achterbahn. Eiskalt wird es in der Höhe. Paulas Tropfen gefriert zu einem Eiskorn, und

Wandelbares Wasser

Wasser begegnet uns in drei sogenannten Aggregatzuständen: als *Flüssigkeit*, in der die Wassermoleküle aufgrund von Anziehungskräften aneinanderkleben. Unter null Grad Celsius gehen die Wassermoleküle noch engere Verbindungen ein, sie bilden ein starres Kristallgitter und damit einen *Festkörper*: Eis. Wenn Wasser verdunstet, wird es zu Wasserdampf. Die Verbindung der Wassermoleküle löst sich. Solche frei fliegenden Moleküle nennt man *Gas*.

das fällt und fällt und taut dabei wieder auf. Blitze zucken in Paulas Nähe und werfen ein gespenstisches Licht auf die schwarzen Gewitterwolken um sie herum. Dann ist es um sie geschehen: Paula rauscht mitsamt ihren Wassermolekülfreunden im Tropfen nach unten und klatscht auf ein saftig grünes Blatt im dichten Urwald, rutscht ab, fällt auf den Waldboden hinunter und wird gleich von ihm aufgesogen.

Jetzt beginnt eine Fahrstuhlfahrt durch einen Baum. Eine Wurzel saugt Paula in sich auf. Durch kleine Röhrchen wird Paula durch den Baumstamm nach oben gezogen und durch Äste bis in eins der Blätter verfrachtet.

Einige ihrer Kollegen werden in ihre Bestandteile Sauerstoff und Wasserstoff zerlegt und in den Baum eingebaut. Paula hat Glück: Durch eine Blattpore gelangt sie zurück in die Luft. Wieder ist sie ein freies Wasserdampfmolekül. Doch ihr Amazonas-Abenteuer ist damit noch nicht vorüber: Am nächsten Tag rauscht sie erneut in einem heftigen Tropenschauer auf den Waldboden hinunter, stürzt diesmal aber in ein kleines Rinnsal, verbindet sich mit vielen Kollegen und fließt nach einer Weile in einen riesigen Strom, den größten Fluss der ganzen Erde, den Amazonas. Langsam bewegt sie sich in den trägen braunen Wassermassen dem Meer zu. Einige Tage später findet sie sich abermals im Atlantischen Ozean wieder.

Der Ozean ist Paulas vertrautes Element; hier verbringt sie bei weitem die meiste Zeit. Jahrzehnte vergehen, in denen Paula langsam auf verschlungenen Pfa-

Wie Bäume Wasser verdunsten

Bäume ziehen mit ihren Wurzeln Wasser aus dem Boden und transportieren es durch winzige Röhrchen in Stamm und Ästen bis hinauf in die Blätter. Über die Blattflächen geht ein Teil an die Luft verloren, denn die Blätter müssen ihre winzigen Poren öffnen, um CO_2 zu atmen. Man nennt das Transpiration. Ein Wald befeuchtet dadurch die Luft.

den immer weiter nach Norden driftet. Erneut passiert sie im Golfstrom Florida. Weiter im Norden, irgendwo vor der Küste von New York, verdunstet Paula wieder von der Meeresoberfläche und wird von starken Winden mit in die Luft genommen. Ein Sturmtief bläst sie rasch nordwärts. Hoch hinauf geht es. Unter Paula liegt jetzt eine riesige glatte Eisfläche: der Eisschild von Grönland. Ein dreitausend Meter dicker Eispanzer, der zweitgrößte des Planeten. So viel Eis ist dort unten, dass es den Meeresspiegel weltweit um fast sieben Meter anheben würde, wenn das alles schmelzen würde! Und so hoch ragt das Eis empor, dass es dort oben eiskalt ist, so kalt wie im Hochgebirge. Paula findet sich auf einmal in einem wunderschönen, sternförmig gezackten Eiskristall wieder: Sie ist in eine Schneeflocke eingefroren! Eine ganze Weile wirbelt sie in einer Schneewolke auf und ab, doch langsam geht es immer weiter nach unten. Paula schwebt auf die riesige Eisfläche hinunter. Mehrmals hebt der Sturm sie wieder hoch und pustet sie umher. Dann legt sich der Wind, und Paula und ihre Flocke bleiben still liegen.

In den folgenden Stunden wird sie langsam von Schnee zugedeckt. Nichts bewegt sich mehr. Die Last des Schnees wird immer größer, denn immer mehr Schnee fällt in den folgenden Jahren auf sie drauf, und nie schmilzt etwas weg, denn dazu ist es zu kalt. Irgendwann wird die Last so groß, dass die vielen feinen Schneekristalle zu festem Eis zusammengepresst werden. Paula ist jetzt Teil des mächtigen Eisschilds.

Wird Paula dort nun auf ewig im Eisschild liegen bleiben? Mit Sicherheit nicht. Vielleicht schmilzt das Eis in den nächsten Jahrtausenden ab, denn das Kli-

Schneefall auf Grönland

Jedes Jahr fällt auf die grönländische Eiskappe ein Meter Schnee. Zu Eis zusammengepresst ergibt das etwa 25 Zentimeter neues Eis. Ganz unten, unter der 3000 Meter dicken Eisschicht, sind die Jahresschichten über 100 000 Jahre alt und nur noch wenige Millimeter dick, denn das Eis fließt langsam wie ein Pudding auseinander.

ma wird immer wärmer. Doch auch wenn das Eis nicht schmilzt: Selbst dort bleiben die Wassermoleküle nicht ewig am selben Platz, sondern bewegen sich allmählich in Richtung Meer. Das älteste Eis in Grönland ist deshalb »nur« rund 120 000 Jahre alt, obwohl es den Eispanzer sehr wahrscheinlich schon seit Jahrmillionen ununterbrochen gibt.

Während von oben immer mehr Schnee fällt, fließt das Eis unter dem Druck dieser Last langsam hinunter in Richtung Küste. Am Rande des Eisschildes, an den Küsten Grönlands, strömt es ins Meer. Dort »kalben« die großen Gletscher: Eis bricht ab, fällt ins Wasser und schmilzt. So wird auch Paula eines Tages erneut im Atlantik landen und ihre abenteuerliche Reise um die Welt in eine neue Runde gehen.

Wie viel Regen fällt auf der ganzen Welt?

Ein Steckenpferd von uns Forschern ist es, alles immer genau wissen zu wollen, deshalb messen und berechnen wir viele Sachen. Zum Beispiel auch den Wasserkreislauf. So haben Forscher herausgefunden, dass jedes Jahr über 400 000 000 000 000 000 (also 4×10^{17}) Liter Wasser aus den Meeren verdunsten – das entspricht etwa dem Zwanzigfachen der Wassermenge in der Ostsee. Etwas anschaulicher ist die Vorstellung, dass jedes Jahr etwas mehr als ein Meter Wasser von der Meeresoberfläche verdunstet. Natürlich sinkt der Meeresspiegel trotzdem nicht jedes Jahr einen Meter ab, da das ganze verdunstete Wasser auch wieder abregnet und ins Meer zurückkehrt – es ist ein ewiger Kreislauf. Da das Meer im Durchschnitt 3800 Meter tief ist, können wir sofort folgern, dass ein Wasserteilchen wie Paula im Schnitt über 3000 Jahre im Meer warten muss, bis es wieder einmal mit Verdunsten drankommt und einen Ausflug in die Luft machen darf.

Einmal in der Luft, bleibt ein Wasserteilchen im Durchschnitt nur etwa zehn Tage dort, bis es wieder herausfällt – als Regen, Schnee oder Hagel. Daraus kann man übrigens leicht errechnen, wie viel Wasser zu jeder Zeit in der Luft ist (zehn Tage geteilt durch 3000 Jahre): nämlich nur etwa ein tausendstel Prozent des gesamten Wassers! Wenn schlagartig alles Wasser aus der Luft fiele – der ganze Wasserdampf und sämtliche Tröpfchen, Eis- und Schneekristalle aus den Wolken –, dann würde der Meeresspiegel lediglich um etwa drei Zentimeter ansteigen. Es ist also gar kein sehr großer Wasservorrat in der

Luft. Aber es regnet trotzdem eine Menge, weil ja ständig Wasser aus dem Meer verdunstet – das heißt, genau genommen stammen 90 Prozent des Wassernachschubs aus dem Meer. Denn natürlich verdunstet auch Wasser von Seen und Flüssen und außerdem vom Land – nicht zu vergessen von der Wäsche draußen auf der Wäscheleine. Unsere Atmosphäre ist also kein toller Wasserspeicher – eher eine Art Schnellstraße für Wasser, das durch sie rasch über den ganzen Globus verteilt wird.

Wieso der Himmel nicht langweilig ist

Ein wunderschöner Teil des Wasserkreislaufs sind die Wolken: am Himmel dahinsegelnde Kunstwerke aus Wassertröpfchen oder Eiskristallen. Wolken haben einen großen Einfluss auf die Stimmung der Menschen. Wie anders fühlt sich der Morgen an unserer Bushaltestelle an, je nachdem ob an einem blauen Himmel ein paar Schäfchenwolken vorbeiziehen oder eine graue Wolkendecke einen schier erdrückt! Wer die Wolken verstehen und lesen lernt, der wird nicht nur immer wieder viel Freude an einem besonders schönen oder interessanten Himmel haben, sondern auch einiges über die Geheimnisse von Klima und Wetterküche lernen. Es gibt sogar einen weltweiten Club der Wolkenfreunde, die »Cloud Appreciation Society«, die man auch im Internet finden kann. Gegründet wurde sie von einem exzentrischen Engländer, Gavin Pretor-Pinney, der sich Wolken am liebsten kopfunter anschaut.

Anhand der Wolken kann man oft vorhersehen, wie das Wetter sich in den nächsten Stunden entwickeln wird. Beim Segeln oder beim Wandern im Gebirge hat es schon so manchen das Leben gekostet, einen nahenden Sturm nicht rechtzeitig erkannt zu haben. So gerieten im Mai 1996 Dutzende Bergsteiger am Mount Everest in höchste Not, nicht zuletzt, weil sie aufziehende Wolken am Himmel ignoriert hatten. Eine der dramatischsten Rettungsaktionen der Berggeschichte folgte; acht Menschen überlebten das Desaster nicht.

Nebel im Zimmer

Wie viel Wasser ist in Nebeltröpfchen enthallten? Man könnte schon mit drei Gramm Wasser ein ganzes Kinderzimmer vernebeln – mehr braucht es nicht. Mit drei Gramm kann man gerade mal den Boden eines Wasserglases benetzen! Je winziger die Tröpfchen, die man aus diesen drei Gramm macht, desto dichter wird der Zimmernebel.

Wieso gibt es überhaupt Wolken? Die Antwort darauf ist sehr einfach: Luft enthält auch ein wenig Wasserdampf. Der ist genauso unsichtbar wie die anderen Gase in der Luft, zum Beispiel der Sauerstoff. Aber wenn die Luft zu kalt wird, bilden sich aus dem Wasserdampf kleine Tröpfchen (oder bei großer Kälte auch Eiskristalle), und die kann man sehen. Am Boden nennen wir das Nebel, oben am Himmel eine Wolke.

Die Tröpfchen bilden sich unterhalb einer ganz bestimmten Temperatur, die man den »Taupunkt« nennt, und auch das hat einen ganz einfachen Grund. Die Moleküle im Wasser zappeln herum, und zwar umso wilder, je wärmer es wird. Denn was wir Wärme nennen, ist ja nichts anderes als die Bewegung all der winzigen Moleküle. Dabei springen ab und zu einzelne Moleküle aus der Wasseroberfläche heraus: Sie »verdunsten«, und das flüssige Wasser wird dabei zu einem Gas (nämlich Wasserdampf). Umgekehrt fliegen aber auch einzelne Dampfmoleküle wieder ins Wasser hinein. An jeder Wasseroberfläche (zum Beispiel an der des Meeres, aber genauso an der von winzigen Tröpfchen) gibt es ein ständiges Kommen und Gehen von Molekülen. Je wärmer es ist, desto mehr Moleküle fliegen aus dem Wasser heraus, weil sie einfach schneller sind. Bei einer bestimmten Temperatur – eben dem Taupunkt – herrscht eine Art Patt: Es kommen und gehen gleich viele Moleküle. Ist es kälter als der Taupunkt, dann kommen mehr als gehen, und ein einmal vorhandenes Mini-Tröpfchen wächst zu einem richtigen, sichtbaren Tropfen heran. Ist es wärmer, dann gehen mehr als kommen, und etwa vorhandene Tröpfchen verdunsten gleich wieder. Mehr steckt nicht dahinter!

Je mehr Wasserdampf-Moleküle durch die Luft fliegen, desto mehr landen dabei auch zufällig wieder im Wasser. Damit sich ein Gleichgewicht bildet, müssen dann auch mehr verdunsten, und dazu muss das Wasser wärmer sein. Deshalb liegt der Taupunkt umso höher, je mehr Wasserdampf da ist. Messungen zeigen: Wenn in einem Kubikmeter Luft 10 Gramm Wassermoleküle enthalten sind (das sind übrigens etwa 334 270 000 000 000 000 000 000 Stück), dann liegt der Taupunkt bei 11 Grad Celsius. Sind es 20 Gramm, liegt er dagegen bei 23 Grad Celsius.

Mit anderen Worten: 23 Grad Celsius warme Luft kann bis zu 20 Gramm Wasser enthalten, ohne dass sichtbare Tröpfchen entstehen. Man nennt Luft am Taupunkt »gesättigt«, denn mehr Wasserdampf passt nicht rein. Die Luftfeuchtigkeit beträgt dann 100 Prozent. (Befinden sind in 23 Grad Celsius warmer Luft nur 10 Gramm Wasser pro Kubikmeter, dann beträgt die Luftfeuchtigkeit 50 Prozent und so weiter.) Oft wird das so erklärt, dass die Luft wie eine Art Schwamm Wasser aufsaugen kann. Mit der Luft hat das aber gar nichts zu tun – nicht die Luft, sondern einfach der Raum nimmt den Wasserdampf auf. Dem Wasserdampf ist die restliche Luft herzlich egal – unsere Luft ist so dünn, dass jede Menge Platz zwischen den einzelnen Molekülen vorhanden ist und sie sich kaum gegenseitig in die Quere kommen. Ohne die Luft, also nur mit Wasserdampf allein, würde es genauso funktionieren.

Halten wir fest: Kühlt sich ein Kubikmeter Luft, der 20 Gramm Wasser enthält, ab, dann wird sich eine Wolke bilden, sobald diese Luft kälter als etwa 23 Grad Celsius wird. Sind nur 10 Gramm Wasser da und es kühlt ab, dann wird sich erst bei rund 11 Grad Celsius eine

Tau

bildet sich zum Beispiel auf Pflanzen, wenn nachts deren Oberfläche abkühlt: Der Taupunkt wird unterschritten, Wasserdampf aus der Luft wird flüssig und schlägt sich auf den Blättern oder Blüten nieder. Morgens glitzert der Tau in der Sonne; sobald es wärmer wird, verdunstet er wieder. Man kann Tau auch im Badezimmer beobachten. Beim Duschen steigt der Wasserdampfgehalt der Luft so stark an, dass sich Wasser auf dem Spiegel, dem Fenster oder anderen kühlen Flächen niederschlägt.

Reif

ist fast das Gleiche wie Tau – nur entsteht Reif bei Temperaturen unter null, wenn Wasserdampf aus der Luft sich in Form von Eis niederschlägt.

Wolke bilden. In jedem Falle heißt die Spielregel: Wolken entstehen dann, wenn feuchte Luft sich abkühlt und dabei unter den Taupunkt gerät.

Und wann kühlt Luft sich ab? Entweder wenn sie nach oben steigt oder wenn sie durch Abstrahlung Wärme verliert! Wenn tags die Sonne den Boden erwärmt und die Luft von unten geheizt wird, kommt es zur sogenannten Konvektion: Die Meteorologen beschreiben damit den Vorgang, dass warme Luft in vielen Säulen wie in einem Schornstein nach oben rauscht und dabei kälter wird (weil der Druck nach oben nachlässt). Ab einer bestimmten Höhe entstehen in diesen Luftsäulen Wolken – die Wassertröpfchen quellen oben aus diesen unsichtbaren Luftsäulen heraus wie der Rauch aus einem richtigen Schornstein und bilden Haufenwölkchen. Wenn Luftmassen dagegen auf breiter Front nach oben gehoben werden, etwa weil wärmere Luft an einer Luftmassengrenze auf eine Schicht kälterer und damit schwererer Luft aufgleitet, dann entsteht eine ausgedehnte Wolkenschicht. Neben unten sehen wir dann einen grau bedeckten Himmel. Neben diesen beiden Grundtypen – den Haufen- und den Schichtwolken – existieren noch eine Reihe von Misch- und Unterarten.

Wolken selbst gemacht

Jeder von uns kann leicht selbst Wolken machen. Man muss nur an einem richtig kalten Wintertag ausatmen, und schon macht unser Atem kleine Wölkchen. Das funktioniert genauso wie bei den großen Wolken. In unseren Bronchien wird die Luft befeuchtet. Nach dem Ausatmen kühlt sie sich rasch ab, sodass der Taupunkt dabei unterschritten werden kann. Wenn das passiert, bilden sich Tröpfchen. Leider leben diese kleinen Wölkchen nicht lange, denn die feuchte Luft vermischt sich rasch mit der trockeneren Umgebungsluft, und die Tröpfchen verdunsten wieder. Wäre es nicht lustig, wenn jeder im Winter eine Spur kleiner Wölkchen hinter sich ließe?

Elefanten am Himmel

»Wolken klettern wie Tiere auf den Berg des Himmels«, schrieb Günter Eich einmal in einem Gedicht. Lernen wir also diese Tiere ein wenig näher kennen. Das ist gar nicht schwer, denn es gibt nur zehn Arten – kein Vergleich also mit den Dutzenden Tier- und Pflanzenarten, die wohl jeder von uns kennt. Alle tragen lateinische Namen, weil Latein lange Zeit die internationale Sprache der Wissenschaftler war. Man unterteilt sie in drei Gruppen, je nach ihrer Höhe am Himmel. Im Jahr 1896 hat eine internationale »Wolkenkommission« das so festgelegt. Anlässlich einer Meteorologenkonferenz in Paris gab sie damals einen ersten Wolkenatlas heraus. Seither hat es sieben neue Ausgaben des Internationalen Wolkenatlas gegeben, die letzte erschien im Jahr 1995.

Abgesehen vom wissenschaftlichen Wert ist das einfach ein wunderschönes Wolkenbilderbuch – ich blättere gerne darin wie in einem Kunstband. Im Internet findet man leicht zu jeder der Wolkenarten viele Beispielfotos, wenn man die lateinischen Namen als Suchwort eingibt.

Fangen wir einfach mit den vier Arten von niedrigen Wolken an: Cumulus (man kann auch Kumulus schreiben), Cumulonimbus, Stratus und Stratocumulus.

Cumulus. Der Name dieser Wolke kommt vom lateinischen Wort für »Haufen«. Meist sehen diese Wolken allerdings eher wie Blumenkohl, Zuckerwatte oder Schafe aus. Man kann sie daran erkennen, dass es sich um klar abgegrenzte, einzelne Wolken handelt. Wie schon erwähnt, bilden sie sich in einem unsichtbaren Kamin von aufsteigender Luft. Sind sie einmal da, dann bleiben sie aber nicht über diesem Aufwindkamin stehen, sondern treiben mit dem Wind dahin. Es sind typische Schönwetterwolken, denn solche Aufwinde entstehen, wenn die Sonne den Boden erwärmt. Ein paar Cumuluswolken am Himmel machen einen schönen Sommernachmittag erst richtig perfekt!

Nach alten hinduistischen und buddhistischen Sagen sind Cumuluswolken und Elefanten miteinander verwandt. Die Urelefanten sollen Flügel besessen und am Himmel geschwebt haben. Der Gott Indra ritt auf einem solchen geflügelten weißen Elefanten mit dem Namen Airavata. In Indien verehrt man heute noch Elefanten wegen ihrer Verbindung zu den Wolken, die diesem heißen Land den lebensnotwendigen Regen bringen.

Ein Elefant am Himmel – der ist doch viel zu schwer! Oder? Eine typische Cumuluswolke ist noch viel schwerer. Sie wiegt etwa so viel wie hundert Elefanten! Eine durchschnittliche Cumuluswolke ist rund tausend Meter lang, tausend Meter breit und tausend Meter hoch, das sind tausend Millionen Kubikmeter. Die Wassertröpfchen in jedem Kubikmeter wiegen zusammen nur ein halbes Gramm – nicht gerade viel (das meiste Wasser existiert auch in der Wolke noch in Form von Wasserdampf – wir zählen hier nur das flüssige Wasser). Aber bei tausend Millionen Kubikmetern summiert sich das auf 500 Tonnen Wasser. Ein Elefant wiegt dagegen nur federleichte sechs Tonnen.

Wenn die Wolke so schwer ist, wieso fällt sie dann nicht herunter? Weil sie immer noch aus einzelnen Wassertröpfchen besteht, die für sich genommen winzig klein sind, nur einige tausendstel Millimeter groß. Sie sind so leicht, dass sie ein Spielball der Winde sind – der Aufwind in einer Cumuluswolke kann sie leicht empor-

Wolken als Wegweiser

Die Südseeinsulaner haben Cumuluswolken als Wegweiser benutzt, um bei ihren Kanufahrten in den Weiten des Pazifiks Inseln zu finden. Denn über einer Insel steigt eher warme Luft auf und bildet Wolken, weil Land sich rascher erwärmt als das umgebende Wasser. Drachen- und Segelflieger suchen ebenfalls Cumuluswolken, um die Aufwinde zum Aufstieg zu nutzen.

heben. Aber wenn die Tröpfchen zu groß werden, dann fällt die Wolke tatsächlich vom Himmel, so wie auch Elefanten herunterfallen würden. Wir nennen das dann Regen. Jedem von uns ist also schon einmal eine Wolke auf den Kopf gefallen!

Dass die Cumuluswolken Schönwetterwolken sind, bedeutet nämlich nicht, dass sie sich nicht unter Umständen auch zu Regenwolken weiterentwickeln können – wie alle Wolken. Je höher die Cumuluswolken werden, desto mehr wächst die Gefahr von Regen. Sind sie noch breiter als hoch, dann sind sie harmlos. Doch wachsen sie schon vormittags stark in die Höhe und werden höher als breit, dann können sich am Nachmittag Schauer entwickeln. In den Tropen ist das der beinahe alltägliche Gang der Dinge. Wird die Wolke dicker, dann wird ihre Unterseite dabei dunkler, weil sie immer mehr Sonnenlicht abhält – sie sieht dann auch für den Laien bedrohlich nach einer Regenwolke aus.

Was treibt die Wolke dazu, immer weiter in die Höhe zu wachsen? Das ist schon wieder der Erste Hauptsatz: die Erhaltung der Energie.

Wasserdampf hat mehr Energie in sich als flüssiges Wasser. Um Wasser zu verdunsten, muss man Energie hineinstecken – deswegen hilft es, die Wäsche zum Trocknen in die Sonne zu hängen, da geht es schneller als im Schatten. Das ist übrigens auch der Grund, weshalb wir schwitzen, wenn uns zu warm wird. Unser Körper nutzt clever den Ersten Hauptsatz zur Abkühlung. Denn wenn der Schweiß, der hauptsächlich aus Wasser besteht, von unserer Haut verdunstet, wird uns kühler, weil für die Verwandlung des Wassers in Wasserdampf Wärmeenergie »verbraucht« wird, und die entzieht das Wasser unserer Haut. Sie verschwindet natürlich nicht, sondern wird nur umgewandelt in etwas, das man »latente Wärme« nennt. Wird aus dem Wasser-

Über den Wolken …

… muss die Freiheit wohl grenzenlos sein, sang einmal Reinhard Mey über das Fliegen. Normale Verkehrsflugzeuge fliegen in rund 10 Kilometern Höhe, das heißt über den meisten Wolken. Cirrocumulus oder Cirrostratus können aber auch über dem Flugzeug sein. Im Jahr 1991 flog ich nach dem Ausbruch des Vulkans Pinatubo von Neuseeland nach Indonesien und sah dabei deutlich den grauen Schleier der Vulkanasche über uns.

dampf wieder flüssiges Wasser – wie bei der Tröpfchenbildung –, dann taucht diese Energiemenge wieder als fühlbare Wärme auf. Und das ist genau das, was in der Wolke geschieht. So wie die Verdunstung von Schweiß uns kühlt, heizt umgekehrt die Entstehung von Tröpfchen die Wolke. Warme Luft steigt auf, kühlt ab, aus dem Wasserdampf werden Tröpfchen, die wiederum die Wolke heizen, so steigt sie weiter auf … jetzt wird klar, dass hier eine Kettenreaktion ablaufen kann, wenn diese Wolkenheizung stark genug ist. Alles hängt davon ab, wie instabil die Luftschichten sind – wie viel kälter es also nach oben hin wird. Ist die Luft instabil, dann quillt und wuchert eine als harmloses Schönwetterwölkchen geborene Cumulus immer weiter nach oben, wird immer bedrohlicher und finsterer, bis sie schließlich zu einer ausgewachsenen Cumulonimbus geworden ist: einer richtigen Gewitterwolke.

Cumulonimbus. Oft wird der Cumulonimbus der König der Wolken genannt – von manchen auch der Darth Vader der Wolken. Von seiner Unterseite in gerade einmal 500 Meter Höhe kann er bis in 15 Kilometer Höhe hinaufreichen, in den Tropen sogar bis 20 Kilometer. Wie es sich für einen mächtigen König gehört, sprengt er die übliche Unterteilung in niedrige, mittlere und hohe Wolken, reicht er doch meist quer durch diese Etagen und damit die gesamte Troposphäre. Jetzt reden wir nicht mehr von einem Gewicht von hundert Elefanten – jetzt sind dort 200 000 Elefanten am Himmel! Und die machen mächtig Krawall.

Es gibt einen Menschen, der sich eine Cumulonimbuswolke einmal von innen angeschaut hat: William Rankin, ein Offizier der US-Luftwaffe. Allerdings tat er es nicht ganz freiwillig, und er hat es nur knapp überlebt – mehr dazu später. »Nimbus« ist das lateinische Wort für Regen und Regenwolke, aber der Cumu-

lonimbus bringt nicht nur Regen, sondern auch Hagel, Sturmböen, Blitz und Donner. An der Oberseite ist die Cumulonimbuswolke oft abgeflacht wie ein Amboss. Das passiert, wenn die nach oben quellende Wolke die Obergrenze der Troposphäre erreicht. Von dort an wird die umgebende Luft nach oben hin wärmer statt kälter, und deshalb kann die Wolke nicht weiter nach oben steigen. Wie unter einem Deckel breitet sie sich seitlich aus. Genau wie der Rauch einer Zigarette, die jemand unter einen Glastisch hält: Der Rauch steigt auf bis zur Glasplatte, dort verteilt er sich dann seitwärts.

Es gibt »glatzköpfige« *(cumulonimbus calvus)* und »haarige« *(cumulonimbus capillatus)* Cumulonimbuswolken. Die oben glatte *calvus* ist noch eine Vorstufe zum Gewitter. Franst sie zur *capillatus* aus, wird es langsam ernst: Das Gewitter steht dann unmittelbar bevor. Vom ersten Aufsteigen der Wolke dauert es meist nur eine Stunde, bis Blitz und Donner loslegen. In einer ausgewachsenen Cumulonimbus gibt es nicht nur einen netten Aufwind wie im Cumulus, es gibt einen regelrechten Sturmkanal. Mit bis zu 200 Stundenkilometern braust die Luft nach oben. Solche turbulenten Sturmwinde können ein Flugzeug auf den Kopf werfen, dazu kommen noch die Gefahren von großen Hagelkörnern und der Vereisung der Tragflächen. Kein Wunder, dass Piloten Cumulonimbus meiden und lieber darum herum- oder darüber hinwegfliegen!

Das hatte auch William Rankin vor, als er im Jahr 1959 auf einem Routineflug mit seinem Düsenjäger über der Stadt Norfolk im US-Bundesstaat Virginia einem Gewitter begegnete. Es war gegen 6 Uhr abends. Vor ihm türmte sich ein gewaltiger Cumulonimbus auf, der bis in 13 500 Meter Höhe reichte. Kein Problem, dachte Rankin und zog seinen Flieger auf 15 000 Meter hoch. Direkt über der Wolke hörte er auf einmal einen lauten, dumpfen Schlag vom Triebwerk, und rote Leuchten begannen im Cockpit zu blinken. Sofort war ihm klar: Totalausfall des Triebwerks – ein extrem seltener Notfall, bei dem wenig Zeit zum Reagieren bleibt. Um das Flugzeug noch kontrollieren zu können, musste er erst auf Notstrom umstellen. Rankin zog den Notstromhebel – doch wie in einem schlechten Film brach der ab, ohne dass etwas passierte. Es gab jetzt nur zwei Möglichkeiten: den sicheren Tod in einem unkontrolliert abstürzenden Düsenjäger, oder einen fast sicheren Tod, wenn er in 15 Kilometern Höhe, bei minus 80 Grad Celsius und extrem dünner Luft, mit einem tosenden Gewitter direkt unter sich, mit dem Schleudersitz ausstieg. Ohne langes Nachdenken riss Rankin an den Griffen hinter seinem Kopf und katapultierte sich nach draußen.

Rankin sauste im freien Fall erdwärts, bis sich in etwa 3 Kilometern Höhe automatisch sein Fallschirm öffnen sollte. Die eisige Kälte schmerzte, und der geringe Luftdruck in dieser Höhe ließ ihn aus Augen, Nase und Ohren bluten. Seine Notsauerstoffversorgung hielt ihn bei Bewusstsein. Nach fünf Minuten befand er sich in der Eisteilchenzone oben in der Cumulonimbuswolke. Um ihn herum war es stockfinster, und er verlor jede Orientierung. Er spürte einen Ruck, als sein Fallschirm sich öffnete: Das Schlimmste war jetzt wohl vorüber! Er konnte nun auch wieder ohne Sauerstoffgerät atmen.

Doch jetzt geriet er erst ins Zentrum der Gewitterwolke. Die Luftturbulenzen wurden schlimmer, und Hagelkörner begannen ihn zu bombardieren. Ein Blick auf seine Uhr zeigte ihm, dass schon zehn Minuten seit seinem Ausstieg vergangen waren – eigentlich sollte er längst am Boden angekommen sein. Stattdessen wurde er wieder aufwärts getragen! Plötzlich traf ihn ein gewaltiger Luftstoß wie ein Kanonenschlag und schleuderte ihn empor. Er musste sich übergeben. Um ihn herum wurden Hagelkörner von den Turbulenzen abwechselnd nach oben gerissen und fielen wieder nach unten. Sie sammelten dabei jedes Mal mehr Eis an und wurden immer größer, ihre Treffer immer schmerzhafter. Als er einmal kurz die Augen zu öffnen wagte, blickte er in einen dunklen Höllenschlund hinunter, einen langen finsteren Tunnel im Zentrum der Wolke.

Dann begannen Blitz und Donner um ihn herum. Die Blitze erschienen ihm wie dicke, gleißend blaue Schwerter, die ihn zerschneiden wollten. Er fühlte das Dröhnen des Donners in seinem ganzen Körper. Zeitweise musste er den Atem anhalten, um nicht im dichten Regen zu ertrinken. Einmal sah er einen Blitz direkt über seinem Fallschirm. Wie eine riesige Kathedrale leuchtete der über ihm auf, und er dachte, nun sei er in den Himmel gekommen.

Es war ein Wunder, dass Rankin den Sturz durch das Gewitter überlebte und nach langen 40 Minuten landete. Später schrieb Rankin ein Buch über dieses drastische Erlebnis. Kein anderer Mensch hat das Innere eines Cumulonimbus derart intensiv aus der Nähe erfahren.

Stratus. Dies ist die wohl unbeliebteste und langweiligste aller Wolkenarten: Stratus (vom lateinischen *stratum* für »Decke«) nennt man eine gleichmäßig (oder fast gleichmäßig) den Himmel bedeckende, tief hängende Wolkenschicht. Oft auch Hochnebel genannt, hängt sie einfach nur da, oft tagelang, und drückt die Stimmung. Manchmal regnet oder schneit es auch leicht aus dieser Wolkenschicht, meist aber nicht. Im Sommer deutet Stratusbewölkung meist auf feuchtwarme Luftmassen hin – die können dann zur Gewitterbildung führen.

Stratus entsteht, wenn eine Luftmasse sich gleichmäßig abkühlt. Das passiert, wenn sie aufsteigt – aber eben nicht in einzelnen Kaminen wie bei den Cumulus und Cumulonimbus, sondern als ganze Schicht. So etwas kommt häufig vor, wenn wärmere Luft schräg auf einen Keil kälterer Luft aufgleitet.

Ein Vorteil von Stratus ist, dass man sich diese Wolkenart leicht einmal von innen anschauen und darin herumspazieren kann. Denn sie bildet sich oft auch direkt am Erdboden – wir nennen das dann Nebel. Der Nebel kann entstehen, wenn feuchte Luft über eine kalte Fläche streicht und sich dadurch unter den Taupunkt abkühlt – das passiert oft am Meer, wenn der Wind Luft von wärmerem auf kälteres Wasser hinüberbläst. Das macht zum Beispiel San Francisco zu einer der nebligsten Städte der Welt, weil es dort direkt vor der Küste besonders kaltes Wasser gibt.

Oder aber kalte Luft liegt über einer deutlich wärmeren Wasseroberfläche – dann verdunstet dauernd Wasser, das die Luft darüber dann aber nicht als Dampf halten kann, sodass sich feine Tröpfchen bilden. Der Bodensee steckt zum Beispiel im Spätherbst oft wochenlang im dicken Nebel, wenn der See noch Wärme vom vergangenen Sommer gespeichert hat, aber die Luft schon kalt ist. Man muss meist nur wenige Kilometer

vom See wegfahren, und die Sonne scheint – wer in der Nebelbrühe sitzt, kann sich das kaum vorstellen.

Nebel bildet sich oft auch in klaren Nächten, wenn der Boden so viel Wärme abstrahlt, dass er sich stark ab-

Jeden Tag Nebel

Am nebligsten ist es angeblich auf dem Berg Kirinyaga in Kenia. Dort gibt es beinahe täglich Nebel. Andere behaupten, über den Grand Banks vor der Küste Neufundlands, wo der kalte Labradorstrom auf den warmen Golfstrom trifft, sei es noch nebliger.

kühlt, und die Luft direkt über ihm auch. Wir nennen das »Strahlungsnebel«. In bedeckten Nächten passiert das übrigens nicht, weil dann viel weniger Wärme durch Strahlung verloren geht. Die Strahlung vom Boden kann nicht einfach ins All entweichen, die Wolken strahlen kräftig Wärme zurück. Wolken wirken fast wie eine Decke, die die Wärme nicht hinauslässt. Vielleicht ist das ein weiterer Vorteil, der uns die Stratus weniger unsympathisch macht – es sei denn, man mag lieber klare kalte Nächte als laue. Und noch einen Vorteil hat diese Wolke: Weil sie so niedrig hängt, kann man im Gebirge wunderbar auf sie hinabschauen. Wie ein in der Sonne gleißender weißer See liegt sie an manchen Tagen in den Tälern.

Stratocumulus. Diese bei uns sehr häufige Wolkenart ist eine Art Zwischending zwischen der formlosen Stratus und den einzelnen Cumuluswölkchen. Der Himmel ist dabei ganz oder weitgehend mit niedrigen Wolken bedeckt, aber nicht einfach mit einer grauen Schicht, sondern man erkennt deutliche Strukturen: Wolkenballungen, Berge und Täler, Walzen, vielleicht einige Wolkenlücken, durch die die Sonne hervorstrahlt. Meist neigt sie nicht zu Niederschlag.

Stratocumulus kann aus Cumulus entstehen. Wir erinnern uns: Cumulus steigen wie Rauch aus unsichtbaren Warmluftschornsteinen auf. Unter Umständen breiten sie sich seitwärts aus und halten sich lange, und nach ein paar Stunden ist der ganze Himmel voll damit – als sei eine Zuckerwattemaschine außer Kontrolle geraten. Aber auch das Umgekehrte kann passieren: Stratocumulus können aus einer Schicht Stratus entstehen, die in Auflösung begriffen ist. Vielleicht lösen Winde sie auf. Vielleicht ist es aber nur ein Trick der Strahlungsbilanz: Manchmal heizt sich eine dicke Stratus von unten auf, wenn der Erdboden darunter wärmer ist. Dann wird die Wolke instabil – die wärmere Luft im unteren Teil will aufsteigen, und so bilden sich Turbulenzen, die die Wolke löchrig machen.

Stratocumulus kann in vielen Formen vorkommen, denn der Begriff ist ein Sammelbecken für all jene niedrigen Wolken, die weder Cumulus (oder Cumulonimbus) noch Stratus sind. Es gibt keine Extrakategorie »Sonstige«, und es ist einfach schwer, die ganze reiche Vielfalt

an Wolkenformen in wenige Schubladen einzuordnen. Außerdem verändern die Wolken sich dauernd, wandeln sich von einer in eine andere Gestalt – das macht das Beobachten des Himmels ja so spannend. Man sollte sich den Himmel nicht wie ein Foto ansehen, sondern wie einen Spielfilm!

Jetzt kommen wir zur zweiten Etage: den mittelhohen Wolken. Man findet sie bei uns in Höhen zwischen 2000 und 6000 Metern. Am Pol hängen sie niedriger und am Äquator höher – das liegt einfach daran, dass die ganze Atmosphäre am Äquator am dicksten ist. Die Höhe von Wolken einzuschätzen ist für den Anfänger natürlich nicht einfach, aber wenn man darauf achtet, dann bekommt man mit der Zeit Übung. Manchmal sieht man Wolken in mehreren Etagen gleichzeitig am

Himmel; das gibt uns ein Gefühl für die unterschiedlichen Höhen. Drei Arten mittelhohe Wolken gibt es: Altocumulus, Altostratus und Nimbostratus.

Altocumulus. Der Name bedeutet einfach »hohe Cumulus«. Warum diese Wolkenart nicht »mittelhohe Cumulus« heißt, bleibt rätselhaft, aber so ist es nun mal: Die historischen lateinischen Namen stammen aus der Mitte des 19. Jahrhunderts, und man hat sie beibehalten. Altocumuluswolken sind einzelne Haufenwölkchen in mittlerer Höhe. Die Entstehung ist aber völlig anders

als bei den Cumulus, denn die vom Boden aufsteigenden Warmluftkamine reichen gar nicht so hoch. Nur sehr selten regnet es aus diesen Wolken.

Die Wetterbedeutung der oft sehr schön anzusehenden Altocumulus kann recht unterschiedlich sein, da es verschiedene Formen und Ursachen gibt. Locker verteilte »Schäfchenwolken« haben nichts zu bedeuten, aber große Vorsicht ist geboten, wenn ganz viele Schäfchenwolken in regelmäßigen Wellen den Himmel bedecken (man nennt sie *undulatus*, das heißt wellenförmig). Dann ist ein Gewitter in einigen Stunden sehr wahrscheinlich. Es gibt auch regelrechte Wogenwolken, die wie Meereswellen aussehen. Das sind tatsächlich Wellen, nur nicht auf der Meeresoberfläche, sondern an einer Grenze zwischen Luftmassen. In den Wellenbergen, die in die kältere Luftzone hineinragen, gibt es Wolken, die Täler in wärmeren Schichten sind wolkenfrei. Stehen solche Wellen am Himmel, ist mit einem Wetterumschlag zu rechnen.

Bei den Haufenwolken kann man die Höhe auch an der Größe erkennen: Altocumuluswölkchen wirken durch ihre größere Entfernung deutlich kleiner als Cumulus. Manchmal sieht man unter den Altocumulus auch Regenschleier nach unten fallen, die wieder verdunsten, lange bevor sie den Boden erreichen. Die Wolken sehen dann aus wie am Himmel dahintreibende Quallen!

Und dann gibt es noch die »Lennies«. Manch einer hat sie schon für UFOs gehalten, denn sie sehen aus, wie man sich gemeinhin eine fliegende Untertasse vorstellt: linsenförmig mit einer silbrig-glatten Oberfläche. Sie heißen Altocumulus *lenticularis*, also linsenförmige Altocumulus, daher ihr Spitzname Lennie. Diese UFOs parken gerne neben Bergen, und das hat nichts mit der Vorliebe der Außerirdischen fürs Skifahren zu tun. Es hat einen ganz anderen Grund: Diese Wolken entstehen, wenn der Wind wegen eines Berges nach oben ausweichen muss, so wie Wasser, das über einem großen Stein im Bachbett eine stehende Welle bildet. Genau: Beim Aufsteigen kühlt die Luft sich ab, der Taupunkt wird unterschritten … was dann passiert, kennen wir ja mittlerweile. Selbst bei starkem Wind bleiben die Lennies auf der Stelle – Luft und Wasserdampf strömen hindurch, aber die Wolke bleibt immer dort, wo der Kamm der stehenden Luftwelle ist, meist auf der windabgewandten Seite des Berges.

Die nassesten Orte der Welt

Am meisten regnet es in Lloró an der Küste Kolumbiens: geschätzte 13 300 Millimeter pro Jahr. Richtig, das sind über 13 Meter Wasser! Der höchste ordentlich gemessene Wert liegt bei jährlich 11 800 Millimetern – im Dorf Mawsynram in Indien. In Europa ist Crkvica in Bosnien-Herzegowina am nassesten, mit immerhin noch 4,6 Metern Regen im Jahr.
In Deutschland bekommen wir im Mittel nur schlappe 800 Millimeter jährlich ab.

Die trockensten Orte der Welt

In einigen Wüstengebieten der Erde regnet es so gut wie gar nicht. Etwa im Wadi Halfa in der Sahara – weniger als ein viertel Millimeter kommt dort im Jahr zusammen.
Ähnlich trocken ist es in der Atacama-Wüste in Südamerika, wo die NASA ihre Marsroboter testet. Im Ort Arica wurden in den letzten 60 Jahren im Schnitt nur 0,76 Millimeter pro Jahr gemessen. Dagegen ist der trockenste Ort Europas (Astrachan in Russland) geradezu nass, mit 163 mm Regen pro Jahr.

Altostratus. Sind Altostratus- noch langweiliger als Stratuswolken? Auf jeden Fall sind sie sich ähnlich und

oft nur schwer voneinander zu unterscheiden. Auch die Altostratus ist einfach eine einförmige, weiße oder graue Wolkendecke – nur befindet sie sich eben höher in der Atmosphäre als Stratus. Häufig ist sie so dünn, dass man die Sonne noch wie durch Milchglas sehen kann. Nur manchmal sind an der Unterseite wellenartige Strukturen zu sehen.

Ansehnlich ist diese Wolkenart eigentlich nur bei Sonnenaufgang oder Sonnenuntergang, denn sie kann den Himmel orangerot färben, wenn die tiefstehende Sonne sie von unten anstrahlt. Das geht natürlich nur dann, wenn der Himmel dort klar ist, wo die Sonne gerade auf- oder untergeht. Das ist das Geheimnis hinter einer der einfachsten und ältesten Faustregeln der

Wettervorhersage, die schon in der Bibel erwähnt wird: Abendrot kündet von gutem Wetter, Morgenrot dagegen von schlechtem. Das liegt daran, dass in mittleren Breitengraden (also bei uns) das Wetter von Westen kommt. Die Sonne geht im Westen unter – Abendrot bedeutet also, dass der Himmel weiter im Westen klar ist und es sich daher wahrscheinlich aufklaren wird. Morgenrot bedeutet das Gegenteil: Im Osten ist der Himmel noch klar, weiter westlich aber bedeckt. Das ist die typische Situation bei einer aus Westen herannahenden Wolkendecke, die ein Tief und Regen mit sich bringt.

Die Altostratus bildet sich meist durch Verdickung einer noch höher schwebenden Schichtwolke, der Cirrostratus, die wir gleich kennenlernen. Wenn das noch weitergeht und sie immer dicker und dunkler wird, dann entwickelt sich die Altostratus zur Nimbostratus: einer fetten, grauen Regenwolke.

Nimbostratus. Die letzte der drei Arten mittlerer Wolken ist die klassische Schlechtwetterwolke, die ta-

gelang Regen bringt. Dass *nimbus* Regen oder Regenwolke bedeutet, haben wir oben schon gelernt, und Nimbostratus ist daher eine Regenschichtwolke. Wir erinnern uns an die Cumulonimbus, die Regenhaufenwolke. Im Gegensatz dazu bildet die Nimbostratus keine eindrucksvollen hohen Wolkentürme und bietet kein dramatisches Schauspiel mit Sturm, Blitz, Donner und Hagel. Aber sie ist ziemlich dick, oft mehrere tausend Meter dick, und sie kann Tausende von Quadratkilometern bedecken. Deshalb kann auch eine Masse Wasser herausfallen! Es ist eine fette, nasse Decke, aus der es ausdauernd regnet oder schneit.

> **Schneekristalle**
>
> bilden sich meist um mikroskopisch kleine Staubteilchen in der Luft, an denen Wasserdampf und unterkühlte Wassertröpfchen aus der Luft anfrieren. Die Kristalle wachsen, indem sich immer mehr Wasserdampf als Eis an ihnen niederschlägt. Ist es weder zu kalt noch zu warm, entstehen die schönen, fein verzweigten sternförmigen Schneekristalle. Ansonsten können sich auch sechseckige Plättchen oder Nadeln ergeben. Liegen die Temperaturen nahe null Grad, dann klumpen die einzelnen Schneekristalle zu größeren Schneeflocken zusammen, zusammengeklebt von Wassertröpfchen.

Regentropfen, die bis zum Boden fallen, sind normalerweise etwa einen bis fünf Millimeter groß. Kleinere nennt man Niesel, und viel kleinere Tröpfchen fallen gar nicht herunter – sie schweben so langsam abwärts, dass sie gegen die aufsteigende Luft nicht ankommen und am Himmel bleiben – als Wolken eben. Ganz große Tropfen dagegen zerreißt es beim Fallen durch den »Fahrtwind« in einen Haufen kleinere. Erstaunlicherweise gefrieren kleine Wassertröpfchen in den Wolken nicht bei null Grad Celsius, sondern erst weit darunter. Sie brauchen zum Gefrieren eine Art Anstoß von außen, als ob sie erst dadurch merkten, dass es schon kalt genug zum Einfrieren ist. Diesen Anstoß geben winzige Staubpartikel in der Luft. Wenn die Luft viel Staub enthält, dann gefriert das Wasser schon knapp unter null – in sehr reiner Luft kann das manchmal auch erst bei minus 30 Grad passieren.

Jetzt kommen wir noch zu den hohen Wolken, die sich in 6 bis 12 Kilometer Höhe befinden. Dort oben ist die Luft ziemlich dünn und kalt, so zwischen minus 20 und minus 50 Grad. Diese hohen Wolken sind deshalb Eiswolken. Und es gibt dort oben wenig Wasserdampf – wegen der dünnen Luft, aber auch, weil Wasser ja leicht ausregnet, nur wenig davon schafft es in größere Höhen. Deshalb sind die hohen Wolken federleicht und durchscheinend, wie ein feiner Schleier. Man sieht durch sie hindurch die Sonne oder den Mond. Eiswolken sehen an den Rändern fasrig ausgefranst aus – nicht so scharf abge-

grenzt wie etwa der »Blumenkohl« einer Cumuluswolke.

Cirrus. Wie feine weiße Striche oder Haarlocken (denn das bedeutet das lateinische Wort *cirrus*) schweben die Cirruswolken meist am blauen Sommerhimmel. Selbst wenn sie im Wind rasch dahinziehen, merkt man das vom Boden aus kaum, denn aus der großen Entfernung wirkt die Bewegung täuschend langsam. Doch sind die Cirren die am schnellsten am Himmel dahinsausenden Wolken, oft haben sie eine Geschwindigkeit von 100 Stundenkilometern und mehr. In der Cirruswolke schneit es: Die Schleier des fallenden Schnees, von den Winden auseinandergezogen, bilden die typischen Formen. Doch erreicht dieser Schnee niemals den Boden: Er verdunstet lange vorher in wärmeren Luftschichten.

Sind bei schönem Wetter einige Cirren unregelmäßig am Himmel verteilt, hat das nichts weiter zu bedeuten. Doch können die Cirren trotz ihrer zarten, anmutigen Gestalt düstere Vorboten sein. Ziehen sie aus westlichen Richtungen auf und verdichten sie sich allmählich, künden sie von einem nahenden Tiefdruckgebiet. Das ist die erste Szene eines klassischen Wetterfilms, den wir im Lauf eines Tages am Himmel beobachten können. Bald sieht man keine einzelnen Cirren mehr, sondern eine durchgehende weiße Schleierschicht – eine Cirrostratus. Allmählich senkt sich diese und entwickelt sich zur Altostratus. Erst kann man die Sonne noch wie durch Milchglas sehen. Doch mit der Zeit wird die Altostratus immer dicker und grauer – jetzt merkt auch der Letzte, dass Regen droht. Bald setzt tatsächlich ein leichter Regen ein. Unter Umständen verdickt sich die Altostratus weiter bis zu einer ausgewachsenen Nimbostratus, die ordentlich Regen bringt. Wenn die Wolke einen großen Teil des Wassers verloren hat und dünner wird, Stunden später, entwickelt sie sich zu einer niedrigen Stratusschicht. Allmählich wird sie löchrig und zerfällt in eine Stratocumulus, die sich schließlich in einzelne Cumuluswolken auflöst. Das ist das Ende des Cirruswetterdramas. Wer solche Wetteränderungen möglichst frühzeitig erkennen möchte, sollte also auf die Cirren und anderen hohen Wolken achtgeben!

Was ist Licht?

Man kann sich Licht sowohl als Wellen als auch als Teilchen (Photonen) vorstellen. Es hat Eigenschaften von beiden. Als Wellen hat das Licht eine Wellenlänge (bei Meereswellen wäre das der Abstand von einem Wellenkamm zum nächsten), die wir als Farbe wahrnehmen. Violettes Licht hat eine Wellenlänge von 400 Nanometern, rotes Licht von 700 Nanometern (ein Nanometer ist ein Millionstel Millimeter – 400 Nanometer sind daher 4 Zehntausendstel Millimeter). Die anderen Farben liegen dazwischen. Das weiß erscheinende Sonnenlicht ist in Wahrheit eine Mischung aus allen Farben. Die Lichtwellen sausen mit der unvorstellbaren Geschwindigkeit von knapp über tausend Millionen Stundenkilometern dahin. Von der Sonne bis zu uns braucht das Licht 8 Minuten.

Cirrocumulus. Die Cirrocumuluswolken sind wie kleine, feine Wattebällchen hoch am Himmel. Sie kommen nicht sehr häufig vor, und sie können wunderschöne Muster an den Himmel malen. Man kann sie aber auch leicht übersehen, da sie oft fast durchsichtig sind. Die einzelnen Wölkchen wirken fast so klein wie ausgestreute Salzkörner – man kann sie mit einer Fingerkuppe am ausgestreckten Arm verdecken. Und doch sind sie in Wahrheit ebenso groß wie die majestätisch am Sommerhimmel dahinsegelnden dickleibigen Cumulus-Schiffe. Nur weil sie so verdammt weit weg sind, sehen sie aus der Ferne so winzig aus.

Ihre Bedeutung für das Wetter ist ähnlich der von Cirruswolken – oft treten alle drei der hohen Wolkentypen auch gemeinsam am Himmel auf, wenn ein Tief naht. Ausgedehnte Felder von Cirrocumulus nennt man auch »Makrelenhimmel«, denn es sieht so aus, als wäre der Himmel schuppig wie ein Fisch. Einer aufgewühlten Meeresoberfläche gleich, deuten sie auf starke Wellen und Winde hoch am Himmel hin und künden von einem nahenden Sturm.

Cirrostratus. Die Cirrostratus ist ein feiner milchiger Schleier aus Eiskristallen, der sich hoch am Himmel bildet. Man muss da oft schon genau hinsehen, um ihn zu bemerken. Er lässt noch so viel Sonne durch, dass wir auch unter einer Cirrostratus-Schicht immer noch einen deutlichen Schatten werfen.

Ein sicheres Zeichen für eine Cirrostratuswolke sind die dann häufig zu beobachtenden Haloerscheinungen um die Sonne. Sie entstehen, weil Lichtstrahlen an den Eiskristallen in der Cirrostratus gebrochen werden.

Am häufigsten ist ein heller Lichtring um die Sonne. Gelegentlich sieht man auch zwei »Nebensonnen« rechts und links von der Sonne. Manche Halos sind einfach weiß, andere bunt wie ein Regenbogen. Auch um den Mond habe ich schon öfter einen Halo gesehen.

Es lohnt sich also, bei Cirrostratus den Himmel nach diesen Leuchtzeichen abzusuchen – nur direkt in die

Sonne darf man dabei nicht schauen, um nicht geblendet zu werden. Ein Regenbogen ist etwas Ähnliches – nur dass die Lichtstrahlen dabei nicht von Eiskristallen abgelenkt werden. Ein Regenbogen entsteht, wenn die Wassertröpfchen in einem Regenschauer die Sonnenstrahlen »brechen«, das heißt deren Richtung ändern, und die Strahlen außerdem zu uns zurückspiegeln. Daher muss man die Sonne hinter sich haben, um ihn zu

Ein Regenbogen in der Schüssel

Wir können uns an einem sonnigen Fenster selbst einen Regenbogen zaubern. Dazu halten wir einen Taschenspiegel so in die Sonne, dass er die Sonnenstrahlen an die Zimmerdecke lenkt. Dann stellen wir eine große Schüssel Wasser in die Sonne und machen das Gleiche noch einmal – halten den Spiegel dabei aber unter Wasser. Seht ihr die Regenbogenfarben? Das Licht wird jetzt an der Wasseroberfläche gebrochen – Wasser und Spiegel funktionieren wie die Regentropfen bei einem echten Regenbogen!

sehen. Der Sonnenstrahl macht zunächst einen kleinen Knick, wenn er vorne in den Regentropfen hineingeht, weil das Licht in Wasser langsamer vorankommt als in Luft. Das ist die Lichtbrechung. Danach wird der Sonnenstrahl an der Rückseite des Wassertropfens gespiegelt und kommt vorne wieder heraus. Beim Übergang vom Wasser in die Luft macht er erneut einen Knick. Weil das weiße Sonnenlicht ja eigentlich aus verschiedenen Farben zusammengesetzt ist und weil die unterschiedlichen Wellenlängen dieser Farben unterschiedlich stark gebrochen werden, fächert sich das Licht bei dieser Lichtbrechung in die Regenbogenfarben auf.

Wie schon erwähnt, spielt die Cirrostratus eine Hauptrolle gleich zu Beginn des beliebten Wetterfilms »Ein Tief naht«.

Damit hätten wir also die zehn wichtigen Tiere am Himmel kennengelernt und können uns dem nächsten spannenden Thema widmen.

Kapitel 5

Können am Nordpol Bäume wachsen?

Ist die Erde ein wildes Biest? Oder doch eher ein träges Faultier? Wie überlistet eine zarte Blütenpflanze den härtesten Frost? Machen Pflanzen unser Wetter? Wieso eiert unser Globus? Wieso verschwand der geheimnisvolle Ötzi vor fünftausend Jahren im Eis – und kam im Jahre 1991 wieder zum Vorschein? Und was fanden drei Eisbrecher über das Badewetter in der Arktis heraus? Lauter seltsame Fragen – und wer alle Antworten schon kennt, der braucht dieses Kapitel nicht zu lesen.

Und, können am Nordpol Bäume wachsen? Dumme Frage! Natürlich können am Nordpol keine Bäume wachsen. Erstens ist es da viel zu kalt. Und zweitens gibt es am Nordpol kein Land: Der Nordpol liegt im Wasser, mitten im eisbedeckten Arktischen Ozean. Und doch – auf den zweiten Blick ist die Frage gar nicht so dumm. Erstens war es am Nordpol nicht immer so kalt. Und zweitens war dort auch nicht immer Wasser. Die Kontinente treiben seit Jahrmillionen auf der Erdoberfläche herum wie Eisschollen auf dem Meer, und manchmal zog auch einer über den Nordpol.

Aber eins nach dem anderen! Schauen wir uns doch erst mal an, welche Klimazonen es heute auf der Erde gibt und was da so alles wächst. Denn eines stimmt tatsächlich: Wo es zu kalt ist, können wirklich keine Bäume wachsen. Das Klima bestimmt, was gedeiht. Und als Nächstes machen wir dann eine Zeitreise: Wir wollen erkunden, wie sich das Klima im Lauf der Erdgeschichte verändert hat.

Überlebenstraining für Pflanzen

Pflanzen wollen überleben, so wie wir auch. Nun ja, vielleicht »wollen« Pflanzen gar nichts. Aber es ist einfach so: Nur die Pflanzen, die in einem bestimmten Klima überleben können, gibt es dort auch.

Zum Überleben brauchen Pflanzen drei Dinge: Licht, Wasser und Nährstoffe. Sonnenlicht liefert die Energieversorgung der Pflanzen. Um die Energie aus der Sonne zu nutzen, haben die Pflanzen die Fotosynthese entwickelt. Das ist ein Prozess, der die Energie im Licht mithilfe des grünen Pflanzenfarbstoffs Chlorophyll aufnimmt und in chemisch gespeicherte Energie umwandelt.

Deshalb wachsen Bäume auch in die Höhe. Wer höher ist als die anderen Pflanzen ringsherum, der kriegt am meisten Licht ab. Mit dem Licht gibt es allerdings ein Problem: Nachts ist es dunkel, und in der Nähe der Pole ist es wochen- oder gar monatelang völlig finster. Pflanzen müssen Energie also auch speichern können – genauso wie wir, wenn wir künftig mehr Sonnenenergie nutzen wollen.

Wasser brauchen die Pflanzen, um im Wasser gelöste Stoffe durch ihren »Körper« zu transportieren, so wie Menschen und Tiere das in ihrem Blutkreislauf tun. Sonst kann der ganze Stoffwechsel, also der Prozess des Lebens schlechthin, nicht funktionieren. Je höher ein Baum ist, desto schwieriger ist die Wasserversorgung. Ein hoher Baum muss ja zum Beispiel bis in zwanzig Meter Höhe Wasser in alle Blätter bringen und dieses Wasser gegen die Schwerkraft aus dem Boden heraufschaffen. Man kann sich daher gut vorstellen, dass Bäume mehr Wasser benötigen als zum Beispiel Gräser. Ist nicht genug Wasser da und bricht der Wasserfluss in den Gefäßen einer Pflanze zusammen, dann sterben die nicht mehr versorgten Pflanzenteile ab, sie vertrocknen einfach. Man kann das Experiment leicht mit einer Zimmerpflanze machen – einfach nicht mehr gießen und schauen, was passiert!

Wasser hat leider eine für Pflanzen sehr unangenehme Eigenschaft: Es gefriert unterhalb von null Grad und bildet dabei scharfkantige Kristalle. Geschähe das im Inneren einer Pflanze, würden die Zellen zerstört und die Pflanze ginge ein. Pflanzen haben daher eine Reihe von Techniken entwickelt, um Frost zu überleben.

Nährstoffe brauchen die Pflanzen auch, denn sie wollen ja neue Blätter, Blüten, Zweige und Früchte aufbauen. Das Baumaterial liefert vor allem das Element Kohlenstoff, aus dem ein großer Teil der »Biomasse« der

Bioenergie

Der Mensch kann die in den Pflanzen gespeicherte Energie für sich nutzen, etwa indem er Holz verbrennt. Fast ein Drittel der weltweit verbrauchten Energiemenge ist Bioenergie. Der Rest stammt überwiegend aus fossilen Brennstoffen wie Kohle und Erdöl. Aber auch das ist von Pflanzen – vor Millionen von Jahren – gespeicherte Sonnenenergie. Das Pflanzenmaterial hat sich später unter Druck und Wärme in Kohle und Öl verwandelt.

Pflanzen besteht, aber auch eine ganze Reihe weiterer Stoffe, die sie aus dem Boden ziehen.

Sind Wasser, Licht und Nährstoffe ausreichend vorhanden, heißt das nicht, dass die Pflanzen ein sorgloses Leben haben. Schließlich wird ihr Leben zum Beispiel von Stürmen bedroht, die Bäume abknicken oder entwurzeln können. Oder von großen Bränden, wie sie in der Natur durch Blitzschlag seit jeher auftreten. Nicht zuletzt gibt es viele Tiere, die Pflanzen fressen, um so an die gespeicherte Sonnenenergie heranzukommen – denn Tiere können die Sonne nicht selbst direkt als Energiequelle nutzen.

Waldbrände

können verheerende Verwüstungen anrichten, aber sie zerstören nicht alles auf Dauer. Viele Baumarten halten Brände aus, solange nicht die Baumkronen erfasst werden. Manche brauchen sogar regelmäßige Brände, die von Natur aus durch Blitzschlag ausgelöst werden. Die Zapfen der nordamerikanischen Küstenkiefer zum Beispiel geben ihre Samen erst nach einem Feuer frei.

Pflanzen müssen sich außerdem in Konkurrenz zu anderen Pflanzen behaupten, die dasselbe Fleckchen Erde, dasselbe Licht, dasselbe Wasser für sich haben wollen.

Je nach Umweltbedingungen ist dabei die eine oder andere Überlebensstrategie erfolgreicher. Gibt es genug Wasser und ist es warm genug, dann sind Bäume am erfolgreichsten und es bildet sich Wald. Denn Bäume wachsen höher als andere Pflanzen und bekommen so am meisten Licht – alle kleineren Pflanzen müssen am schattigen Waldboden dahindämmern. Dafür sind Bäume mit ihrem aufwendigen hohen Wuchs anfälliger gegen Trockenheit, Frost oder Sturm. Aus diesem Grund setzen sich in zu trockenen oder zu kalten Klimazonen niedrigere strauchartige Gewächse und vereinzelte kleinere Bäume durch. Ist das Klima selbst dafür zu hart, dann gedeihen noch Gräser oder Blütenpflanzen, die sich als schützendes Polster dicht an den Boden ducken.

Es gibt unglaublich viele Pflanzenarten (man schätzt die Zahl auf 375 000 Arten). Es gibt aber nur wenige Überlebenstricks. Vor über hundert Jahren kam der dänische Botaniker Christen Christiansen Raunkiær daher auf die Idee, die Pflanzen in Gruppen einzuteilen – und zwar nach der Überlebensstrategie, mit deren Hilfe sie über die härteste Zeit des Jahres kommen.

Eine dieser Gruppen sind die einjährigen Pflanzen – die versuchen gar nicht erst, harte Zeiten zu überleben, sondern sie nutzen einfach nur die günstige Jahreszeit zum Wachsen. Sie sterben ab, wenn die Bedingungen schlecht werden, das heißt im Winter oder in der Trockenzeit. Die harte Zeit des Jahres überdauern allein ihre Samen – die auskeimen, wenn wieder günstige Zeiten kommen. Zum Überleben der Art ist es nicht nötig, dass einzelne Pflanzen lange leben – wichtig ist nur, dass sie sich erfolgreich fortpflanzen, also lange genug überleben, um Samen herzustellen.

Ein anderer Trick ist, dass Pflanzen sich im Winter einfach in den Boden zurückziehen, wo es nicht so kalt wird wie in der Luft. Man nennt sie Erdpflanzen. Dazu gehören zum Beispiel Schneeglöckchen oder Krokusse. Die oberirdischen Pflanzenteile sterben ab und eine Knolle überwintert im Boden. Gegenüber Samen hat eine solche Blumenzwiebel den Vorteil, dass sie schon einen Vorrat an Energie und Nährstoffen gespeichert hat, sodass sie rasch austreiben kann, sobald es warm wird. Das verschafft ihr im Frühling einen Vorsprung gegenüber der Konkurrenz.

Für höher wachsende Pflanzen wie Bäume und Sträucher wäre es schlecht, jedes Frühjahr wieder bei null auf Bodenhöhe anzufangen. Sie nutzen einen anderen Kniff, um die oberirdischen Pflanzenteile über den Winter zu bringen: Sie werfen die Blätter ab und ziehen den Saft aus den verholzten Ästen zurück. Wenn es im Frühjahr warm wird, schießt der Saft wieder in die Zweige und neue Blätter treiben aus.

Es ist ein wahres Wunder der Natur, zu welcher Perfektion manche Pflanzen ihre Überlebenskünste entwickelt haben. Ein schönes Beispiel ist die Wüstenpflanze

Welwitschie, die man nur in der namibischen Wüste findet. Sie kommt praktisch ohne Wasser aus dem Boden aus, weil sie eine Methode entwickelt hat, Kondenswasser aus dem Morgennebel zu zapfen. Den gibt es in Küstennähe in dieser Wüste häufig. Dazu bildet sie zwei extrem große Blätter, die im Laufe des langen Lebens der Pflanze bis auf zwei bis vier Meter Länge heranwachsen! Auf diesen Blättern schlägt sich der Tau nieder und wird durch Blattöffnungen in die Pflanze aufgenommen. Überdies hat sie einen besonders wassersparenden Stoffwechsel. Die Pflanzen werden über tausend Jahre alt – einzelne Exemplare schätzt man sogar auf zweitausend Jahre! Die Welwitschie gilt als bedroht, weil sie so langsam wächst und bei Sammlern begehrt ist. Ihr hilft im Moment, was für die Menschen schlimm ist: In Angola ist das Land durch einen Krieg derart von Minen verseucht, dass Pflanzensammler sich dort kaum noch hintrauen.

Steinbrech

gedeiht selbst in extremen Lagen noch, auch im Hochgebirge, wo es ähnliche Verhältnisse gibt wie in der Arktis. Den Rekord hält der Zweiblütige Steinbrech, den man in der Schweiz bis in 4450 Meter Höhe gefunden hat. Eine Unterart des Gegenblättrigen war der Bodensee-Steinbrech, der nur um den Bodensee herum vorkam. Leider hat ihn seit 1956 niemand mehr gesehen.

Eine andere extrem genügsame Pflanze ist das Spanische Moos, das allerdings weder spanisch noch ein Moos ist. Es handelt sich um eine Verwandte der Ananas aus Amerika. Diese Pflanze hat keine Wurzeln und kann sogar auf Telefonleitungen wachsen. Sie bildet bis zu acht Meter lange verzweigte Girlanden, die von Ästen oder eben von Telefonleitungen herunterhängen (die in Amerika noch häufig überirdisch verlegt sind) und mit denen sie alle benötigten Nährstoffe und Wasser aus Regentropfen und Staub in der Luft herausfiltert. Ihre Samen segeln mit dem Wind und kleben sich dann an Ästen fest – so verbreitet sie sich. Die amerikanischen Indianer haben aus dieser Pflanze Seile und Matten geflochten und sie zum Abdichten von Kanus, für Feuerpfeile und als Medizin benutzt.

An der Nordküste Grönlands, nur sieben Breitengrade vom Nordpol entfernt, findet man Polster einer Pflanze mit wunderschönen rosa Blüten. Das ist der Gegenblättrige Steinbrech, und so weit nördlich wie er blüht sonst nichts mehr auf unserem Planeten.

Seine immergrünen Blätter können Frost bis minus 40 Grad Celsius ertragen, die Blüten immerhin noch bis minus 15 Grad Celsius. Das schafft der Steinbrech, weil er sich am Boden duckt und das mildere Klima dort nutzt. Unten ist der Wind schwächer, und die Pflanzen werden im Schneesturm nicht so stark von Eiskristallen abgeschliffen. Die dichten Polster, die der Steinbrech bildet, bieten einen weiteren Schutz und schaffen sich ihr eigenes Mikroklima. Die windstille Luftschicht unter dem geschlossenen Blätterdach hält Wärme und Feuchtigkeit, auch Humus wird unter dem Polster gespeichert. Eine Schneedecke auf diesem Polster wirkt wie eine schützende Decke; unter Schnee gehen die Temperaturen meist kaum unter null.

Die großen rosa Polster fallen weithin auf, und es fliegen schnell Insekten zum Bestäuben herbei. Das ist wichtig, denn es gilt keine Zeit zu verlieren, da die Blühsaison in der Arktis sehr kurz ist. Die Samen des Gegenblättrigen Steinbrechs sind unglaublich leicht, sie wiegen nur ein zehntausendstel Gramm! So kann der Wind sie über große Strecken verbreiten.

Auch Tiere haben erstaunliche Fähigkeiten entwickelt, in extremem Klima zu überleben. Bei den Kaiserpinguinen brüten die Männchen zwei Monate lang, ohne etwas zu essen, die Eier aus. Dabei stehen sie ungeschützt auf dem nackten Eis, bei minus 40 Grad Celsius und orkanartigen Schneestürmen. Unter einer wasserdichten Federschicht in einer Bauchfalte liegend und in dichte feine Daunen gepackt, wird das Ei dabei nie kälter als 30 Grad Celsius. Wenn das Küken endlich geschlüpft ist, haben die Männchen sich wahrlich eine Auszeit verdient. Sie dürfen ins Meer zum Fischen, und die Weibchen sorgen von nun an für das Küken.

Die Eisbären sind ebenfalls Überlebenskünstler im Eis. Ich hatte das große Glück, sie einmal im Packeis beobachten zu können. Dort sind sie ganz in ihrem Element. Durch ihr dichtes Fell und viel Fett sind sie derart gut isoliert, dass sich auf Infrarotaufnahmen, die Wärme sichtbar machen, ein Eisbär nur durch eines verrät und vom Eis abhebt: durch die kleinen Wölkchen seiner Atemluft. Die perfekte Wärmedämmung hat allerdings ihren Preis: Eisbären überhitzen schnell, wenn sie sich anstrengen, denn sie können Wärme schlecht loswerden. Das hindert sie daran, lange hinter einem Beutetier herzurennen, obwohl sie eigentlich sehr schnell sind. Ihre Jagdmethode ist das stundenlange Warten und Lauern an den Atemlöchern der Robben im Packeis. Wenn es Eisbären im Sommer an Land zu warm wird, schaufeln sie schon mal die lose Erde beiseite und legen sich bäuchlings auf den eisigen Dauerfrostboden darunter.

Verreisen ist eine weitere Methode, um mit zu harschen Bedingungen umzugehen. Die arktische Seeschwalbe ist ein schlanker, anmutiger Vogel mit einem gegabelten Schwanz, der wie eine Kreuzung zwischen Schwalbe und Möwe aussieht. Im Sommer jagt sie im Nordpolarmeer. Wird es Winter, macht sie sich auf den Weg nach Süden – und zwar in die Antarktis! Denn dort ist ja Sommer, wenn bei uns im Norden Winter ist. Die Reise dorthin ist fast 20 000 Kilometer weit. Unglaublich, aber wahr: Zweimal jedes Jahr umrunden diese eleganten Vögel die halbe Erde.

Willkommen in der Ökozone

Wenn man das Klima an einem Ort kennt, dann kann man schon recht gut sagen, welche Pflanzengemeinschaft dort vorkommt – natürlich nicht die genauen Arten, aber die grundlegenden Pflanzentypen.

Geografen teilen die Welt nach Klima und Vegetation in zehn Ökozonen ein.

In den hohen Breiten, also in der Nähe der Pole, gibt es entweder *Eiswüsten*, wo kaum etwas gedeiht. Oder man findet die *subpolare Tundra*, wo besonders abgehärtete Moose, Flechten und Zwergsträucher wachsen. Die Vegetationsperiode dauert dort nur wenige Monate im Jahr. Der Boden ist dauerhaft bis in große Tiefe gefroren, man nennt das Permafrost. Nur im Sommer taut er ein wenig an der Oberfläche auf.

Weiter südlich (wir reden jetzt der Einfachheit halber von der Nordhalbkugel) folgen auf die Tundra die *borealen Nadelwälder*, auch als Taiga bekannt (zwischen 50. und 70. Breitengrad). Nadelbäume kommen mit härteren Bedingungen zurecht als Laubbäume, denn ihre Nadeln sind dafür konstruiert. Sie sind klein und von einer dicken Wachsschicht geschützt, sodass sie wenig Wasser verlieren, wenn der Baum in Frostperioden keine Wasserversorgung leisten kann.

Noch weiter südlich folgen die *feuchten mittleren Breiten*, zu denen auch Mitteleuropa gehört. Hier gibt es üppige Laub- und Mischwälder. Die Laubbäume werfen im Winter die Blätter ab. Das ist ihre Überlebensstrategie gegen den Frost. Die Vegetationsperiode dauert je nach Ort und Pflanze das halbe bis das ganze Jahr. Diese Zone ist sehr gut für Landwirtschaft geeignet – allerdings musste man dafür den natürlichen Bewuchs, die großen Urwälder, erst einmal abholzen. In Europa ist nur noch wenig Urwald übrig.

Mensch und Klima

Der Mensch kommt ursprünglich aus dem warmen Klima Afrikas. Um in kälterem Klima zu überleben, hat er Techniken erfunden, die kein anderes Tier beherrscht, Feuer zu machen etwa oder sich Kleidung aus Tierfellen herzustellen. So hat er sich über die ganze Erde verbreitet, bis in Eis und Schnee der Arktis. Nur die Antarktis blieb menschenleer, bis die Walfänger und Forscher kamen. Dauerhaft lebt dort bis heute niemand.

Dort, wo in den mittleren Breiten nicht genug Regen hingelangt, also vor allem weitab vom Meer, im Inneren der großen Kontinente, findet man die *trockenen Mittelbreiten*. Dort ist es zu trocken für Wald, weshalb Grassteppen vorherrschen. Man denke an die Great Plains der USA, über die man in den Cowboyfilmen die Siedler mit ihren Planwagen ziehen sieht. Oder die Steppen Zentralasiens und Patagoniens. Oft werden Steppen als Weideland genutzt, denn für Ackerbau ist es in solchen Gegenden meist zu trocken.

Wer war schon mal am Mittelmeer im Urlaub – etwa in Spanien, Italien oder Griechenland? Der kennt auch die winterfeuchten Subtropen. Im Sommer ist es dort trocken, aber im Winter regnet es genug, um immergrüne Hartlaubgewächse gedeihen zu lassen – zum Beispiel den wundervollen Olivenbaum. Da es kaum Frost gibt, werfen die Bäume ihre Blätter im Winter nicht ab. Der Mittelmeerraum ist für sein Klima besonders berühmt und geschätzt und ist einer der ältesten Siedlungsräume der Menschheit. Ähnlich »mediterranes« Klima gibt es auch an einigen anderen Stellen auf der Welt, zum Beispiel im Süden Australiens oder in Kalifornien – tendenziell immer an den Westseiten der Kontinente.

An den Ostseiten findet man eher *immerfeuchte Subtropengebiete*, wo es das ganze Jahr über genug regnet. Zum Beispiel in Florida oder an der Ostküste Australiens, wo große Städte wie Sydney entstanden sind.

Jetzt kommen wir zu den großen Wüsten: den *tropisch-subtropischen Trockenräumen* der Erde. Fast ein Drittel der Landfläche besteht aus Voll- und Halbwüsten, auf die kaum Niederschläge niedergehen. Wir haben schon gesehen, dass dies mit der riesigen Umwälzbewegung der Atmosphäre zu tun hat. Je nach Boden unterscheidet man Hamada (Felswüste), Serir (Kies- und Geröllwüste) und Erg (Sandwüste). In den Vollwüsten gedeiht fast keine Vegetation. In den Rand- und Halbwüsten gibt es dagegen eine Vielzahl von Pflanzen und Tieren, die sich auf das Überleben unter trockenen Bedingungen spezialisiert haben.

Die vorletzte Ökozone auf unserer Liste sind die *sommerfeuchten Tropen*. Dort herrscht im Sommer Regenzeit, im Winter gibt es eine Trockenzeit. Diese Zone ist mit Savannen bewachsen – eine Art Grasland mit lockeren Baum- oder Strauchgruppen. Je nach Regenmengen gibt es einen fließenden Übergang zwischen trockenem Grasland mit Dornbüschen bis hin zu Wald. Buschfeuer prägen diese Ökozone, sowohl natürliche, die von Gewittern ausgelöst werden, als auch vom Menschen gezielt gelegte Brände, um durch Brandrodung das Land für Ackerbau oder Viehzucht vorzubereiten. Zu guter Letzt gibt es die *immerfeuchten Tropen*, wo die fantastischen Regenwälder wuchern. Jeder hat wohl schon Bilder vom Amazonaswald gesehen. Auch im Kongo und in Indonesien und Malaysia gibt es noch riesige Regenwälder. Sie alle werden in alarmierendem Tempo abgeholzt, weil die Menschen das Land für andere Zwecke nutzen oder das Holz verkaufen wollen.

Allein in Brasilien wurden auf diese Weise in den Jahren 2000 bis 2005 über 170 000 Quadratkilometer Regenwald vernichtet – eine Fläche halb so groß wie Deutschland. In Indonesien waren es im gleichen Zeitraum mehr als 70 000 Quadratkilometer – dort existieren inzwischen weniger als 500 000 Quadratkilometer Regenwald. Mit

Amazonasmenschen

Im Amazonasdschungel leben heute noch Stämme, die keinen Kontakt mit der Zivilisation haben. Sie wissen nicht, dass es außerhalb ihres Waldes eine Welt voller Autos, Gameboys und iPods gibt. 2008 wurde aus der Luft ein Hüttendorf im Amazonaswald gesichtet. Nur mit Lendenschurz bekleidete Menschen in roter Kriegsbemalung zielten mit Pfeil und Bogen auf das Flugzeug.

der Entwaldung sterben viele Tier- und Pflanzenarten aus, und sie trägt zur globalen Klimaerwärmung bei. Die örtlichen Klimaverhältnisse verschlechtern sich ohne den Wald ebenfalls. Nicht zuletzt verlieren die dortigen Urvölker ihre Lebensgrundlage. Zumindest eines droht aber nicht: Auch wenn die Wälder oft als »Lungen der Erde« bezeichnet werden, hat die Entwaldung keinen Einfluss auf den Sauerstoffgehalt der Luft – wir brauchen also keine Atemnot zu befürchten.

Ein einmal abgeholzter tropischer Regenwald kommt auch nach Jahrhunderten nicht wieder, denn der Mutterboden in den Tropen ist sehr dünn und wird rasch weggeschwemmt, sobald der Wald weg ist. Der Verlust des Waldes ist also unwiederbringlich, wenn wir ihn nicht rasch aufhalten. Mit ihm werden sonst viele einzigartige Pflanzen- und Tierarten, wie die Orang-Utans, Sumatra-Tiger und Asiatischen Elefanten, sowie die Lebensweise der heute dort noch lebenden Urvölker verloren gehen.

Pflanzen als Wettermacher

Das Klima bestimmt also die Vegetation – doch können Pflanzen umgekehrt auch das Klima verändern? Erstaunlicherweise ja!

Zum einen ist Wald sehr dunkel und Wüste ist sehr hell, wenn man mal vom Flugzeug oder vom Satelliten aus hinunterschaut. Grasland und Äcker sind so »mittelhell«. Wer sich an das zweite Kapitel und die Energiebilanz der Erde erinnert, der weiß: Je dunkler die Oberfläche, desto mehr Sonnenwärme wird aufgenommen. Helle Flächen spiegeln mehr zurück. Deshalb haben Wälder eine spürbare Heizwirkung auf das Klima. Das überrascht vielleicht – denkt man bei Wald doch eher an Schatten und Kühle. Gemeint ist natürlich nicht das »Mikroklima« unten im Schatten der Bäume, sondern die Wirkung auf die großräumige Temperatur. Besonders stark ist der Effekt im Winter und dort wo Schnee liegt. Auf Wiesen und Feldern gibt es oft wochenlang eine weiße Schneedecke, die das Sonnenlicht zurückspiegelt und kaum abtaut. Ganz anders ein Nadelwald: Ein wenig Wind und schon fällt der Schnee von den Ästen, und bald sieht der Wald wieder ganz dunkel aus und nimmt Sonnenwärme auf.

Forscher haben ausgerechnet, was passieren würde, wenn man alle Wälder der nördlichen Breiten abholzen würde. Das Klima würde dann auf unserem Kontinent bis zu einem Grad kälter werden! Sogar global würde die Temperatur etwas sinken. Man müsste die abgehackten Bäume allerdings irgendwo lagern – würde man sie verbrennen oder verrotten lassen, dann würde der Kohlenstoff, aus dem das Holz zu großen Teil besteht, zu Kohlendioxid, und das wiederum verstärkt den Treibhauseffekt und heizt das Klima. Der Effekt der Abkühlung würde teilweise wieder aufgehoben.

Das alles ist nicht nur blanke Theorie, denn vor ein bis zwei Jahrhunderten wurden ja tatsächlich riesige Waldflächen in Europa und Nordamerika abgeholzt. Es gibt zwar immer noch viel Wald in Deutschland (fast ein Drittel der Fläche), doch früher war unser Land fast komplett bewaldet. Wissenschaftler glauben, dass die Abholzung bis zum 19. Jahrhundert das Klima der Nordhalbkugel um einige Zehntel Grad gekühlt hat – bevor dann die Treibhauserwärmung im 20. Jahrhundert begann, über die wir im nächsten Kapitel reden.

Noch auf andere Weise machen sich Pflanzen bemerkbar: Sie beeinflussen den Wasserkreislauf. Sie holen Wasser aus dem Boden und »schwitzen« es durch ihre Blätter aus. So erzeugt ein Wald – vor allem ein Tropenwald – einen Teil der Wolken und des Regens selbst, den er braucht. Eine Art Wasserrecycling findet da statt – es wird so mehrmals genutzt. Die Luft wird dadurch feuchter. Außerdem führt der dunkle Wald zum Aufsteigen warmer Luft – so kann feuchte Luft vom Meer her nachströmen. Holzt man den Regenwald ab, folgt unweigerlich die Dürre.

Die große Sahara-Katastrophe

Schon der große deutsche Naturforscher Alexander von Humboldt (1769 bis 1859) hat sich im 19. Jahrhundert darüber Gedanken gemacht, warum die Sahara eine Wüste ist, während auf der anderen Seite des Atlantiks der üppige Amazonas-Regenwald wuchert. Hatte es in der Sahara vielleicht auch einmal Regenwald gegeben? Humboldt vermutete, eine riesige Katastrophe könnte den Sahara-Wald vernichtet haben, wonach ganz Nordafrika der Dürre anheimfiel.

Ganz so war es nicht, wie wir heute wissen – außerdem liegt die Sahara nördlicher als der Amazonas, und weiter im Süden, im Kongobecken, gibt es auch in Afrika Regenwald. Aber völlig daneben lag Humboldt dennoch nicht. Die Sahara war tatsächlich einmal grün – und das ist nicht einmal lange her, nur gute fünftausend Jahre. Noch heute findet man in der Sahara viele Spuren aus dieser Zeit. Ich habe dort Gräber und Felskunst gesehen, auf der große Wildtiere wie Nashörner zu sehen sind. Höhlenmalereien zeigen schwimmende Menschen. Heute ist dort die trockenste Wüste, seit Jahrzehnten ist kein Regen gefallen – aber Forscherkollegen haben vor der »Höhle der Schwimmer« die Spuren eines Sees entdeckt. Es gibt versandete Flussläufe, die man auf Satellitenbildern erkennt, und sogar Reste von großen Festungsanlagen, in denen viele Menschen gelebt haben müssen. Heute ist das alles vom Wüstensand verweht. Einen Regenwald wie im Amazonas oder Kongo allerdings gab es dort auch damals nicht. Wohl aber eine Savanne mit vielen Seen.

Wir glauben auch zu wissen, wieso die Sahara zur Wüste wurde. Grund war keine plötzliche Katastrophe, sondern etwas ganz anderes: eine allmähliche Verschiebung der Erdachse. Der Globus quietscht und eiert, heißt es in einem Lied. Nun, die zweite Behauptung stimmt: Die Erde eiert tatsächlich durchs Weltall. Die Erdachse zeigt nicht immer in dieselbe Richtung im Raum. Die Erde ist ein riesiger Kreisel, und ihre Achse ist ein wenig gekippt – nämlich derzeit um einen Winkel von 23,5 Grad. Auch bei einem Spielzeugkreisel, der nicht genau senkrecht steht, eiert die Drehachse herum, und bei unserer Erde ist es genauso. Physiker nennen diese Bewegung »Präzession«. Ein Umlauf der Erdachse, bis sie wieder in dieselbe Richtung zeigt, dauert 23 000 Jahre. Dabei ändert sich die Verteilung der Sonnenstrahlung auf der Erde. Im zweiten Kapitel haben wir erfahren, dass bei uns gerade dann Sommer herrscht, wenn die Erde am weitesten von der Sonne entfernt ist. Vor rund 11 000 Jahren zeigte die Erdachse aber wegen des Kreiseleffekts gerade in die andere Richtung – Sommer war auf der Nordhalbkugel daher am sonnennächsten Punkt der Erdbahn. Das bedeutet: Die Sommersonne war noch ein paar Prozent intensiver, die Wintersonne dagegen ein wenig schwächer. Stärkere Sommersonne heizt das Land im Sommer stärker auf – und das führt zu Monsunwinden vom Meer ins Land, die damals feuchte Meeresluft in die Sahara führten. Das reicht, um die grüne Sahara zu erklären, wie Modellrechnungen zeigen.

Im Lauf der vergangenen 11 000 Jahre wurde die Sommersonne in der Sahara dann allmählich immer

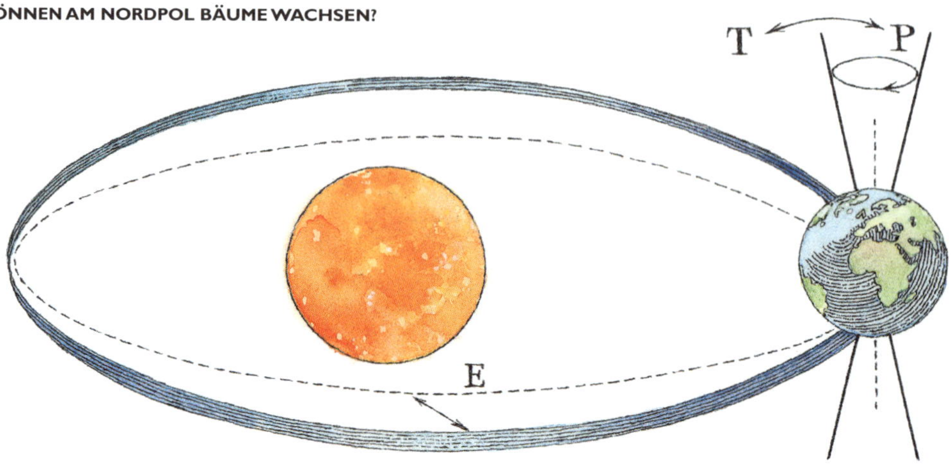

schwächer und der Monsunregen ebenso. Zunächst konnten die Pflanzen noch mithalten, denn zum Teil schaffen sie sich ja ihren eigenen Regen, und sie machen die Landfläche dunkler, was dem Monsun hilft. Doch dann, vor rund 5500 Jahren, war ein kritischer Punkt erreicht. Die Vegetationsdecke verdorrte, die Seen trockneten aus, Flussläufe wurden zu sandigen Rinnen. Das alles geschah recht plötzlich, wie Daten aus Sedimentbohrungen zeigen.

Wir wissen nicht, wie die damals zahlreich in der Sahara lebenden Jäger und Nomaden die um sich greifende Dürre erlebten. Man findet heute noch viele Grabhügel aus dieser Zeit. Historiker vermuten, dass sich wegen der Dürre immer mehr Menschen im Niltal zusammendrängten, wo es noch Wasser gab. Vielleicht entstand gerade deshalb zu dieser Zeit dort die Hochkultur der Pharaonen, deren Pyramiden zu den viel bestaunten Weltwundern zählen.

Milutin Milanković

Hilfe, der Globus eiert!

Die Erdbahnzyklen, die die Sahara zur Wüste gemacht haben, heißen Milanković-Zyklen, denn sie wurden vom serbischen Mathematiker Milutin Milanković vor rund hundert Jahren berechnet. Milanković hatte eigentlich Tiefbau studiert, und als er im Jahr 1904 mit seiner Doktorarbeit fertig war, arbeitete er in einer großen Betonbaufirma, die in ganz Österreich-Ungarn Brücken, Staudämme und dergleichen baute. Doch nach fünf Jahren wurde er Professor für angewandte Mathematik in Belgrad und begann sich auch für Astronomie zu interessieren. Erstaunlicherweise machte er seine bahnbrechenden Berechnungen zu den großen Zyklen von Erdbahn und Klima dann in der Enge einer Gefängniszelle. Denn der Erste Weltkrieg brach 1914 aus, und Milanković wurde interniert – nicht weil er etwas verbrochen hatte, sondern weil er als Serbe einfach nur die »falsche« Nationalität besaß.

Seit drei Millionen Jahren folgt das Klima nun hauptsächlich den Rhythmen der Milanković-Zyklen. Besonders der 100 000-jährige Zyklus scheint dem Klima zu gefallen: Nach seiner Pfeife tanzt es besonders wild. Große Eiszeiten kommen und gehen in diesem Takt. Das zeigen unter anderem Bohrungen aus dem ewigen Eis der Antarktis (nun ja, relativ ewig, denn auch den Eispanzer auf der Antarktis gibt es erst seit 40 Millionen Jahren). Deren gigantische Eismassen sind ein fantastisches Gedächtnis der Klimageschichte. Die letzten 800 000 Jahre können wir inzwischen mithilfe der Eisbohrungen sehr genau rekonstruieren. Schicht um Schicht baut sich das Eis durch immer neue Schneefälle auf. Das Gewicht des neuen Schnees presst nämlich den darunterliegenden Schnee früherer Jahre zu Eis zusammen. Je tiefer man bohrt, desto älter ist das Eis, das im Bohrkern an die Oberfläche gebracht wird.

Das Eis erzählt viele Geheimnisse aus der Vergangenheit. Seine Zusammensetzung verrät die damals herrschende Temperatur, Luftbläschen verraten uns, welche Gase zu bestimmten Zeiten in der Atmosphäre

Die Milanković-Zyklen

Von Zyklen reden wir, wenn Abläufe oder Ereignisse regelmäßig innerhalb eines bestimmten Zeitraums wiederkehren. Im Falle der Erdbahn um die Sonne gibt es drei Zyklen. Erstens das »Eiern« oder »Trudeln« der Erdachse, genannt Präzession. Zyklusdauer: 23 000 Jahre. Die Präzession wirkt sich klimatisch am stärksten auf die Subtropen, also zum Beispiel Nordafrika, aus. Zweitens neigt sich die Erdachse mal stärker, mal weniger stark (zwischen 22,1 Grad und 24,5 Grad). Zyklusdauer: 41 000 Jahre. Dieser »Tilt-Zyklus« wirkt sich vor allem auf die Polargebiete aus. Drittens ist die elliptische Bahn der Erde um die Sonne mal mehr und mal weniger rund. Man nennt das die Exzentrizität. Hier überlagern sich zwei Zyklen von 100 000 und 400 000 Jahren Dauer. Der kürzere taktet die großen Eiszeiten.

enthalten waren, und auch den Staubgehalt der Luft können wir messen. Ein anderes gutes Klimaarchiv sind die Sedimentschichten auf dem Grund der Ozeane und von Binnenseen – Ablagerungen von Schlamm, Sand, Steinchen und allerhand biologischem Material wie kleinen Muscheln oder Pollen. Sie geben unter anderem über frühere Meerestemperaturen Aufschluss.

Eine der erfindungsreichen Methoden, Informationen aus den Klimaarchiven zu erhalten, ist die Messung der Häufigkeit bestimmter Isotope. Sauerstoff-18 zum Beispiel, eine besonders schwere Variante von Sauerstoff (er hat zwei Neutronen mehr im Atomkern als der »normale« Sauerstoff-16), verdunstet nicht so leicht wie Sauerstoff-16 und bleibt eher im Meer zurück. Je mehr Eis also auf den Kontinenten liegt, das letztlich nichts anderes als verdunstetes und dann als Schnee heruntergefallenes Wasser aus den Meeren ist, desto höher ist der Anteil von Sauerstoff-18 im Meerwasser und damit auch in den Ablagerungen auf dem Tiefseeboden. Der Sauerstoff-18-Gehalt in den Tiefseesedimenten zeigt daher an, wie viel Eis zu jedem Zeitpunkt auf der Erde vorhanden war, und zeichnet so die Geschichte der Eiszeiten nach.

Isotope

sind Atome desselben Elements – zum Beispiel des Sauerstoffs –, die zwar dieselbe Anzahl von Protonen, aber eine unterschiedliche Anzahl von Neutronen im Kern besitzen. Sie unterscheiden sich daher in ihrer Massezahl, der Gesamtzahl von Protonen und Neutronen.

Aus den gewonnenen Daten wissen wir, dass alle 100 000 Jahre ein ähnliches Drama abläuft. Zu Beginn dieses Dramas ist das Klima etwa so warm wie heute. Doch ganz allmählich, im Lauf der Jahrhunderte, werden die Sommer auf den Kontinenten des Nordens immer kälter. Der Schnee des letzten Winters bleibt im Frühjahr immer länger liegen – schließlich sogar bis in den Juni und Juli hinein. Eines Sommers taut er gar nicht mehr weg. Dieser Sommer ist besonders kalt, weil Schnee sehr viel Sonnenwärme zurück ins Weltall spiegelt. Im Jahr darauf ist der Schnee noch dicker – denn der vom letzten Jahr ist ja nie ganz abgetaut. Jetzt legt sich also Jahr um Jahr Schneeschicht auf Schneeschicht, der untere Schnee wird zu Eis gepresst – ein riesiger Eispanzer beginnt zu wachsen, der langsam aber sicher immer höher wird.

Unsere Vorfahren, die in jener Phase lebten, leiden nun immer mehr unter der Klimaverschlechterung. Immer weniger Beeren, Nüsse und Wurzeln finden sie auf der eisigen Tundra, die jetzt in unseren Breiten vorherrscht. Der Wald stirbt. Viele Urmenschen sicherlich auch, wenn sie sich mit ihrer Sippe nicht rechtzeitig weit nach Süden zurückgezogen haben. Riesige pelzige Mammuts, die sich mit ihrem zotteligen Fell und einer neun Zentimeter dicken Fettschicht vor der Kälte schützen, stapfen durch den dicken Schnee.

Achtzig- oder neunzigtausend Jahre lang wächst das Eis. Am Ende ist es Tausende von Metern dick und bedeckt große Teile von Nordamerika und Eurasien. Alpentäler, in denen heute gemütliche Dörfer und Skihotels stehen, sind randvoll mit Eis gefüllt. So viel Eis ist da, dass der Meeresspiegel weltweit gut 120 Meter tiefer liegt als heute – denn all das gefrorene Wasser kommt ja ursprünglich aus dem Meer und fehlt dort jetzt. Unsere Ahnen können trockenen Fußes von den britischen Inseln über die Nordsee auf den europäischen Kontinent wandern.

Dann kommt eines Tages die Wende. Durch die Milanković-Zyklen gestärkt, brennt eine heiße Sonne auf die Eismassen, und das große Schmelzen beginnt. Schmelzwassermassen gurgeln ins Meer und bringen den Meeresspiegel zum Steigen. Das Eis schwindet nun mehr als zehnmal so schnell, wie es gekommen ist. In nur fünftausend Jahren stiegen die globalen Temperaturen um fünf Grad an. Auf den nördlichen Kontinenten, wo das Eis immer weiter schrumpft, sogar um zwanzig

Wann kommt die nächste Eiszeit?

Derzeit ist die Erdbahn fast rund, wie es nur alle 400 000 Jahre der Fall ist, und deshalb spielt die Präzession kaum eine Rolle. Erst in 50 000 Jahren wird die Sonneneinstrahlung auf den Kontinenten des Nordens wieder so weit abnehmen, dass der Beginn einer neuen Eiszeit eingeläutet wird – wenn der Mensch es nicht verhindert.

bis dreißig Grad. Die Mammuts sterben aus, vielleicht weil es zu warm wurde.

Einige Male stauen sich am Ende der letzten Eiszeit riesige Schmelzwassermassen hinter unvorstellbar großen Eisdämmen auf – so entsteht auch der legendäre Agassiz-See in Nordamerika, von dem heute nur noch Spuren zu finden sind. Als der Eisdamm bricht, ergießt sich eine gigantische Flut in den Nordatlantik. Das Meerwasser kann im Nordmeer nicht mehr in die Tiefe absinken, weil es durch die Verdünnung mit Süßwasser zu leicht geworden ist. Die Atlantikströmung, die normalerweise warmes Wasser von Süden heranführt, bricht daraufhin zusammen. Die ganze Region wird dadurch am Ende der Eiszeit, vor 11 000 Jahren, noch einmal in tiefe Kälte gestürzt. Tausend Jahre hält diese Kältephase an, die unter Forschern als Jüngere Dryas bekannt ist. Benannt ist sie nach der kleinen, unscheinbaren Arktisblume *Dryas octopetala*, die sich in dieser Zeit ausbreitete. Erst dann erwärmt sich das Klima wieder.

Dryas octopetala

Die Forscher haben das Drama der letzten Eiszeit aus den von ihnen gesammelten vielfältigen Daten wie ein Puzzle zusammengesetzt, bis sich ein stimmiges Bild ergab. Sie nutzten dann Modellsimulationen im Computer, um die Klimaereignisse nachzurechnen. Denn denken kann man sich alles Mögliche – aber ob es wirklich so auch nach den Gesetzen der Thermodynamik und Hydrodynamik abgelaufen sein konnte, zeigt erst eine Modellrechnung.

Weil der kürzeste der Milanković-Zyklen ja 23 000 Jahre lang ist, dauert seine warme Hälfte 11 500 Jahre. Fast zeitgleich mit dem Ende der letzten Eiszeit erreichte die Sonneneinstrahlung ihren Höhepunkt, aber noch mehrere Jahrtausende danach blieb sie überdurchschnittlich stark, weit in das Holozän hinein (so heißt unsere jetzige Warmzeit). Das ist der Grund, weshalb die Gletscher in unseren Alpen in der ersten Hälfte des Holozän viel kleiner waren als heute. Die intensive Sommersonne, die die großen Eismassen der Eiszeit weggeschmolzen hatte, ließ keine großen Gletscher zu. Heute gehen die Gletscher wieder so stark zurück wie damals, wenn auch aus anderen Gründen, und sie legen dabei so manches frei, was Jahrtausende unter Eis verborgen war. »Ötzi« zum Beispiel, den berühmten Gletschermann, der vor über fünftausend Jahren in den Ötztaler Alpen unterwegs war mit seiner gestreiften Jacke aus braunem und weißem Ziegenfell, einer Bärenfellmütze, einem Kupferbeil und einem großen Bogen aus Eibenholz. Er hatte eine Pfeilwunde in seiner linken Schulter, an der er möglicherweise verblutet ist. Sein Körper wurde dann von einsetzenden Schneefällen zugedeckt – und Jahrtausende nicht wieder losgelassen. Er blieb im Eis konserviert, bis die jetzige Klimaerwärmung die Leiche im Jahr 1991 frei gab. Heute kann man sie in einem Museum in Bozen in Südtirol anschauen.

Sprechende Baumringe

Baumstämme haben Jahresringe (außer in den Tropen), die zeigen, wie stark ein Baum in der Wachstumsperiode eines Jahres gewachsen ist. In guten Jahren – also besonders warmen oder besonders feuchten, je nach Standort und Bedürfnis des Baumes – legt er sich einen kräftigen Ring zu, in schlechten einen schmalen. Die Ringe kann man daher gut benutzen, um etwas über das Klima des betreffenden Jahres zu erfahren. Für Europa hat man eine lückenlose Sammlung von Holz- und Baumringdaten für jedes der letzten 10 000 Jahre.

Ist das Klima ein wildes Tier?

Je mehr neue Daten gesammelt werden, desto überraschter sind wir Klimaforscher, wie sprunghaft das Klima wechseln kann. Die Vorstellung eines behäbigen Klimas, das sich nur langsam im Lauf der Jahrtausende verändert, mussten wir spätestens in den neunziger Jahren des 20. Jahrhunderts auf den Müll werfen. Das Klima ist kein träges Faultier, sondern ein wildes Tier, sagt ein amerikanischer Kollege. Und wir reizen es, indem wir es mit Stöcken pieksen, fügt er dann gerne hinzu – doch dazu im nächsten Kapitel.

Die Daten aus dem grönländischen Eis zeigen, dass dort mindestens zwanzigmal innerhalb von wenigen Jah-

Korallen geben Auskunft

Korallen wachsen langsam – Jahr für Jahr lagern sie neue Kalkschichten an, ähnlich wie ein Baum seine Ringe. Auch in die Korallen kann man hineinbohren und Jahresschichten untersuchen. Deren genaue Zusammensetzung gibt Aufschluss über die Temperatur und den Salzgehalt des Meerwassers in früheren Zeiten.

ren die durchschnittlichen Temperaturen schlagartig um 8 bis 16 Grad gestiegen sind – ausgehend natürlich von den frostigen Eiszeitbedingungen.

Kein schlechter Temperatursprung – stellt euch vor, in Berlin (Durchschnittstemperatur 9 Grad Celsius) würden auf einmal Temperaturen wie im südspanischen Malaga (18 Grad) oder gar im ägyptischen Kairo (21 Grad) herrschen! Diese relativen Warmphasen, die man Dansgaard-Oeschger-Ereignisse nennt, kamen urplötzlich, hielten dann aber jahrhundertelang an. Alles deutet darauf hin, dass das Umkippen von Meeresströmungen der Grund dafür war. Warmes Atlantikwasser stieß auf einmal nordwärts bis ins Nordmeer vor und schmolz dort das Meereis weg. Im südlichen Atlantik wurde es gleichzeitig kalt – denn eine heftig angefachte Ozeanzirkulation schaffte jede Menge Wärme von Süden über den Äquator hinweg nach Norden, bis nach Grönland eben. Im globalen Durchschnitt blieben die Temperaturen dabei aber fast unverändert – die Wärme wurde nur umverteilt. Meeresströme können offenbar instabil werden und umkippen, das bestätigen auch Modellrechnungen.

Klimadaten aus Tropfsteinhöhlen

Tropfsteine (Stalaktiten und Stalagmiten) bilden sich aus Regenwasser, das durch das Erdreich in die Höhle eindringt und dort von der Decke tropft. Aus den im Wasser gelösten Mineralien baut sich Jahr um Jahr Schicht um Schicht ein Tropfstein auf. Bohrt man hinein und untersucht die Isotopenzusammensetzung dieser Schichten, erfährt man vor allem etwas über die Regenmengen vergangener Zeiten.

Auch Eismassen haben sich in der Klimageschichte als instabil erwiesen. Während der letzten Eiszeit kam es immer wieder zu spektakulären Eisabrutschungen. Damals war halb Nordamerika von einem Tausende Meter dicken Eispanzer bedeckt. Immer wieder geriet das Eis in Bewegung. Das wissen wir unter anderem aus Geröllschichten am Grund des Atlantiks. Nur durch Eisberge können die Steine mitten in den Ozean verfrachtet worden sein, denn sie sind zu schwer, um mit Wind oder Strömungen gereist zu sein. Bis zu einem Zehntel des Eispanzers rutschte bei einem solchen Ereignis ins Meer – genug, um den Meeresspiegel weltweit um zehn Meter anzuheben! Manche Forscher fragen sich, wie stabil eigentlich die Eismassen sind, die wir heute noch auf der Erde haben, auf Grönland und in der Antarktis. An einigen Stellen beginnen sie nämlich zu rutschen.

War es auf der Erde schon mal wärmer?

Im August 2004 fand im Arktischen Ozean ein spektakuläres Schiffsmanöver statt, wie es die Welt noch nie gesehen hatte. Drei Eisbrecher gaben sich drei Wochen lang ein Stelldichein mitten im Polareis. Während die *Vidar Viking* in 1300 Meter Wassertiefe in den Meeresgrund bohrte, zerschmetterte der mächtige russische Atomeisbrecher *Sowjetski Sojus* in einem Umkreis von bis zu einem halben Kilometer die Eisschollen. Der schwedische Eisbrecher *Oden* hielt das Eis vom Bohrschiff fern – denn das musste unbedingt genau über dem Bohrloch bleiben, solange das Bohrgestänge unten war, und durfte keinesfalls von driftendem Packeis weggeschoben werden.

Klimadaten, die aus Regionen unter dem Polareis stammen, sollten besonders spannend sein. Aber ausgerechnet von dort hatte man bislang keine Meeressedimente heraufholen können, denn der Eisgang machte Bohren unmöglich – bis zu dem genialen Manöver mit den drei Eisbrechern.

Unter anderem galt es, eine wichtige Frage zu beantworten: Seit wann ist der Nordpol schon mit Eis bedeckt? Bis dahin hatten die Forscher nur Daten, die eine Eisdecke in den letzten drei Millionen Jahren zeigten, aber keine Belege für früheres Eis. Das war ein Rätsel, denn am Südpol hatte man herausgefunden, dass es dort seit 43 Millionen Jahren Eis gibt. Das liegt an der allmählichen Abkühlung des globalen Klimas über die letzten 55 Millionen Jahre, und die erklärt sich am

einfachsten durch die damals stetig sinkende Kohlendioxidmenge in der Luft. Doch dazu passte einfach nicht, dass die Arktis erst so viel später zugefroren sein sollte.

In der Ausbeute der drei Eisbrecher fanden die Forscher nun Anzeichen für bis zu 45 Millionen Jahre altes Eis im Sediment – nämlich Steinchen, die nur von Eis transportiert worden sein konnten. Danach wären Nord- und Südpol also fast gleichzeitig zugefroren. Die Welt der Forscher war wieder in Ordnung.

Doch die Proben aus dem Boden unter dem arktischen Eis brachten noch andere erstaunliche Dinge zu Tage. Sie lieferten neue Belege für eine dramatische und rasche globale Erwärmung vor 55 Millionen Jahren. Aus anderen Weltregionen, etwa aus den Tropen, wusste man schon davon: Innerhalb kurzer Zeit, möglicherweise innerhalb von nur einigen Jahrhunderten, waren die Temperaturen durchschnittlich um rund fünf Grad gestiegen. Die Daten zeigen zur gleichen Zeit eine Freisetzung von riesigen Kohlenstoffmengen, wahrschein-

Warum Grönland Grönland heißt

Der Wikinger Erik der Rote, der 982 von Norwegen aus mit seinen Leuten nach Westen segelte, nannte das Land, auf das sie stießen, Grönland, weil es schön grün war. Die Region um K'agssiarssuk an der Südküste, wo die Wikinger siedelten, ist allerdings auch jetzt so grün wie ein Alpental. In Freilandkultur werden Rhabarber, Kohl, Kartoffeln, Spinat und Salat angebaut, und man kann jährlich zwei Roggenernten einfahren. Auch die Eiskappe auf Grönland muss zu Eriks Zeiten eine ähnliche Größe gehabt haben, denn eine kleinere hätte weltweit den Meeresspiegel erhöht – der war im Mittelalter aber nicht höher als heute.

lich Methan vom Meeresgrund oder Kohlendioxid aus Vulkanen, die einen Treibhauseffekt und damit die rasche Erwärmung verursacht haben können. Kein anderes Ereignis der Erdgeschichte ähnelt mehr dem, was der Mensch in unseren Tagen mit dem Klima macht. Daher ist diese Erwärmung für Klimaforscher besonders spannend, und sie wird gerade intensiv erforscht.

Die Daten der Eisbrecher aus der Arktis zeigen auch, dass das Wasser damals im Polarmeer 23 Grad warm gewesen sein muss. Über solche Temperaturen würden sich Sommerurlauber an der Ostsee heute riesig freuen! Vor allem aber ist das deutlich wärmer, als unsere Klimamodelle es erklären können. Irgendein Puzzleteil fehlt den Klimaforschern da noch. Irgendein unbekannter Effekt, der die damalige Erwärmung in der Arktis verstärkt hat. Und der sie möglicherweise auch in Zukunft verstärken könnte.

War es im Mittelalter wärmer?

Die Erde ist heute sehr wahrscheinlich deutlich wärmer als im Mittelalter – darüber sind sich Forschergruppen einig. Deren Daten zeigen aber auch, dass es in Teilen Europas im Mittelalter zeitweise wohl noch wärmer war als heutzutage. Sehr stark oder anhaltend kann diese Wärme allerdings nicht gewesen sein – sonst wären die Gletscher in den Alpen damals kleiner gewesen, als sie es jetzt sind. Und »Ötzi« wäre schon im Mittelalter ans Tageslicht gekommen.

Was die Erdgeschichte lehrt

Überblickt man die unvorstellbar langen Zeiträume der Erdgeschichte, also Hunderte von Jahrmillionen, fällt vor allem eines auf: Meist war das Klima viel wärmer als heute, und es gab keine großen Eismassen auf der Erde. In den letzten 500 Millionen Jahren gab es nur zwei längere Eiszeitalter, in denen für Millionen Jahre große Gletscher und Eisschilde auf den Kontinenten lagen. Einmal vor rund 300 Millionen Jahren, und dann wieder in den letzten rund 40 Millionen Jahren. Man erkennt das an den Kratzspuren, die das fließende Eis auf den Felsen hinterlässt. Innerhalb dieser langen Eiszeitalter gab es mal mehr und mal weniger Eis, das hatten wir ja eben schon gesehen – die letzte Eiszeit vor rund 11 000 Jahren war nur der jüngste Vorstoß des Eises.

In diesen Eiszeitaltern war die Kohlendioxidmenge in der Luft niedrig – so ähnlich wie in den vergangenen Jahrtausenden. In den warmen Phasen war sie dagegen hoch – ein Mehrfaches der heutigen Menge. Das passt zu allem, was man über die Wärmebilanz unseres Planeten weiß: Mehr Kohlendioxid heizt das Klima auf.

Eiszeitalter

nennen die Wissenschaftler die Abschnitte in der Erdgeschichte, in denen mindestens ein Pol vereist ist. Also leben wir in einem Eiszeitalter, dem sogenannten Känozoischen Eiszeitalter. Innerhalb dieser Eiszeitalter kann es mal wärmer und mal kälter sein, sehr viel kälter sogar. Dann sprechen wir von einer Eiszeit.

Aber wieso gab es diese langsamen Veränderungen der Kohlendioxidmenge in der Luft? Im zweiten Kapitel haben wir schon gesehen, wie das Driften der Kontinente und die Aktivität der Vulkane bestimmen, wie viel Kohlendioxid in der Luft ist. Die Kontinentaldrift läuft aber nicht immer gleich schnell ab – mal gerät sie ins Stocken, mal beschleunigt sie sich. Das alles geschieht natürlich unvorstellbar langsam, denn die Kontinente verschieben sich ohnehin nur etwa so schnell, wie ein Fingernagel wächst. Und so begann die Kohlendioxidmenge in der Luft vor 300 Millionen Jahren ganz langsam zu steigen und die Erde wurde wärmer, und in den letzten 100 Millionen Jahren sank sie langsam ab und die Erde wurde wieder kälter. Vor diesem geologischen Hintergrund laufen die rascheren Klimaveränderungen ab, wie sie etwa durch die Milanković-Zyklen oder durch den Menschen verursacht werden.

Klimaforscher nutzen alle diese Klimaschwankungen der Erdgeschichte, um eine ganz wichtige Frage zu beantworten: Wie empfindlich ist eigentlich unser Klimasystem? Die wilden Klimaschwankungen der Erdgeschichte deuten darauf hin, dass das System heftig auf Störungen reagiert und sie nicht etwa unbeeindruckt wegsteckt wie ein Elefant den Biss einer Ameise. Die Empfindlichkeit des Klimas ist eine entscheidende Maßzahl: Wir nennen sie die Klimasensitivität. Sie misst, wie stark die globale Temperatur sich ändert, wenn wir die Wärmebilanz der Erde um einen bestimmten Betrag stören, sagen wir um 4 Watt pro Quadratmeter. Das ist gerade die Störung, die eine Verdoppelung der Kohlendioxidmenge in der Luft ausmacht. Die Erfahrung der Erdgeschichte zeigt uns, dass dies eine globale Erwärmung um zwei bis vier Grad bringt.

Neben den globalen Temperaturänderungen, den Eiszeiten und Heißzeiten, zeigt uns die Klimageschichte auch, dass plötzlich kippende Meeresströme und Eisrutschungen sprunghafte Klimaänderungen verursachen können.

Und die Erdgeschichte zeigt, dass Klimawechsel stets heftige Auswirkungen haben. Nehmen wir den Meeresspiegel. Während der letzten Eiszeit, als die Temperaturen global etwa fünf Grad kälter waren als derzeit, lag der Meeresspiegel 120 Meter niedriger als jetzt. Vor drei Millionen Jahren, im Pliozän, war die globale Temperatur nur zwei bis drei Grad Celsius wärmer als heute – der Meeresspiegel lag aber zwischen 5 und 25 Meter höher als jetzt, weil es weniger Eis auf den Kontinenten gab. Auch das Leben hat sich bei vergangenen Klimawechseln der Erdgeschichte gründlich verändert. Einige Male kam es sogar zum massenhaften Aussterben von Tier- und Pflanzenarten.

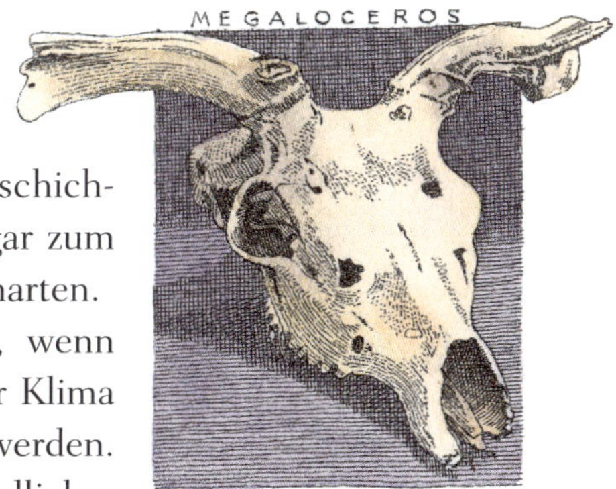

All dies muss man im Hinterkopf haben, wenn man über den Einfluss des Menschen auf unser Klima nachdenkt, wie wir es im nächsten Kapitel tun werden. Unsere Erde ist kein behäbiger, stabiler und friedlicher Planet. Sie ist ein eher wildes Tier, mit dem nicht unbedingt zu spaßen ist.

RAI
CON
RAINBO
END

Kapitel 6

Wieso wird es immer wärmer?

Auch wenn es mal einen langen, kalten Winter mit viel Schnee bei uns gibt: In den letzten Jahrzehnten ist es auf der Erde immer wärmer geworden. Die Gletscher in den Bergen schrumpfen, und die Kirschbäume blühen von Jahr zu Jahr früher. Manche Vögel machen sich neuerdings gar nicht mehr die Mühe, jedes Jahr Tausende Kilometer nach Afrika zu fliegen, um dort zu überwintern. Offenbar finden sie es in Europa inzwischen gemütlich genug. Sind tatsächlich wir Menschen die Ursache dafür, dass es auf der Erde wärmer geworden ist, oder liegt es vielleicht an der Sonne oder etwas ganz anderem?

»Die Erde stirbt!«, schrie die Zeitung mit den vier Großbuchstaben in einer großen Schlagzeile heraus. »Wir haben noch dreizehn Jahre, sonst wird die Menschheit sich auslöschen, unter entsetzlichen Qualen!« Das ist Quatsch, und hoffentlich nimmt solchen Unsinn niemand ernst. Aber auch in seriösen Zeitungen liest man immer wieder von einer bedrohlichen Erwärmung der Erde, die von den Menschen verursacht worden sei. Was also steckt dahinter?

Wissenschaftler machen sich schon sehr lange Gedanken über den Wandel des Erdklimas. Viele der grundlegenden Erkenntnisse stammen bereits aus dem 19. Jahrhundert, sind also über hundert Jahre alt. Als einer der Ersten wies Alexander von Humboldt, der – wir erinnern uns – sich auch über die Sahara den Kopf zerbrochen hat, auf die Möglichkeit hin, dass wir Menschen Klimaänderungen hervorrufen könnten. Im Jahr 1843 schrieb er, der Mensch verändere das Klima »durch Fällen der Wälder und durch die Entwicklung großer Dampf- und Gasmassen an den Mittelpunkten der Industrie«.

Beim damaligen Stand des Wissens konnte das kaum mehr als eine intelligente Vermutung sein. Aber Humboldt kannte die Arbeiten des französischen Physikers und Mathematikers Jean Baptiste Fourier (1768 bis 1830), der allgemein als Entdecker des Treibhauseffekts gilt. Er war der Sohn eines Schneiders aus der französischen Stadt Auxerre und ein außergewöhnlich kluger Junge. Schon im Alter von 18 Jahren ernannte man ihn zum Professor. Nachdem er viele Jahre lang die Wärmestrahlung erforscht hatte, veröffentlichte er im Jahr 1824 eine bahnbrechende Arbeit, in der er die Energiebilanz von Planeten beschrieb, wie wir sie in Kapitel 2 kennengelernt haben. Dabei erklärte er als Erster auch das, was er einige Jahre später den Treibhauseffekt nannte.

Welche Gase heizen das Klima auf?

Aber welche Gase in der Luft sind es, die den Treibhauseffekt bewirken? Das wollte der irische Physiker John Tyndall (1820 bis 1893) einige Jahrzehnte später genauer wissen. In den 1850er Jahren suchte er in seinem Labor nach Gasen, die Wärmestrahlung aufnehmen können. Dabei interessierte er sich vor allem für eine Erklärung der Eiszeiten. Tyndall war begeisterter Bergsteiger. Im Jahr 1861 gelang ihm die erste Besteigung des Weißhorns in den Alpen. Wie viele Naturforscher seiner Zeit war er fasziniert von den Anzeichen für riesige frühere Vergletscherungen im Gebirge wie zum Beispiel den Kratzspuren des Eises im Gestein und den Endmoränen genannten Geröllhaufen, die sich am Ende eines Gletschers, sozusagen an dessen Zungenspitze, bilden.

John Tyndall

Bei seinen Versuchen im Labor zeigte Tyndall, wie unterschiedlich verschiedene Gase Wärmestrahlung aufnehmen. Stickstoff und Sauerstoff tun es gar nicht – damit tragen also 99 Prozent der Luft überhaupt nicht zum Treibhauseffekt bei. Wasserdampf und Kohlendioxid dagegen, fand Tyndall heraus, tun es. Und warum? Der entscheidende Unterschied ist, dass Wasserdampf und Kohlendioxid aus je drei Atomen bestehen (worauf ihr chemischer Name H_2O und CO_2 hinweist) und daher leichter schwingen können. Gase nehmen Strahlung auf, indem sie zu schwingen anfangen – was wieder ein Beispiel dafür ist, dass Energie nie verschwindet, sondern sich nur von einer Form in eine andere verwandelt.

Wenige Jahre nach Tyndalls Tod beschäftigte sich der Physiker und Chemiker Svante Arrhenius (1859 bis 1927), der 1903 die höchste Auszeichnung für Wissenschaftler, den Nobelpreis, erhalten sollte, in Stockholm

Himmelblau

Der vielseitige John Tyndall erklärte auch, warum uns der Himmel blau erscheint. Das weiße Sonnenlicht ist ja eine Mischung aus Licht aller Farben und das heißt unterschiedlicher Wellenlängen. Beim Durchgang durch die Erdatmosphäre treffen die Strahlen auf Luftmoleküle, Wassertröpfchen und Staubteilchen und werden von diesen in alle Richtungen gestreut. Dabei wird Licht mit kurzer Wellenlänge (blaues Licht) stärker gestreut als Licht mit langer (rotes Licht). Deshalb erscheint der Himmel blau. Auf dem Mond, der keine Atmosphäre hat, ist der Himmel dagegen überall schwarz.

Svante Arrhenius

Arvid Högbom

mit dem Rätsel der Eiszeiten. Nach langem Rechnen kam er 1896 zum Ergebnis, dass die Erde etwa fünf Grad kälter wäre, wenn die Luft nur halb so viel Kohlendioxid enthielte. Das könnte also erklären, wieso die Eiszeiten so kalt waren. Aber wie und weshalb die Kohlendioxidmenge in den Eiszeiten geringer gewesen sein sollte, das wusste Arrhenius nicht zu sagen. Er wandte sich an einen Kollegen, den Geologen und Meteorologen Arvid Högbom (1857 bis 1940), der sich schon länger mit dem Kohlendioxid in der Luft beschäftigte: Er untersuchte, woher das Kohlendioxid in der Luft ursprünglich kommt (nämlich aus Vulkanen), wie lange es dort bleibt (sehr lange) und wohin es wieder verschwindet (zum Beispiel in den Ozean). Dabei war Högbom eine verrückte Idee gekommen. Er hatte ausgerechnet, wie viel Kohlendioxid die Menschen durch das Verbrennen von Kohle erzeugen. Zu seiner Überraschung ergab die Berechnung, dass die Menge des menschengemachten Kohlendioxids in etwa der Menge aus natürlichen Quellen entsprach. Damit war das bislang herrschende Gleichgewicht von Zu- und Abfluss gestört, weil der Zufluss von Kohlendioxid in die Atmosphäre sich ungefähr verdoppelt hatte. Und das müsste einen Anstieg der Temperatur zur Folge haben, wenn die Rechnungen von Arrhenius stimmten.

Högbom ermunterte seinen Kollegen Arrhenius, seine Berechnungen für die doppelte Menge an Kohlendioxid in der Luft zu wiederholen. Dabei kam heraus, dass durch sie das Klima weltweit um vier bis sechs Grad aufgeheizt würde! Arrhenius fand das übrigens eine tolle Sache, vielleicht weil er im kalten Schweden wohnte. Ohnehin glaubte er anfangs, dass es Jahrtausende dauern würde, bis sich tatsächlich die doppelte Menge CO_2 in der Luft angesammelt hätte. Ein Kollege schlug sogar vor, ungenutzte Kohleflöze einfach anzuzünden, damit es schneller wärmer wird! An die Folgen, wie zum Beispiel den Anstieg des Meeresspiegels, hat man damals offenbar noch nicht gedacht. Das Ganze war ohnehin eher ein nebensächliches Kuriosum – was den Forschern damals wirklich interessant und wichtig erschien, das war die Erklärung der Eiszeiten.

Ångströms Denkfehler

Meist verändern Forscher ja die Wissenschaftsgeschichte durch ihre genialen Geistesblitze oder weil sie beharrlich im Labor der richtigen Messung auf der Spur sind. Manchmal passiert es aber auch einfach durch einen dummen Denkfehler. Denn was nun geschah, ist ein schönes Beispiel für die seltsamen Irrwege, die die menschliche Geistesgeschichte manchmal geht, und es warf die Kohlendioxidtheorie für Jahrzehnte zurück. Ein anderer Schwede, Knut Ångström (1857 bis 1910), veröffentlichte im Jahr 1900 Messungen, aus denen er schloss, dass mehr Kohlendioxid in der Luft das Klima gar nicht aufheizen könne. Denn die gesamte Wärmestrahlung werde durch die bereits vorhandenen Mengen an Kohlendioxid und Wasserdampf aufgenommen. Mehr würde gar nichts mehr bringen! Das wäre so, als wenn man einen Vorhang zuzöge in einem Raum, der ohnehin schon durch einen Rollladen abgedunkelt ist – wenn schon kein Licht mehr durchkommt, macht ein Vorhang den Raum auch nicht noch dunkler.

Das klang plausibel und überzeugte vor hundert Jahren die Forscherkollegen. Die CO_2-Theorie galt den meisten von da an als mausetot. Und doch hatte Ångström einen fatalen Denkfehler begangen. Und weil sich kaum jemand weiter mit dem Thema beschäftigte, war es erst der Zweite Weltkrieg, der den Fehler zutage brachte.

Wegen des Krieges, der fast sechs Jahre lang dauerte, von 1939 bis 1945, interessierte man sich für alles, was mit Luft und Meeren zu tun hatte, denn die Kämpfe wurden auch am Himmel und zur See ausgetragen, und jedes Wissen konnte strategische Vorteile bedeuten. So wurden genaue Messungen gemacht, wie die Luft Wärmestrahlung aufnimmt, und zwar auch bei geringem Luftdruck und eisiger Kälte, wie sie weit oben in der Atmosphäre vorkommen. Dort in den höheren Luftschichten – darüber haben wir in Kapitel 3 schon gesprochen – strahlt die Erde Wärme ins Weltall ab.

Aufgrund dieser Kriegsforschungen entdeckte man nun, dass es dort oben weder genug Wasserdampf noch genug Kohlendioxid gab, um alle Strahlung aufzunehmen. Geriete jedoch mehr Kohlendioxid in die oberen Regionen der Atmosphäre, würde das zusätzliche Kohlendioxid auf jeden Fall weitere Wärmestrahlung aufhalten und damit das Klima anheizen. Dass in Bodennähe der Treibhauseffekt vielleicht schon gesättigt ist, spielt dabei keine Rolle. Wenn unten »alles dicht ist«, dann entweicht die Wärmestrahlung eben erst aus 5 Kilometern Höhe ins All. Und wenn ich viel mehr CO_2 hinzufüge, vielleicht erst aus 6 oder 7 Kilometern Höhe – das würde schon 6,5 Grad Celsius beziehungsweise 13 Grad Celsius Erwärmung am Boden bedeuten, wie wir in Kapitel 3 gelernt haben.

Wieso sind Sonnenuntergänge rot?

Bei Sonnenuntergang wie auch bei Sonnenaufgang fällt das Licht ganz schräg auf die Atmosphäre und legt einen besonders langen Weg durch die Luft zurück, bis es unser Auge erreicht. Die blauen Farbanteile werden dabei weggestreut und vor allem die roten kommen durch.

Erst ein halbes Jahrhundert nach der Vorhersage von Arrhenius, dass die Wärme zunehmen werde, wurde nun klar: Er hatte doch recht gehabt! Was wäre wohl passiert, wenn sein Ergebnis schon fünfzig Jahre früher ernst genommen und nicht erst ungläubig beiseitegeschoben worden wäre? Hätte die Menschheit dann womöglich schon Jahrzehnte früher erkannt, wie sie das Klima aufheizt? Darüber kann man heute nur noch spekulieren.

Kann man das messen?

Vor fünfzig Jahren wandten sich dann erstmals wichtige Forscher an die Öffentlichkeit und warnten davor, dass der Mensch durch die Verbrennung von Kohle, Öl und Gas das Klima aufheize. Neue Berechnungen hatten zudem gezeigt, dass dies viel rascher vonstattengehen könnte als zunächst gedacht. Einer von ihnen, Roger Revelle (1909 bis 1991), der eine Zeitlang Scripps, das wichtigste Meeresforschungsinstitut in den USA, leitete, sagte damals: »Die Menschheit macht einen einzigartigen geophysikalischen Großversuch mit unserem Planeten, wie er noch nie vorher gemacht worden ist und wie er auch niemals wiederholt werden kann.«

Roger Revelle

Aber man wusste noch nicht einmal, ob und wie schnell die Kohlendioxidmenge in der Luft überhaupt zunahm. Die Messungen, die es dazu gab, waren umstritten und ungenau. Viele hielten es für unmöglich, CO_2 in der Luft genau genug zu messen, um überhaupt eine Veränderung festzustellen – schließlich ist es ein sogenanntes Spurengas, das nur den Bruchteil eines Promilles der Luft ausmacht! Und bei allen bisherigen Versuchen, es zu messen, schwankten die Werte wild – je nach Ort, Zeit und Windrichtung.

Da heuerte Revelle einen jungen Mann an, der zwei entscheidende Eigenschaften in sich vereinte. Erstens liebte er die Wildnis, und er war deshalb auf der Suche nach einem Job, bei dem er möglichst viel Zeit in freier Natur verbringen konnte. Forscher werden oft von solch persönlichen Vorlieben angetrieben, wenn sie abwegige Ideen verfolgen – zum Glück, denn sonst wäre so manche bahnbrechende Entdeckung nie gemacht worden. Und zweitens war dieser junge Mann einer jener Tüftler, die besessen davon sind, etwas ganz genau messen zu wollen und dabei auch noch das letzte Quäntchen an Präzision herauszukitzeln, ganz egal, ob das irgendwie nützlich oder sinnvoll erscheint. Die Rede ist von Charles David Keeling, der 1953 mit einem frischen Chemiediplom am berühmten California Institute of Technology, kurz CalTech genannt, auftauchte.

C. D. Keeling

Keeling war einfach überzeugt, dass er CO_2 viel genauer messen könnte als alle anderen vor ihm. Ein Jahr lang bastelte er dazu an einem Apparat. In diesem Jahr heiratete Keeling auch, und zwei Wochen vor der Geburt seines ersten Kindes war das Gerät endlich fertig. Keeling setzte sich in den Kopf, damit von nun an alle vier Stunden auf dem Dach seines Labors die CO_2-Konzentration der Luft zu messen, Tag und Nacht. Manchmal schlief er im Labor, manchmal fuhr er nachts hin. Als seine Frau in die Wehen kam, fuhr er sie ins Krankenhaus – und als es Zeit dafür war, fuhr er ins Labor zum Messen. Als er zurück in die Klinik kam, war sein Sohn schon auf der Welt. Er hatte die Geburt verpasst.

Schon als das Baby nur Wochen alt war, begannen Keeling und seine Frau Louise es über das Wochenende zum Zelten mitzunehmen, überall dorthin, wo Keeling Messungen machen wollte. Im Mai am Big Sur River in Kalifornien, im Juni im Yosemite Nationalpark, im Juli in den Inyo Mountains, im August den Cascade Mountains. Im September im Olympic Nationalpark im Nordwesten der USA. Alle vier Stunden wurde eine Luftprobe in einen Glaskolben gefüllt. Einmal, im verschneiten Yosemite, wurde Keeling nachts von Geräuschen geweckt. Im Schein seiner Taschenlampe blickte er in die Augen einer hungrigen Hirschkuh, die sein Notizbuch mit sämtlichen Messdaten zwischen den Zähnen hatte und vor Schreck damit davonlief! Keeling fand später das angefressene Buch. Der Ledereinband war weg, aber die Daten hatten dem Tier zum Glück nicht geschmeckt.

Bald fiel Keeling auf, dass die Kohlendioxidwerte immer am späten Nachmittag am niedrigsten waren und nachts wieder stiegen. Er hatte das Atmen der Biosphäre entdeckt! Tagsüber atmen die Pflanzen CO_2 ein, und nachts atmen sie es wieder aus.

Und Keeling fiel noch etwas auf: Überall war der tiefste Wert am Nachmittag fast der gleiche: 315 ppm – das Kürzel ppm steht für das englische »parts per million«, also Teile pro Million. Das war völlig gegen die herrschende Lehre, wonach die Werte stark schwanken sollten. Im Winter zeltete Keeling fünf Tage lang in fast 4000 Meter Höhe am Mount Whitney in Kalifornien, mitten in einem tosenden Schneesturm. Alle vier Stunden nahm er eine Probe. Alle enthielten genau 315 ppm CO_2. Da wurde Keeling klar: Das ist der CO_2-Wert, den die Luft weit weg von allen Bäumen und Schornsteinen hat. Eine Art Mittelwert der ganzen Atmosphäre, fernab von allen Störungen. Der Wintersturm hatte Luft vom Pazifik hinübergeweht.

315 ppm entsprechen 0,315 Promille und 0,0315 Prozent. Letzteres findet man häufig auch anders geschrieben, nämlich mit dem Prozentzeichen: 0,0315 %.

Dann bekam Keeling die Chance, im Internationalen Geopysikalischen Jahr 1958 weitere CO_2-Messungen durchzuführen. Eine neue Wetterstation hoch oben auf dem Vulkan Mauna Loa auf der Insel Hawaii und eine Station in der Antarktis wurden dafür auserkoren, beide fern von jeglicher Störquelle. Den Weihnachtstag – eine Woche vor der Geburt seines zweiten Sohnes – verbrachte Keeling damit, Messapparaturen auf ein Schiff zu laden, das am nächsten Tag in die Antarktis fahren sollte. Seine Ehe sei dadurch etwas angespannt gewesen, gab Keeling später zu.

Aber im Jahr 1960, nach nur zwei Jahren Messungen in der Antarktis, präsentierte Keeling der Fachwelt ein sensationelles Ergebnis: Die Kohlendioxidkonzentration in der Luft stieg tatsächlich an! Und zwar etwa so schnell, wie es wegen der weltweit verbrannten Menge an Kohle, Öl und Gas auch zu erwarten war. In den folgenden Jahren und Jahrzehnten musste Keeling immer wieder um Geld für seine Messungen kämpfen und betteln. Mehrfach wurden die Arbeiten fast eingestellt, einmal gab es tatsächlich eine Lücke von mehreren Monaten in der berühmten Messreihe auf dem Mauna Loa. Doch seine Hartnäckigkeit wurde belohnt: Am Ende steht eine Messkurve, die als eine der wichtigsten des 20. Jahrhunderts in die Wissenschaftsgeschichte eingehen wird – trotz der nun auf alle Ewigkeit vorhandenen Lücke aufgrund des Geldmangels.

Das längste Eis am Stiel der Welt

Wenig später kam aus einer ganz anderen Ecke eine weitere sensationelle Entdeckung: Eisforscher fanden fossile Luft, das heißt uralte Luft, die vor vielen, vielen Jahren im Eis eingeschlossen worden war. Eisforscher vertreiben sich ihre Zeit damit, tiefe Löcher in große Eismassen zu bohren, um einfach mal zu gucken, was da unten ist. Zum Beispiel in den Gletschern im Gebirge oder in der riesigen Eiskappe, die auf Grönland liegt. Diese Löcher sind ungefähr 20 Zentimeter im Durchmesser, aber unglaublich tief, in Grönland reichen sie mehr als 3000 Meter tief. Das Eis, das die Forscher aus diesen Löchern hochziehen, nennt man einen Eiskern. Ein 3000 Meter langes Eis am Stiel! Leider aber besteht es nicht aus Vanille- oder Schoko-Eis, sondern ist aus zusammengepresstem Schnee entstanden.

Der Eiskern wird in Stücke von einem Meter Länge gesägt, sorgfältig in Metallzylinder gepackt und gut gekühlt nach Hause ins Forschungslabor transportiert, wo man ihn im Kühlhaus lagert, bis man ihn auspackt, um das Eis untersuchen zu können.

In der Antarktis fanden die Forscher Tausende Meter unter der Oberfläche Eis, das vor fast einer Million Jahren als Schnee gefallen war. Und sie entdeckten auch, dass das Eis voller Luftbläschen ist. Ein Zehntel des Eises besteht einfach aus Luft – und diese Luft ist im Eis so hermetisch eingeschlossen wie in den Glaskolben, die Keeling für seine Luftproben benutzte. Die Eisproben, die die Bohrer aus der Tiefe der Antarktis geborgen hatten, enthielten also Luft, die viele Jahrtausende unverändert geblieben war, abgeschottet von der

Umgebung. Die Eisforscher hatten einen unermesslichen Schatz gefunden: Luftproben aus früheren Zeiten. Und nicht nur einige wenige – eine lückenlose Serie aus jedem beliebigen Jahr, so weit das Eis reicht!

Diese Luft kann man analysieren, indem man einen Eiswürfel unter eine Glasglocke legt und alle Luft herauspumpt, bis das Eis in einem Vakuum ist. Dann fahren Stahlnadeln herunter und zerhacken das Eis. Die Luft zischt aus dem Eis und wird in ein Reagenzglas gesaugt. Mithilfe eines Infrarotlasers, der die Luft durchleuchtet, kann man dann die CO_2-Menge darin messen – denn das Kohlendioxid nimmt die Infrarotstrahlen auf, daher ja auch sein Treibhauseffekt. Auf diese Weise lässt sich die Kohlendioxidmenge in der Luft in weit zurückliegenden Zeiten messen, woraus man wichtige Schlüsse auch auf das Klima in der Vergangenheit ziehen kann. Es soll allerdings auch Forscher geben, die sich mit den jahrtausendealten Eiswürfeln einfach ihren Whiskey kühlen.

Als Erstes konnte man so ein Rätsel lösen, das die Forscher seit Keelings Messungen beschäftigte: Wie viel CO_2 war wohl in der Luft enthalten, bevor der Mensch auf den Plan trat? Das Eis aus der Antarktis verriet es: Im letzten Jahrtausend lag die CO_2-Konzentration fast konstant bei 280 ppm. Seit 1700 begann die Zahl zu steigen. Im Jahr 1957, als Keeling seine Messungen begann, war sie schon auf 315 ppm geklettert. Im Jahr meiner Geburt – 1960 – erreichte sie 317 ppm. Als ich eingeschult wurde, lag der Wert bei 321 ppm. Als ich aufs Gymnasium kam: 327 ppm. Als ich mein Abitur machte: 337 ppm. Als ich mein Physik-Diplom erhielt: 349 ppm. Bei Abschluss der Doktorarbeit: 355 ppm. Als ich Professor wurde: 369 ppm. Während ich dieses Buch schreibe: 389 ppm. Wie viel werde ich, wie viel werden wir alle wohl noch erleben?

Seit den siebziger Jahren des vergangenen Jahrhunderts bohrten russische und französische Forscher gemeinsam am kältesten Ort der Erde, der russischen Forschungsstation Wostok in der Antarktis, unter abenteuerlichen Bedingungen tief hinunter in das Eis. Kältere Temperaturen als dort wurden niemals irgendwo sonst auf unserem Planeten gemessen, weshalb die Station seither den Titel »Kältepol der Erde« trägt. Am 21. Juli 1983 sank das Thermometer dort auf sagenhafte minus 89 Grad Celsius. Im Winter ist es dort vier Monate lang am Stück dunkel.

Konvoi am Ende der Welt

Jedes Jahr kämpft sich ein Konvoi alter Kettenfahrzeuge (Baujahr 1976, zigfach repariert) 1400 Kilometer über das blanke Eis zur Forschungsstation Wostok in der Antarktis durch, um die Wissenschaftler dort mit dem Nötigsten zu versorgen. Vor allem mit Dieselöl, das Dinge wie Heizung, Licht und Wasserversorgung am Laufen hält. Es ist ein langer, gefährlicher Treck, bei dem schon manches Fahrzeug als Wrack zurückgeblieben ist.

Atmet man aus, rieselt der Atem als ein Wölkchen glitzernder Eiskristalle zu Boden. Wostok liegt in 3500 Metern Höhe mitten auf dem Ostantarktischen Eisschild, nahe dem Pol der Unzugänglichkeit. Das ist die Stelle der Antarktis, die am weitesten vom Meer entfernt ist.

Die erfolgreiche Bohrung unter härtesten Bedingungen war eine heldenhafte Leistung. Man kämpfte mit festgefahrenen Bohrern in 1000 Metern Tiefe, mit dem

Der EPICA-Eiskern

Das bislang älteste Eis der Erde wurde aus dem Ostantarktischen Eisschild gezogen, und zwar vom European Project for Ice Coring in Antarctica (EPICA). Die Bohrung begann im Jahr 1996. Acht Jahre später, im Dezember 2004, erreichte man die endgültige Tiefe von 3270 Metern, wenige Meter über dem Felsuntergrund. Diese Stange Eis liefert eine lückenlose Klimageschichte der letzten 800 000 Jahre.

unmöglichen Wetter, mit Geldmangel. Einmal ging den Forschern der Treibstoff aus, und sie überlebten nur, indem sie in einer Schneehöhle bei Kerzenschein zusammenkauerten, bis der Nachschub endlich eintraf. Doch als man am Ende den 3623 Meter langen Eiskern analysierte, hatte man einen einmaligen Datenschatz über 420 000 Jahre Klimageschichte gehoben. Vier komplette Eiszeitzyklen! Viermal kam das große Eis über die Erde, viermal schwand es wieder. Und im Rhythmus mit dem Eis sanken und stiegen nicht nur die Temperaturen. Auch die CO_2-Menge in der Luft tanzte nach der gleichen Melodie. In Eiszeiten war sie kleiner, da betrug sie nur 180 ppm. In den Warmphasen war sie größer, da lag der Wert bei rund 280 ppm. Und das war auch der Wert in den letzten Jahrtausenden, bevor der Mensch in großem Stil CO_2 in die Luft zu pusten begann.

Ach, hätte Svante Arrhenius doch diese Daten noch erleben dürfen! Er hatte also wirklich richtig gerechnet und vermutet, dass mehr Kohlendioxid das Klima aufheizen könnte. Auch seine These, dass weniger CO_2 in der Luft etwas mit der Kälte der Eiszeiten zu tun habe, wurde nun von den Wostok-Daten bestätigt. Zwar wissen wir seit Milutin Milanković (wir erinnern uns, das ist der Entdecker der gleichnamigen Zyklen in Kapitel 5), dass es die Erdbahnzyklen sind, die immer wieder Eiszeiten auslösen. Aber wieso es dabei derart kalt wird und es dann in der Antarktis zur gleichen Zeit kalt wird wie im hohen Norden – das können sie nicht erklären. Denn wenn die Sonne im Norden wegen der Erdbahnzyklen schwächer strahlt, scheint sie im Süden umso stärker. Diese Rätsel löst das CO_2. Wird es kalt, fällt langsam auch die CO_2-Menge in der Luft, denn der Ozean saugt dann mehr CO_2 auf. Dadurch wird es noch kälter. Und zwar überall auf der Erde, denn Kohlendioxid wirkt überall. Es ist der Verstärker und Globalisierer der Eiszeiten.

Pioniere wie Arrhenius, die mangels Messdaten vor allem auf ihren scharfen Verstand angewiesen waren; die CO_2-Forscher wie Keeling, der auf dem tropischen Mauna Loa seine berühmten Messungen machte; die Eisforscher, die dem ewigen Eis in Grönland und der Antarktis seine Geheimnisse entrissen: Sie alle waren schließlich zu übereinstimmenden Ergebnissen gekommen. Doch noch aus einer ganz anderen Ecke wurden sie bestätigt. Mit der Erfindung der Computer entstand in den 1960er Jahren ein neues Werkzeug der Forschung: die Computermodelle, wie wir sie auch in meiner Forschungsgruppe entwickeln. Treiben wir unsere Modellerde im Computer mit den Milanković-Zyklen und mit den CO_2-Werten aus Wostok an, passiert etwas Seltsames. Etwa alle 100 000 Jahre beginnen sich große Eismassen auf den Kontinenten im Norden zu bilden. Sie werden größer und größer, bis der Meeresspiegel in der Modellwelt ganze 120 Meter niedriger liegt. Dann verschwinden die Eismassen wieder, rascher, als sie gekommen sind. Alles ganz so und zu den gleichen Zeiten, wie es auch auf der echten Erde passiert ist. Milanković-Zyklen und Kohlendioxid: Gemeinsam bestimmen sie den wilden Tanz des Klimas in den vergangenen Hunderttausenden von Jahren.

Könnte das Kohlendioxid aus dem Meer kommen?

Wohin verschwand das ganze CO_2 aus der Luft während der Eiszeiten? Im Meer! Auch heute ist im Meer mehr als fünfzig Mal so viel CO_2 wie in der Luft enthalten. Wenn wir nur einen kleinen Bruchteil mehr CO_2 im Meer lösen, nimmt die Menge in der Luft schon drastisch ab. Die Forscher arbeiten noch daran, genau zu

Wo das CO_2 hingeht

In den Jahren 2000 bis 2005 haben wir Menschen durch die Verbrennung fossiler Brennstoffe jährlich 26 Milliarden Tonnen CO_2 ausgestoßen. Die Menge in der Luft ist aber nur um 15 Milliarden Tonnen jährlich angewachsen. Wo ist der Rest geblieben? 8 Milliarden Tonnen wurden vom Meer aufgenommen und 3 Milliarden Tonnen an Land – vor allem durch Wälder. Das war möglich, weil weltweit insgesamt mehr Wald nachgewachsen ist, als abgeholzt wurde. (Dennoch zerstört die Abholzung unwiederbringlich wertvolle Urwälder – das kann ein Zuwachs anderswo nicht ausgleichen.) Im Jahr 2008 wurde die bisherige Rekordmenge von 31 Milliarden Tonnen CO_2 aus fossilen Quellen in die Luft geblasen.

entschlüsseln, wieso die Ozeane in den Eiszeiten so viel Kohlendioxid aufnahmen. Offenbar kommen mehrere Effekte zusammen, die man bislang nur teilweise versteht. Doch dass es im Ozean gelandet ist, daran zweifelt niemand. Es gibt einfach keinen anderen Speicher, in dem so schnell so viel CO_2 verschwunden sein könnte.

Und heute? Könnte vielleicht die wachsende CO_2-Menge in der Luft, die Keeling als Erster gemessen hat, aus dem Meer kommen? Immer wieder mal hört man in den Medien, aus dem Meer entweiche viel mehr CO_2 als aus Schornsteinen und Auspuffrohren. Das behauptet zum Beispiel ein Fernsehfilm namens »Der Klimaschwindel«. Doch das ist einfach geschwindelt: Aus dem Meer entweicht unter dem Strich kein CO_2, sondern das Meer saugt im Gegenteil an seiner Oberfläche einen Teil des CO_2 auf, das wir in die Luft blasen.

Dass daher nicht nur in der Luft, sondern auch im Wasser die CO_2-Menge zunimmt, zeigen Tausende von Messungen, die von Forschungsschiffen aus gemacht wurden. Die Zunahme des Kohlendioxids im Meerwasser hilft zwar dem Klima, denn wenn das Meer nichts aufnehmen würde, bliebe noch mehr Kohlendioxid in der Luft und das Klima würde sich noch schneller aufheizen. Gut ist es trotzdem nicht. Denn CO_2 wird in Wasser zu Kohlensäure, und die macht das Meerwasser saurer, was Muscheln, Korallen, Seeigeln und vielen anderen Tieren nicht bekommt – und das wäre allein schon ein guter Grund, nicht mehr zu viel CO_2 in die Luft zu blasen.

Die Forscher sind sich auch aus anderen Gründen sicher, dass der Mensch am CO_2-Anstieg schuld ist. Wir wissen einfach, wie viel durch die Schornsteine und Auspuffrohre gegangen ist, denn wir wissen, wie viel Kohle, Öl und Gas wir verbraucht haben. Zählen wir das zusammen, zeigt sich: Wir haben sogar fast doppelt so viel Kohlendioxid in die Luft gepustet, wie dort geblieben ist.

Das Kohlendioxid aus der Verbrennung von Kohle oder Öl unterscheidet sich übrigens auch ein wenig von dem Kohlendioxid im Meer. Es besteht aus einer anderen Mischung der verschiedenen Arten von Kohlenstoffatomen (man nennt diese Unterarten Isotope). Das Mischverhältnis kann man messen, und so hat man schon vor Jahrzehnten festgestellt, dass das zusätzliche CO_2, das sich in unserer Luft ansammelt, aus Verbrennung fossiler Brennstoffe stammt.

Und noch etwas gibt zu denken. Die Daten aus der Antarktis zeigen auch, dass heute schon ein Drittel mehr CO_2 in der Luft ist als jemals während der vergangenen 800 000 Jahre. Und als die CO_2-Menge jeweils am Ende der Eiszeiten anstieg, hinkte sie der Temperatur hinterher. Erst begannen die Temperaturen zu steigen, dann kam immer mehr CO_2 aus dem Ozean. Heute ist es umgekehrt: Erst steigt die CO_2-Menge, dann die Temperatur. Und die CO_2-Menge steigt um ein Vielfaches schneller als am Ende der Eiszeiten. Sie liegt inzwischen, ich habe es schon erwähnt, bei 418 ppm (dies ist der Wert für das Jahr 2022).

Was heißt globale Temperatur?

Die globale Temperatur ist ein Mittelwert aus einer möglichst großen Zahl von Messungen rund um die ganze Welt. Dabei fließt natürlich jeder Quadratkilometer der Erdoberfläche im gleichen Maße in den Mittelwert ein, egal wie viele oder wenige Messstationen es in einer bestimmten Gegend gibt: Es ist ein »flächengewichtetes Mittel«.

Wird es wirklich wärmer?

Seit dem hartnäckigen Forscher Keeling und dem Jahr 1960 weiß man also, dass unsere Atmosphäre sich verändert – die CO_2-Menge in der Luft steigt ständig an. Spätestens seit dieser Zeit weiß man auch, dass mehr CO_2 das Klima aufheizt. 1965 warnte daher bereits ein Expertenbericht den amerikanischen Präsidenten vor einer kommenden Erwärmung durch CO_2. Einige Jahre später, 1979, wies der berühmte Bericht der Nationalen

Akademie der Wissenschaften der USA deutlich darauf hin, dass seit über hundert Jahren bekannt sei, dass eine veränderte Zusammensetzung der Luft das Klima ändere und dass man inzwischen sicher wisse, dass der Mensch die CO_2-Menge in der Luft erhöhe. Die Studien ergäben alle dasselbe Bild: Auf der Erde würde es wegen der Erhöhung der CO_2-Konzentration wärmer werden.

Globale Erwärmung

heißt, dass die globale Durchschnittstemperatur wärmer wird. Das bedeutet nicht unbedingt, dass es auch an jedem Ort wärmer wird – einige Regionen können sich trotz globaler Erwärmung abkühlen.

Aber passierte das auch wirklich? Traf die Prognose ein? Erstaunlicherweise blieb das noch eine ganze Weile unklar. Denn die Temperaturen schwanken stark von Ort zu Ort und von Tag zu Tag. Nirgendwo kann man einfach einen Wert messen, der dann für die ganze Erde die Veränderung anzeigt, wie beim CO_2 in der Antarktis oder auf dem Mauna Loa.

Man muss stattdessen über viele Jahre von Tausenden Orten der Erde die Messdaten zusammentragen und auswerten. Man hatte zwar schon in den dreißiger Jahren des letzten Jahrhunderts bemerkt, dass es wärmer wurde. Aber ausgerechnet von 1940 an bis in die siebziger Jahre wurde eine leichte Abkühlung auf der Nordhalbkugel gemessen – wo es die meisten Menschen und Wetterstationen gibt. Das weckte Zweifel an der Erwärmung aufgrund der Kohlendioxidzunahme. Das Thema globale Erwärmung war damals also nicht gerade in Mode. Einige wenige Wissenschaftler und ein paar mehr Journalisten redeten sogar von der Gefahr einer neuen Eiszeit.

Und es gab Diskussionen darüber, ob man den Messdaten überhaupt trauen könne, weil viele Wetterstationen an Orten installiert waren, um die herum Städte gewachsen waren. Städte sind durch ihre Bebauung meist spürbar wärmer als das Umland. Sie bilden eine Art Wärmeinsel. War vielleicht die Erwärmung, die man vom späten 19. Jahrhundert bis 1940 beobachtet hatte, nur eine Illusion?

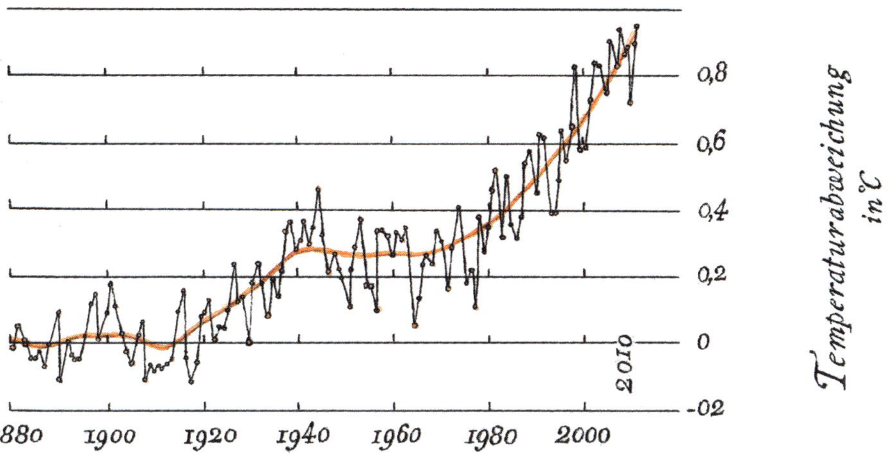

Erst in den achtziger Jahren gelang es dann amerikanischen und britischen Forschern nach jahrelanger mühsamer Kleinarbeit bei der Auswertung von Millionen Datensätzen, die von Tausenden Wetterstationen auf der ganzen Welt gesammelt worden waren, den globalen Temperaturverlauf seit dem späten 19. Jahrhundert zu rekonstruieren. Es waren die ersten zuverlässigen »Fieberkurven« der Erde. Und sie deuteten klar nach oben. Seit dem 19. Jahrhundert war es rund ein halbes Grad wärmer geworden. Was die Klimaforscher schon lange befürchtet hatten, war tatsächlich eingetreten.

Diese Kurve zeigt es: Bis 1920 gab es ein paar kleinere Schwankungen, aber keinen Trend. Dann ging es bis etwa 1940 aufwärts: Das ist die Erwärmung, die schon in den dreißiger Jahren aufgefallen war. Allerdings war sie nur gering: In der Mitte des 20. Jahrhunderts war es 0,2 Grad wärmer als zu seinem Anfang. Dann tat sich erst mal lange nichts – die Temperaturen fielen sogar ein wenig. Doch seit etwa 1980 zeigt die Kurve wieder nach oben. Inzwischen ist es schon 0,8 Grad wärmer als zu Beginn des 20. Jahrhunderts.

Trend und Rauschen

Eine langfristige Veränderung in Messdaten nennt man einen »Trend«. Was langfristig bedeutet, hängt dabei von der Fragestellung ab. Es gibt zum Beispiel jedes Jahr auf der Nordhalbkugel einen Erwärmungstrend von Januar bis Juli. Diesem Trend sind zufällige Schwankungen überlagert, die die Wissenschaftler »Rauschen« nennen – in unserem Beispiel ist das Rauschen einfach Wetter. So kann es Anfang April noch einmal eiskalt sein, obwohl es im März schon warm war – das ändert nichts an dem Trend, dass es zum Sommer hin wärmer wird. Genauso ändern einige kühlere Jahre nichts an dem über Jahrzehnte ablaufenden globalen Erwärmungstrend.

Das also war das Ergebnis der Messungen einer Heerschar von Freiwilligen, die auf der ganzen Welt mehrmals am Tag hinausgehen, um zu festen Uhrzeiten die Temperaturen zu messen. Und das geht nicht ohne aufwendige Organisation: Diese Freiwilligen müssen ausgebildet werden, die gemessenen Daten von den Wetterdiensten gesammelt und aufgehoben werden, sie müssen auf Fehler geprüft und untereinander ausgetauscht werden. Natürlich hat man diese unzähligen Messungen nicht gemacht, um zu sehen, ob sich das Klima ändert – diese Daten wurden zu einem ganz anderen Zweck gesammelt, nämlich zur Wettervorhersage.

Das Problem mit den städtischen Wärmeinseln hat man übrigens lösen können, indem man Wetterstationen in Städten mit benachbarten Stationen auf dem Land verglichen hat. Verdächtige Stationen werden einfach ausgeschlossen. Seit 1979 gibt es überdies Satellitenmessungen, und sie bestätigen den Erwärmungstrend.

Inzwischen ist die Erwärmung zudem derart deutlich spür- und sichtbar, dass wir selbst ohne die Messungen der Wetterstationen keinen Zweifel daran hätten. So schrumpfen fast überall auf der Welt die Gletscher in den Gebirgen dramatisch. Das hat ja auch den »Ötzi« ans Tageslicht befördert, der über 5000 Jahre im Eis eingeschlossen war. In den Alpen ist im Lauf der letzten hundert Jahre schon die Hälfte der Gletschermasse verschwunden! Auch treiben die Pflanzen im Frühjahr heute ein bis zwei Wochen früher aus als noch vor dreißig Jahren, und die Zugvögel treffen eher ein.

Messbar ist die Erwärmung überdies in den Weltmeeren. Und wenn Außerirdische die Erde aus den Tiefen des Weltalls beobachten sollten, wüssten sie ebenfalls Bescheid. Sie könnten durch ihre Teleskope beobachten, wie die Eisdecke auf unserem Nordpolarmeer kleiner und kleiner wird.

Schwindendes Eis

Die sommerliche Eisdecke auf dem Nordpolarmeer hat sich in den letzten dreißig Jahren fast halbiert. Zugleich wird das verbleibende Eis dünner. All das geschieht schneller als in den Modellrechnungen vorhergesagt. Manche Forscher befürchten, dass schon in weniger als zwanzig Jahren das Polarmeer im Sommer weitgehend eisfrei sein könnte. In der Antarktis sieht man dagegen bislang keine auffällige Veränderung der Meereisdecke; die physikalischen Verhältnisse sind dort anders.

Ist der Mensch wirklich schuld?

Es wird wärmer, das ist klar. Aber ist wirklich der Mensch schuld, oder könnte es nicht doch einen anderen Grund geben? Manchmal liest man in der Zeitung doch etwas von »natürlichen Zyklen« oder vom Einfluss der Sonne?

Sehr viele Gründe kommen für eine Erwärmung gar nicht infrage, denn die Energiebilanz unseres Planeten ist ja recht einfach: Sonnenwärme trifft auf die Erde, ein Teil der Sonnenwärme wird zurückgespiegelt, und außerdem strahlt die Erde selbst Wärme ab. Einer dieser drei Faktoren muss sich geändert haben – eine andere Erklärung für die Erwärmung kann es nicht geben.

Moment, gibt es nicht eine Möglichkeit Nummer vier: dass im Ozean gespeicherte Wärme an die Luft abgegeben wurde? Nein, die scheidet aus, und zwar weil die Wärmemenge im Ozean zugenommen, nicht abgenommen hat – das zeigen die Temperaturmessungen aus den Weltmeeren. Nicht nur an der Oberfläche, sondern bis in große Tiefen hinein hat das Meerwasser sich erwärmt. Und einen anderen großen Wärmespeicher außer dem Ozean gibt es nicht.

Also zurück zu den drei Möglichkeiten, die Strahlungsbilanz zu verändern. Kommt heute vielleicht mehr Sonnenstrahlung bei uns an als früher? Schwankungen der Sonnenaktivität haben in der Erdgeschichte immer wieder das Klima verändert, das stimmt. Zum Beispiel in der Periode des Maunder-Minimums in den Jahren 1650 bis 1700. Damals strahlte die Sonne wahrscheinlich besonders schwach. Zumindest schließt man das aus Aufzeichnungen über die Sonnenflecken, die kurz nach der Erfindung des Fernrohrs im Jahr 1609 entdeckt worden waren.

Zur Zeit des Maunder-Minimums gab es auf einmal keine Flecken auf der Sonne mehr – und aus Messungen in den letzten Jahrzehnten wissen wir, dass die Sonne umso heller strahlt, je mehr Flecken sie hat, weil es dann zugleich mehr sogenannte Fackeln, ganz besonders helle und heiße Bereiche in der Sonne, gibt. Zur Zeit des Maunder-Minimums war das Klima der Erde daher kälter als sonst. Allerdings betrug die Abkühlung nur einige Zehntel Grad, und die Sonne strahlte auch nur den Bruchteil eines Prozents schwächer.

Doch egal wie stark die Schwankungen in der Vergangenheit gewesen sein mögen, eines wissen wir sicher, weil es ständig gemessen wird: Die Sonnenstrahlung hat in den letzten fünfzig Jahren nicht zugenommen. Davor, bis etwa 1950, wurde die Sonne allerdings etwas heller, und das kann einen Teil der Erwärmung in der ersten Hälfte des vergangenen Jahrhunderts erklären. In den letzten zwanzig Jahren wurde die Sonne aber sogar wieder schwächer, wie unter anderem Satellitenmessungen zeigen. Derzeit ist sie so schwach wie nie zuvor, seit man in den 1970er Jahren mit Satellitenmessungen begonnen hat. Wenn die Sonne überhaupt eine Klimaänderung während der letzten Jahrzehnte bewirkt hat, dann eine leichte Abkühlung. Die ist aber zu schwach, um die globale Erwärmung spürbar gebremst zu haben.

Flecken auf der Sonne

Sonnenflecken sind kühle, dunkle Flecken auf der Sonne – in der Mitte eines Flecks ist die Sonnenoberfläche nur 4000 Grad Celsius heiß statt knapp 6000 Grad Celsius wie sonst. Die Zahl der Sonnenflecken schwankt in einem Rhythmus von ungefähr elf Jahren, dem Schwabe-Zyklus.

Wie steht es mit der zweiten Möglichkeit: Ist die Erdoberfläche vielleicht dunkler geworden, oder hat die Wolkenbedeckung abgenommen, sodass wir einfach weniger Sonnenwärme zurückspiegeln? Eine Idee ist, dass vielleicht Strahlung aus dem Weltall die Bewölkung verändert haben könnte. Allerdings konnten bislang keine Belege für diese Außenseiterthese gefunden werden. Wichtiger ist, dass schon seit 1953 die Menge an kosmischen Strahlen, die auf der Erde ankommt, dauernd gemessen wird. Sie hat sich wenig verändert, kann also auch keine Veränderung der Wolkendecke verursacht haben. Tatsächlich schwankt die Menge an kosmischer

Strahlung vor allem im Einklang mit dem elfjährigen Sonnenzyklus auf und ab, aber das macht sich kaum im Klima bemerkbar – es ist nicht alle elf Jahre besonders warm.

Der Mensch nimmt dagegen selbst Einfluss darauf, wie viele der Sonnenstrahlen zurückgespiegelt werden, und zwar durch Schmutz in der Luft: die braune Dunstglocke, die man manchmal über Städten mit vielen Abgasen aus Autos und Schornsteinen sieht. Dieser sogenannte Smog kühlt jedoch das Klima, weil weniger Strahlung die Erdoberfläche erreicht. Smog ist daher auch die Erklärung dafür, wieso es von 1940 bis 1975 zeitweilig nicht wärmer, sondern sogar leicht kühler wurde, besonders auf der Nordhalbkugel. Denn in dieser

Zeit nahm der Smog stark zu, besonders auf der Nordhalbkugel – wo es viel mehr menschliche Ansiedlungen gibt –, und wirkte der Erwärmung durch die Treibhausgase entgegen. Später hat man den Smog durch Filter auf den Schornsteinen bekämpft, weil er der Gesundheit schadet.

Die Helligkeit der Erdoberfläche verändert sich auch: Eisflächen, die Sonnenstrahlen reflektieren, schrumpfen, vor allem in der Arktis, und dadurch wird mehr Sonnenwärme aufgenommen. Das kann allerdings nicht die Ursache der globalen Erwärmung sein, weil das Schmelzen des Eises ja bereits eine Folge der Erwärmung ist. Eine folgenreiche Folge dazu: Denn je mehr Eis schmilzt, desto mehr Sonnenwärme wird aufgenommen, und die wiederum lässt das verbliebene Eis noch schneller schmelzen. Das Schrumpfen des Eises wirkt also wie ein Verstärker und Beschleuniger der Erwärmung.

Der Erdsimulator

Japan hat im Jahr 2002 extra für Klimasimulationen einen riesigen Supercomputer installiert, der bis 2004 der schnellste Rechner der Welt blieb. Damit konnte man das Klima für die ganze Erde mit einer Maschenweite von 10 x 10 Kilometern simulieren. Die Europäische Union plant derzeit im Projekt Destination Earth bis zum Jahr 2030 einen „digitalen Zwilling“, also ein Computermodell der Erde, mit einer Auflösung von 1 x 1 km zu erschaffen.

Bleibt also nur Erklärung Nummer drei übrig: Die Abstrahlung von Wärme von der Erde ins All muss sich verändert haben. Und wir wissen ja seit Jahrzehnten, dass sie das tatsächlich tut. Wir wissen aus den Messungen des hartnäckigen Keeling und anderer Forscher, in welcher Weise sich die Menge an Kohlendioxid und anderen Treibhausgasen verändert. Wir wissen, dass wir es sind, die diese Gase in die Luft blasen. Wir verstehen, wie sich das auf den Strahlungshaushalt unserer Erde auswirkt. Diese Strahlung wird sowohl am Boden von zahlreichen Strahlungsmessstationen als auch im All von Satelliten gemessen.

Wir können uns die Situation in etwa so vorstellen, als würde man den Herd unter einem Topf Wasser anstellen, woraufhin das Wasser immer wärmer wird. Wir verstehen, wo die Wärme herkommt und wie das funktioniert. Die Herdwärme reicht genau aus, um die beobachtete Erwärmung des Wassers zu erklären. Irgendeinen anderen Grund, wieso das Wasser wärmer werden sollte, gibt es nicht. Wer würde da zweifeln, dass es am Herd liegt, dass das Wasser sich aufheizt?

Deswegen sind die Klimaforscher sich längst sicher und einig, dass wir Menschen die globale Erwärmung verursachen. Und dass nur wir Menschen sie stoppen können, wenn wir das wollen. Vielen scheint es aber sehr schwerzufallen, das zu glauben – viel schwerer als die Sache mit dem Herd. Vielleicht weil es gefühlsmäßig nicht einfach zu begreifen ist, dass wir Winzlinge etwas so Riesiges wie das Klimasystem der Erde verändern können. Die Physiker sind da etwas anders: Wir sind es gewohnt, uns lieber auf Energiebilanzen zu verlassen als auf unser Gefühl.

Vielleicht verschließen auch viele Menschen die Augen vor dieser Erkenntnis, weil sie ihnen Angst oder ein schlechtes Gewissen macht. Weil sie ja selbst zu dem Problem mit beitragen. Aber es hilft nicht, den Kopf in den Sand zu stecken. Das Einzige, was hilft, ist, dem Problem nüchtern in die Augen zu blicken und eine Lösung zu suchen.

Dabei ist es eigentlich ein Glück, dass wir es sind, die das Klima aufheizen. Denn es bedeutet ja, dass wir die Erwärmung auch aufhalten können. Läge die Erwärmung stattdessen an der Sonne, könnten wir gar nichts dagegen tun und wären ihr hilflos ausgeliefert. *Das* wäre wirklich eine schlechte Nachricht!

Der Eingriff des Menschen in das Erdsystem ist inzwischen so tief und umfassend, dass immer mehr Forscher davon ausgehen, dass ein neues geologisches Zeitalter begonnen hat. Das Holozän, wie die nach dem Ende der letzten Eiszeit einsetzende wärmere Zeit genannt wird, ist demnach vorbei, und wir leben seither im Anthropozän, das heißt in der »Menschzeit«.

Kapitel 7

Die nächsten hundert Jahre

Nachricht an Planet Erde: Sie haben ein Problem! Aber wie schlimm ist das Problem? Was bedeutet ein wärmeres Klima wirklich – Badefreuden auf Spitzbergen oder Flutkatastrophen an Küsten und Flüssen? Und können wir den Klimawandel noch stoppen? Wenn wir das schaffen wollen, wie könnte unser Leben im Jahr 2050 aussehen?

Der Mensch heizt also das Klima auf. Na und? Ist das so schlimm? Wir verbringen einfach mehr Zeit am Badesee! Und wozu müssen wir noch an das Mittelmeer fahren, wenn die Strände an Nord- und Ostsee mit lauschigen Temperaturen locken?

Doch im Ernst – ein etwas wärmeres Klima klingt für uns in Mitteleuropa zunächst ganz angenehm. Um die Folgen einzuschätzen, müssen wir jedoch über drei Dinge nachdenken. Erstens – wie viel wärmer wird es überhaupt? Denn mit Wärme ist es wie mit vielen Dingen im Leben: Auf die Menge kommt es an. Eine Prise Salz verbessert die Suppe, drei Esslöffel Salz sind weniger toll. Zweitens müssen wir daran denken, dass es nicht einfach um wärmere Temperaturen geht, sondern um Niederschläge, Winde, die Höhe des Meeresspiegels und vieles mehr. Und drittens geht es natürlich nicht nur um uns – wir müssen die Auswirkungen auf die ganze Welt bedenken, auf Kalkutta und Paris, auf Regenwald und Eismeer.

Unser Klima: ein Sensibelchen?

Fangen wir mit der ersten Frage an. Wie stark wir das Klima aufheizen, hängt von zwei Dingen ab: davon, wie viel Treibhausgase wir ausstoßen, und davon, wie sensibel das Klima darauf reagiert. Das Erste können Klimaforscher nicht vorhersagen. Das können höchstens Wirtschaftsexperten abschätzen – vor allem aber steht die Menge noch gar nicht fest, sondern hängt von uns ab. Wir können uns entscheiden, mehr oder weniger Auto zu fahren, auf Windstrom statt auf Kohlekraftwerke zu setzen oder Energiesparbirnen statt Glühlampen zu verwenden. Darauf will ich aber später noch einmal zurückkommen.

Das Zweite, die Auswirkungen auf das Klima als Ganzes, ist allerdings Sache der Klimaforscher. Wie empfindlich das Klimasystem der Erde auf eine Störung – zum Beispiel eine Änderung der Sonnenaktivität oder eine Erhöhung der Treibhausgasmenge – reagiert, beschreiben wir mit einer Zahl. Diese Zahl nennen wir »Klimasensitivität«, und sie zeigt uns, wie groß die globale Erwärmung ist, die sich nach einer gewissen Zeit ergeben würde, wenn man die CO_2-Menge in der Luft verdoppelt.

Wir erinnern uns: Diesen Wert hatte Svante Arrhenius im Jahr 1896 erstmals ausgerechnet, und er kam auf 4 bis 6 Grad Celsius. Heute wissen wir, dass der Wert eher bei 3 Grad Celsius liegt. Der letzte (sechste) Bericht des Weltklimarats IPCC sagt, dass der Wert zwischen 2,5 und 4 Grad Celsius liegt. Genauer weiß man es leider nicht, denn direkt messen kann man die Klimasensitivität nicht. Dazu müsste man ja ein Experiment mit der ganzen Erde machen!

Okay, zugegeben: Wir machen dieses Experiment gerade, denn wir sind auf dem besten Wege, die CO_2-Konzentration zu verdoppeln. Aber wir würden lieber schon vorher wissen, was herauskommt, um zu entscheiden, ob wir es wirklich so weit kommen lassen wollen.

Wir können das Experiment auch auf der Modellerde im Computer machen, mit der wir schon das Kommen und Gehen der Eiszeiten simuliert haben. Man kann das für viele verschiedene Klimamodelle tun und unzählige Varianten durchspielen, um einen Eindruck der Unsicherheiten zu bekommen, die zum Beispiel daher stammen, dass man nicht so genau weiß, wie die Wolken sich verändern werden.

Oder wir können einen Blick in die Erdgeschichte werfen: Wie sensibel hat das Klima eigentlich früher auf Änderungen der Kohlendioxidkonzentration oder

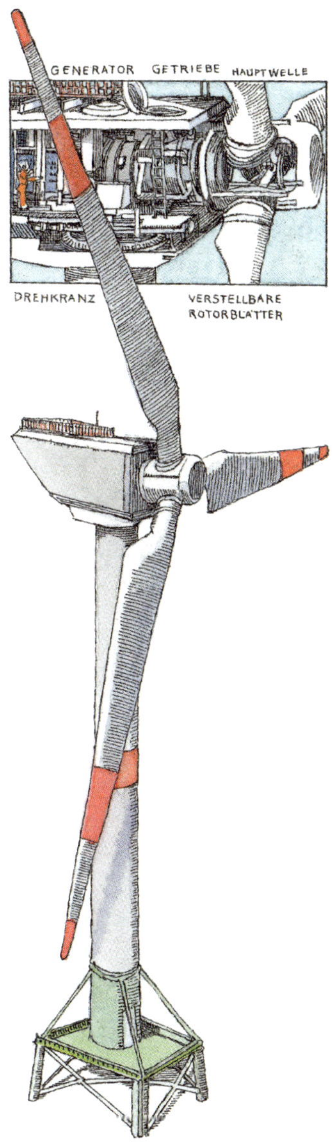

auf andere Störungen reagiert? Solche Studien sind für verschiedene Epochen der Erdgeschichte gemacht worden. Die Eiszeiten und andere starke Klimaänderungen, etwa auch Hitzeperioden wie die Kreidezeit vor rund 100 Millionen Jahren, deuten auf ein empfindliches Klimasystem hin. Nichts hindert offenbar das Klima der Erde daran, entweder viel kälter oder viel wärmer zu werden, wenn ihre Wärmebilanz sich verändert. Analysiert man das genauer mit Zahlen, kann man daraus die sogenannte Klimasensitivität abschätzen.

Viele unterschiedliche Studien haben das getan, und sie kommen immer zu ähnlichen Ergebnissen: Die Klimasensitivität liegt um die 3 Grad Celsius. Vielleicht ein Grad mehr, vielleicht ein Grad weniger.

Klimasensitivität aus Eiszeitdaten

Weil in der letzten Eiszeit die CO_2-Menge in der Luft geringer war, kann man Daten über die damaligen Temperaturen nutzen, um die Klimasensitivität zu bestimmen. Das geht, obwohl die geringere Menge CO_2 nicht die Ursache der Eiszeit war, sondern sie nur verstärkte. Unsere Arbeitsgruppe hat dazu über tausend Modellvarianten durchgerechnet und genau mit Eiszeitdaten verglichen. Wir konnten so schon im Jahr 2006 zeigen, dass die Klimasensitivität nicht wesentlich größer als 4 Grad Celsius sein kann – sonst hätte es in der Eiszeit noch viel kälter sein müssen, als es tatsächlich war.

Mit diesem Wissen kann man leicht ausrechnen, wie stark die globale Temperatur steigen wird, wenn wir die Treibhausgase in der Atmosphäre um eine bestimmte Menge erhöhen. Eines muss man dabei noch einkalkulieren, wenn man die Erwärmung in einem bestimmten Jahr wissen will: nämlich wie rasch das Klimasystem reagiert. Die Meere speichern so viel Wärme, dass sie die Erwärmung verlangsamen. Die Temperaturen ändern sich nicht schlagartig, sondern sie brauchen einige Jahrzehnte, bis das volle Ausmaß erreicht ist. Weil die Wärmespeicherung im Meerwasser aus Messungen bekannt ist, kann man das aber gut mit einrechnen.

Nimmt man also eine Klimasensitivität von 3 Grad Celsius an, dann zeigt sich in der Berechnung: Wir Menschen sollten eigentlich bislang eine globale Erwärmung von 1,1 bis 1,3 Grad Celsius verursacht haben. Das entspricht ziemlich genau der Erwärmung, die auch tatsächlich beobachtet wird. Daher im letzten Kapitel der Vergleich mit dem Wassertopf auf dem Herd: Wir wissen, wie viel Wärme wir dem Klimasystem zuführen, und das passt genau zur beobachteten Erwärmung.

Was bringt die Zukunft?

Wenn man jetzt noch wüsste, wie viel Treibhausgase (außer Kohlendioxid gehören dazu noch Lachgas, Methan und einige andere) wir künftig ausstoßen werden, dann könnte man leicht ausrechnen, wie viel wärmer es in Zukunft wird.

Aber natürlich wissen wir das noch nicht. Also rechnet man einfach eine ganze Reihe von Möglichkeiten durch. Man nennt sie »Szenarien«. Das ist so ähnlich, als würden wir einen Architekten fragen, was ein neues Haus kosten wird. Der Architekt kennt sich mit den Baukosten gut aus, aber er weiß noch nicht so genau, was wir haben wollen, und wir wissen das auch noch nicht. Also rechnet der Architekt uns mehrere Varianten vor. Zum Beispiel eine Luxusvariante mit Marmorböden und goldenen Wasserhähnen – dann kostet das Haus etwa eine Million. Und eine Billigvariante mit Linoleumböden und Armaturen aus dem Baumarkt, dann kostet es nur die Hälfte. Wir können dann entscheiden, welche Variante wir uns leisten wollen. Genauso wird die Menschheit entscheiden müssen, welches Ausstoßszenario sie sich künftig leisten will.

Wie also sehen unsere Wahlmöglichkeiten aus? Wenn wir weiterhin große Mengen an Treibhausgasen ausstoßen, dann landen wir in hundert Jahren bei einer globalen Erwärmung von 4 bis 5 Grad Celsius (gerechnet seit Beginn der Erwärmung im 19. Jahrhundert). Machen wir weiter so mit halbherzigem Klimaschutz, landen wir um die 3 Grad Celsius – immer noch mit katastrophalen Folgen. Wenn wir die Klimakrise endlich wie eine ernste Krise behandeln und den Ausstoß von Treibhausgasen rasch herunter fahren, können wir die Erwärmung noch zwischen 1,5 und 2 Grad stoppen. Diese Zahlen enthalten eine Ungenauigkeit (vor allem

Treibhausgase

CO_2 ist nicht das einzige Treibhausgas, das der Mensch in der Luft anreichert. Methan und Stickoxide aus der Landwirtschaft sowie einige andere Gase tragen ebenfalls zur Erwärmung bei. Dazu gehören auch die Fluorkohlenwasserstoffe (FCKW), die überdies das Ozonloch verursachen. Rund 60 Prozent der Erwärmung gehen auf das Konto von CO_2, 40 Prozent auf das anderer Gase.

wegen der Unsicherheit in der Klimasensitivität), genau wie die Kostenschätzung eines Architekten. Das sind globale Durchschnittswerte, über Landgebieten wie Deutschland ist es oft eher das Doppelte..

Zum Vergleich: Auf dem Höhepunkt der letzten Eiszeit, vor 20 000 Jahren, war die globale Temperatur nur etwa 5 bis 7 Grad Celsius kälter als heute. Und unser Planet sah vollkommen anders aus: Riesige Eispanzer auf den Kontinenten reichten zum Beispiel bis dorthin, wo heute Berlin und New York liegen.

Entwarnung!

Immer noch gibt es viele Menschen, die nicht glauben wollen, dass die Gase aus unseren Auspuffen und Schornsteinen das Klima tatsächlich so stark aufheizen werden. Könnten sie recht haben? Was müsste man herausfinden, damit eines schönen Morgens alle Zeitungen mit der Schlagzeile aufmachen:

»ENTWARNUNG!! Klimakatastrophe fällt aus!«

Man muss es sich vorstellen: Die Menschen feiern die Nachricht mit großen Autokorsos und richten CO_2-Partys aus, bei denen sie alle Lichter im ganzen Haus anmachen und bei offenen Fenstern die Heizung voll aufdrehen. Das Fernsehen bringt Sondersendungen, in denen Klimaforscher mit bedröppelten Gesichtern zu erklären versuchen, wieso sie sich jahrzehntelang so irren konnten.

Doch damit wir Entwarnung geben können, gibt es nur zwei logische Möglichkeiten: Entweder unsere Abgase erhöhen die Treibhausgasmenge in der Luft viel weniger als gedacht, oder aber diese Treibhausgase heizen das Klima viel weniger als gedacht. Das heißt, die Klimasensitivität liegt nicht um die 3 Grad, sondern ist viel kleiner.

Die erste Möglichkeit können wir ausschließen, das haben wir ja schon im vorigen Kapitel gesehen. Wir sind einfach sicher, dass die CO_2-Menge in der Luft weiter steigen wird, wenn wir weiter CO_2 aus allen Schloten und Auspuffrohren pusten. Wo sollte das Kohlendioxid sonst auch hin? Meere und Wälder werden nicht plötzlich einen größeren Teil aufnehmen als bisher – eher im Gegenteil. Der Anstieg wird sich auch nicht verlangsamen, es sei denn, wir blasen weniger Treibhausgase in die Atmosphäre.

Bleibt also nur die zweite Möglichkeit: Die Klimasensitivität ist viel kleiner als bislang gedacht. Dazu müssten alle Klimamodelle grundlegend falsch sein. Das ist immerhin möglich. Wir könnten die bekannten Verstärkungs- oder Abschwächungseffekte durch Schnee und Eis, durch Wasserdampf und Wolken einfach ganz falsch eingeschätzt haben. Leider ist das aber sehr unwahrscheinlich, denn die Berechnungen dazu beruhen stark auf Messdaten. Wir können ja messen, wie sich Wolken, Wasserdampfgehalt oder die Schneedecke verändern, wenn es wärmer wird. Das passiert ja jedes Frühjahr, und die Modelle müssen auch den Gang der Jahreszeiten überall auf der Welt gut wiedergeben. Oder aber wir haben irgendeinen Rückkopplungseffekt schlicht vergessen – irgendein unbekanntes Phänomen, das Klimaänderungen stark abschwächt. Vielleicht entstehen ab einer bestimmten Erwärmung einfach so viele zusätzliche Wolken, dass eine weitere Erwärmung dadurch verhindert wird?

Der Grund, weshalb ich das praktisch ausschließen würde, ist die Erdgeschichte. Wir haben in Kapitel 5 (und auch in Kapitel 2 – wer erinnert sich noch an die Geschichte vom Schneeball Erde?) gesehen, wie stark das Klima in der Vergangenheit geschwankt hat. Es gab Eiszeiten und Heißzeiten, zum Beispiel als die Dinosaurier sogar in der Arktis lebten. In der Klimageschichte, soweit sie bekannt ist, war es meistens viel wärmer als heute: Meist gab es gar kein Eis auf der Erde. Das spricht nicht gerade dafür, dass das Klimasystem noch irgendeinen Trick auf Lager hat, der eine Erwärmung verhindern würde. Im Gegenteil: In unseren Klimamodellen (mit denen außer der Zukunft auch vergangene Zeiten durchgerechnet werden) sind frühere Heißzeiten der Erdgeschichte eher noch zu kühl, vor allem in den Polargebieten.

Nehmen Wetterextreme zu?

Der letzte Weltklimabericht aus dem Jahr 2021 kam zu dem Schluss, dass Hitzewellen weltweit zugenommen haben, und Starkregen und Dürren ebenfalls in vielen Weltregionen zugenommen und praktisch nirgends abgenommen haben. Tropische Wirbelstürme sind stärker geworden und bringen mehr Regen. von Eine weitere Zunahme von Extremwetter wird für die Zukunft erwartet.

Wenn die Modelle vergangene Erwärmungen unterschätzen, könnte es vielleicht sein, dass wir die künftige Erwärmung ebenfalls unterschätzen? Die Eisdecke in der Arktis schrumpft in den letzten Jahrzehnten schneller als in allen Modellen vorhergesagt. Auch das ist nicht gerade ein Zeichen dafür, dass die Erwärmung harmloser ausfallen wird als erwartet.

Viele Zweifel an den Prognosen der Klimaforscher sind eine Folge von unlogischem Denken. Oft hört man etwa: »Das Klima hat sich schon immer geändert« – als spräche das *dagegen*, dass unsere Treibhausgase es aufheizen werden. Doch sprechen die starken Klimaänderungen der Vergangenheit für eine niedrige oder eine hohe Klimasensitivität? Oder die Leute sagen, dass einige frühere Klimaschwankungen mit der Sonnenaktivität zusammenhingen. Das stimmt. Aber spricht es für eine niedrige Klimasensitivität? Nein, natürlich nicht.

Häufig wird auch Wetter mit Klima verwechselt – ein paar kühlere Jahre sind in den Augen der Zweifler dann der Grund, die Wirkung des Kohlendioxids infrage zu stellen. Dabei sind die zufälligen Wetterschwankungen so groß, dass sie über mehrere Jahre hinweg die langfristige Erwärmung überdecken können. Es würde ja auch niemand nach zwei kalten Wochen im April in Zweifel ziehen, dass der Frühling kommen wird!

Im Internet verbreiten sich solche Argumente allerdings wie ein Lauffeuer, und auf manchen Webseiten wird die globale Erwärmung als ein Horrormärchen dargestellt, das sich Klimaforscher allein aus dem Grund ausgedacht haben, um mehr Forschungsgelder zu bekommen. All diese Argumente gehen aber am entscheidenden Punkt vorbei: Einzig und allein eine niedrige Klimasensitivität wäre ein Grund zur Entwarnung. Denn nur sie würde bedeuten, dass unsere Treibhausgase das Klima weniger aufheizen als gedacht. Ich wünschte mir, es gäbe tatsächlich ernsthafte Hinweise darauf. Aber ich kenne leider keinen. Die Hoffnung, dass wir Klimaforscher uns in diesem Punkt alle geirrt haben könnten, ist leider verschwindend gering.

Badefreuden oder Flutkatastrophen?

Es wird also wärmer – aber welche Auswirkungen hat das? Eine längere Badesaison an Nord- und Ostseestränden gehört bestimmt dazu, aber es gibt noch eine Menge andere Dinge zu bedenken.

Die Temperaturen steigen nicht überall gleich stark an. An Land steigen sie meist stärker an als über dem Ozean, der die Erwärmung dämpft. Und die Polargebiete und Gebirge, wo es aufgrund der Erwärmung weniger Schnee und Eis gibt, heizen sich besonders stark auf – denn ohne Schnee und Eis wird auch weniger Sonnenenergie ins All zurückgespiegelt. Eine globale Erwärmung von 4 Grad Celsius kann für viele Landgebiete mehr als 6 Grad Celsius bedeuten, und in der Arktis oder dem Himalaja sogar über 10 Grad Celsius.

Doch kein Mensch spürt direkt die Jahresmitteltemperatur, und problematisch sind vor allem die Extreme. Die Hitzewelle in Europa im Sommer 2003 war für viele schön – jeden Tag nach der Arbeit bin ich in einen nahegelegenen See gesprungen. Für viele war diese Hitze aber auch tödlich. Mehr als 35 000 Menschen kamen um, die Hälfte davon in Frankreich, wo es am heißesten war. Der »Jahrhundertsommer«, wie er in den Medien oft genannt wurde, war tatsächlich die größte Naturkatastrophe seit Jahrhunderten in Europa. Wenn wir die weitere Erwärmung nicht abbremsen, wird allerdings schon in den 2040er Jahren ein so heißer Sommer ganz normal sein und jeder zweite wird noch heißer sein. Und in den 2060ern dürfte fast jeder Sommer heißer sein als der Hitzesommer 2003. Gewiss werden nicht mehr so viele Menschen an der Hitze sterben, weil wir hoffentlich besser darauf vorbereitet sein werden, aber angenehm wird die Hitze trotzdem nicht gerade.

Abgesehen von den Temperaturen geht es vor allem ums Wasser – zu viel oder zu wenig davon ist beides nicht gut. Für große Teile Europas sagen die Berechnungen der Klimamodelle voraus, dass es durch die globale Erwärmung in Skandinavien immer feuchter werden wird, um das Mittelmeer herum dagegen immer trockener. Die Messdaten zeigen, dass das nicht nur Theorie ist: Es passiert längst. Der Mittelmeerraum trocknet seit Jahrzehnten aus. Eine Folge davon können wir jeden Sommer im Fernsehen betrachten: Waldbrände in Portugal, Spanien, Italien oder Griechenland. Bäume in Flammen. Riesige Rauchfahnen, die auf Satellitenfotos gut zu erkennen sind. Bei Temperaturen um 40 Grad Celsius und starken Winden, die das Feuer anfachen,

kämpfen die Feuerwehren einen verzweifelten Kampf. Im August 2007 wüteten allein in Griechenland 190 Brände!

Die zunehmende Dürre in vielen Regionen macht vor allem den Bauern große Sorgen. Im Hitzesommer 2003 gab es große Verluste bei den Ernten in Europa, vor allem in Frankreich und Deutschland. Wo es an Wasser fehlt und die Stauseen fast leer sind, da helfen auch Bewässerungsanlagen nicht weiter, und Getreide und Gemüse verdorren. Der Weltklimabericht hat 2007 festgestellt, dass die Landflächen, die unter starker Dürre leiden, sich seit 1970 bereits mehr als verdoppelt haben und dass sie sich bei weiterer Erwärmung noch dramatisch ausbreiten dürften. Solche Dürren treffen natürlich die Menschen in armen Ländern noch viel härter, denn sie können nicht einfach zu Aldi gehen oder den Pizza-Service anrufen, wenn die Ernte in ihrer Region ausfällt. Für sie geht es ums Überleben.

Zu viel Wasser ist kaum besser als zu wenig Wasser. Und beides – Dürre und Überschwemmungen – werden wir im Zuge der Erderwärmung häufiger erleben. Ein Jahr vor dem »Jahrhundertsommer« 2003 hatten wir in Deutschland die »Jahrhundertflut« an der Elbe, nur wenige Jahre nach der »Jahrhundertflut« an der Oder von 1997. Große Landstriche wurden überschwemmt, kleine Zuflüsse zur Elbe wurden zu reißenden Strömen, die Häuser und Straßen zerstörten. Die Altstadt von Dresden stand unter Wasser. Selten habe ich etwas derart Gespenstisches erlebt wie das nächtliche überflutete Dresden. Es gab keinen Strom, alles war völlig finster. Von den Brühlschen Terrassen konnte man hinunterschauen auf den dunkel dahinrauschenden Fluss, aus dem am Ufer gerade noch die Verkehrsschilder und Straßenlaternen ragten. Auf Straßen, die noch nicht zu tief unter Wasser standen, fuhr ab und zu ein Konvoi des Technischen Hilfswerks mit Blaulicht vorbei. Menschen waren kaum zu sehen. Tausende hatten ihre Häuser verlassen müssen.

Jahrhundert …

… sommer und Jahrhundertflut nennen wir Temperatur- und Wasserpegelhöhen, die der Erfahrung nach im Schnitt einmal im Jahrhundert vorkommen. Aufgrund des Klimawandels verändert sich die Häufigkeit vieler Extremereignisse allerdings stark.

Der Elbeflut war ein Rekordregen vorausgegangen: 31,2 Zentimeter fielen an der Wetterstation Zinnwald-Georgenfeld im Erzgebirge innerhalb eines Tages vom Himmel, so viel wie nie zuvor irgendwo in Deutschland gemessen worden war. Ähnliches passierte 2007 in England und Wales: Dort gab es den bei weitem regenreichsten Juni und Juli, seit im Jahr 1766 mit den Aufzeichnungen begonnen worden war. In der Folge standen viele Orte unter Wasser, darunter auch die alte Universitätsstadt Oxford.

Es gibt einen einfachen physikalischen Grund dafür, dass man weltweit eine Zunahme solcher extremen Regenfälle beobachtet: Warme Luft kann mehr Wasser aufnehmen (siehe Seite 107), und so kann auch mehr abregnen, wenn die Wetterlage mit Wasser gesättigte Luftmassen heranführt. Deshalb erwarten die Klimaforscher, dass eine weitere Erwärmung zu noch häufigeren Flutkatastrophen führen wird.

Was passiert, wenn das Eis weg ist?

Schon im letzten Kapitel haben wir darüber gesprochen, dass das Eis auf dem Nordpolarmeer schwindet, und zwar viel schneller als von den Klimaforschern erwartet. Im September 2007 war die Eisfläche nur noch halb so groß wie in den sechziger und siebziger Jahren.

Und das war kein einmaliger Ausreißer. Auch der Langzeittrend über die letzten dreißig Jahre zeigt steil nach unten. Es ist absehbar, dass wir schon in einigen Jahrzehnten Satellitenbilder der Erde auf den Titelseiten der Zeitungen sehen werden, auf denen das Eismeer einfach blau sein wird. Kein Eis mehr.

Na und? Ist das schlimm?

Wenn im Sommer das Eis weg ist, ist damit auch ein riesiger Spiegel weg, der Sonnenenergie in den Weltraum zurückspiegelt. Das verstärkt die globale Erwärmung. Besonders stark heizt es die Arktis auf, womöglich um zehn, zwölf Grad bis Ende des Jahrhunderts. Und damit auch Grönland, wo eine der beiden riesigen kontinentalen Eismassen unserer Erde liegt. Schon gibt es Berichte von spätsommerlichem Dauerregen auf Grönland, wo es normalerweise um die Zeit schneien sollte.

Was passiert mit dem Grönland-Eis, wenn es aufgrund der Erwärmung nass und weich wird? Wird es anfangen, ins Meer abzurutschen? Diese Fragen sind wichtig, aber niemand kann sie mit Sicherheit beantworten. Auf Grönland liegt genug Eis, um den Meeresspiegel auf der ganzen Erde um sieben Meter ansteigen zu lassen. Damit keine Missverständnisse aufkommen: Ich will damit nicht sagen, dass in hundert Jahren das ganze Grönland-Eis weg ist. Aber auch wenn die Erwärmung nur dazu führt, dass das Grönland-Eis lediglich um ein Zehntel schrumpft, bedeutet das schon eine Erhöhung des Meeresspiegels weltweit um 70 Zentimeter.

Und es gibt ja auch noch anderswo große Mengen Eis, die schmelzen können.

Wenn im Sommer das Eis weg ist, verschwindet damit auch der Lebensraum für viele Tiere, die in ihrer Lebensweise an das Eis angepasst sind. Vom Eisbär und seinen Überlebenskünsten im Eis war ja schon die Rede. An Land könnte er kaum überleben, da er dort nicht genug Nahrung findet und zudem gegen die Braunbären, von denen er abstammt, den Kürzeren ziehen würde – fürs Landleben sind diese besser gerüstet.

Zerberstende Eisschelfe

Kontinentaleis, das vom Land auf das Meer hinausgeströmt ist, nennt man Eisschelf. Nicht zu verwechseln mit Eisschild, so heißen die großen Kontinentaleiskappen. Nach und nach zerbersten die Eisschelfe an der Antarktischen Halbinsel in tausend Stücke und verschwinden, so das Larsen-B-Eisschelf im Februar 2002 und das Wilkins-Eisschelf im März 2008.

Heute zieht sich das Meereis im Sommer immer weiter von den Küsten zurück. Im August 2008 hat die Eisdecke im Nordpolarmeer erstmals seit Menschengedenken ganz ihre Verbindung mit den Kontinenten verloren. Die Nordwestpassage nördlich von Kanada und die Nordostpassage nördlich von Sibirien waren beide zum ersten Mal komplett eisfrei. Schlecht für die Eisbären, die es gewohnt sind, vom Land zum Eis vor der Küste hinauszuschwimmen. Einige von ihnen wurden rund 100 Kilometer vor der Küste von Alaska gesichtet. Die Tiere schwammen in Richtung Nordpol – offenbar auf der Suche nach Eis, das aber inzwischen über 500 Kilometer entfernt war. So weit kann kein Eisbär schwimmen. Sie schaffen etwa 100 Kilometer am Stück, und das ist erstaunlich genug! (Wie weit könnt ihr schwimmen?) Diese Eisbären sind wahrscheinlich ertrunken, und wir wissen nicht, wie vielen anderen es schon so gegangen ist und auf wie viele dieses Schicksal in den nächsten Jahrzehnten noch wartet.

Nicht nur das Eis in der Arktis schwindet, sondern auch die Gletscher im Gebirge. Auch das hat Folgen für den Meeresspiegel und für die Wasserversorgung in vielen Weltgegenden. In vielen Flüssen fließt im Sommer ein großer Anteil Gletscherwasser – vor allem natürlich dort, wo es im Sommer wenig Regen gibt. Gletscher sind

tolle Wasserspeicher. Wenn es sie nicht gäbe, müsste man sie glatt erfinden! Denn sie speichern den Schnee, der hauptsächlich im Winter fällt, und geben dafür das ganze Jahr über Wasser ab. Am meisten im Sommer, wenn es auch von den Menschen am dringendsten benötigt wird, etwa um die Felder zu bewässern.

Große Gebiete in Indien, Pakistan und Zentralasien werden so von den Gletschern im Himalaja mit dem Leben spendenden Wasser versorgt. Durch die Klimaerwärmung scheint es zunächst sogar besser zu werden, denn die Flüsse führen durch das Schmelzen der Gletscher noch mehr Wasser, das man auf die Äcker leiten kann. Aber die Gletscher werden immer kleiner, und wenn sie schließlich ganz verschwunden sind, dann wird diese Wasserquelle versiegen.

Große Städte hängen am Eiswasser, so etwa Lima, die Hauptstadt von Peru. Die ganze Küstenregion um Lima, in der die Hälfte der Bevölkerung von Peru siedelt, lebt zu 80 Prozent von Gletscherwasser aus den

Schrumpfende Eisschilde

In einem wärmeren Klima schneit es mehr auf die Eisschilde von Grönland und der Antarktis, denn die Luft ist feuchter. Dadurch bildet sich obendrauf mehr neues Eis. Gleichzeitig schmilzt aber auch mehr an den Rändern. Welcher Effekt ist stärker? Satellitenmessungen zeigen, dass die Eismassen auf Grönland und in der Antarktis in den letzten zwanzig Jahren immer weiter schrumpfen.

Anden, da es in der Küstenebene nur sehr wenig regnet. Doch die Gletscher sind durch die Erwärmung schon um ein Drittel geschrumpft.

Steigt der Meeresspiegel überall?

Während der letzten Eiszeit wurde Land, das unter großen Eismassen lag, in den Erdmantel hineingedrückt. Seit es von der Eislast befreit ist, steigt es wieder auf. In Finnland etwa jährlich um 9 Millimeter. Deshalb scheint der Meeresspiegel an der finnischen Küste zu sinken. Tatsächlich steigt er – nur hebt sich das Land noch schneller!

Liegt Berlin bald am Meer?

Keine Angst – Berlin wird zu euren Lebzeiten nicht am Meer liegen, auch wenn der Meeresspiegel ansteigt. In Deutschland können wir unsere Küsten in den nächsten hundert Jahren ganz gut vor einem steigenden Meeresspiegel schützen. Durch höhere Deiche etwa oder durch regelmäßige Sandvorspülungen, wie sie heute schon auf Sylt gemacht werden, um den in Winterstürmen verlorenen Strand zu ersetzen. Billig ist das allerdings nicht, aber Deutschland ist ein reiches Land. Viele andere Länder werden erheblich größere Probleme mit dem steigenden Meeresspiegel bekommen als wir. Einige kämpfen bereits damit.

Im Durchschnitt steht das Meer heute an den Küsten 20 Zentimeter höher als noch vor 120 Jahren – das zeigen die Messdaten von zahlreichen Hafenpegeln rund um die Welt. Seit 1993 wird der Meeresspiegel außerdem von Satelliten aus ständig exakt vermessen. Diese Satelliten vermelden seither einen Anstieg um mehr als drei Millimeter pro Jahr.

Woher kommt der Anstieg des Meeresspiegels?

Zwischen 1901 und 2018 ist der Meeresspiegel um 20 Zentimeter gestiegen. Dazu haben die Wärmeausdehnung des Meerwassers, das Schmelzen der Gebirgsgletscher und der Eisverlust von den großen Eisschilden auf Grönland und der Antarktis jeweils ein Drittel beigetragen.

Die Klimaforscher sind sich ziemlich sicher, dass dieser Anstieg neu ist und dass er mit der globalen Erwärmung zu tun hat. In den Jahrhunderten davor war der Meeresspiegel stabil. Auf jeden Fall kann er nicht schon länger um knapp 20 Zentimeter pro Jahrhundert ansteigen, denn dann wäre er vor tausend Jahren, im Mittelalter, ja fast zwei Meter niedriger gewesen. Und zur Römerzeit, vor zweitausend Jahren, sogar fast vier Meter. Dann hätten allerdings Bauwerke wie Hafenmauern aus jener Zeit damals trocken gelegen. Und so blöd waren die alten Römer nicht, auch wenn Asterix und Obelix uns das gern glauben machen wollen.

Das Steigen des Meeresspiegels hat zwei einfache Gründe. Erstens wird das Meerwasser durch die globale Erwärmung ebenfalls wärmer, und beim Erwärmen dehnt sich Wasser aus. Und zweitens schmelzen die Gletscher in den Gebirgen und die Eismassen in Grönland und der Antarktis. So fließt zusätzliches Wasser ins Meer. Beide Effekte reichen auch zahlenmäßig aus, um den gemessenen Anstieg zu erklären.

Wärmeausdehnung

Wird eine Flüssigkeit erwärmt, so nimmt sie mehr Raum ein, ihr Volumen wächst. Auch feste Körper wie zum Beispiel Metalle dehnen sich bei steigender Temperatur aus. In der Fachsprache spricht man auch von thermischer Ausdehnung.

Aber wie wird es weitergehen? Bis vor fünfzehn Jahren glaubten die meisten Forscher, dass der Meeresspiegel bis zum Jahr 2100 um deutlich weniger als einen Meter steigen wird. Inzwischen zeigen aber die Studien, dass es auch mehr als ein Meter werden könnte. Über mehrere Jahrhunderte dürften es sogar mehrere Meter werden, wenn wir die globale Erwärmung nicht entschlossen bekämpfen. Denn der Meeresspiegel reagiert nur langsam und mit einem langen Nachlauf. Die große Unbekannte ist das Verhalten der Eismassen. Insgesamt gibt es noch genug Eis auf Land, um den Meeresspiegel weltweit um 65 Meter anzuheben! Auch wenn nur ein kleiner Bruchteil des Eises abschmilzt, wäre das ziemlich schlimm.

Viele Inseln liegen nur knapp über der Meeresoberfläche, und schon wenn das Meer dauerhaft einen halben Meter ansteigt, werden sie unbewohnbar. Ein Beispiel ist die Insel Tuvalu im Pazifik, wo heute bereits regelmäßig das Wasser knietief in den Gärten und auf den Dorfplätzen steht und viele Menschen über das Abwandern nachdenken, weil sie für sich dort keine Zukunft mehr sehen.

Millionen Menschen leben zudem als Bauern auf dem Schwemmland an der Mündung großer Flüsse wie des Ganges oder des Brahmaputra nur knapp über dem Meeresspiegel. Dort gibt es besonders fruchtbaren Boden. Doch wächst mit dem steigenden Meeresspiegel gerade dort auch die Gefahr verheerender Sturmfluten.

Diese Gefahr droht ebenso zahlreichen großen Städten, denn gerade an Küsten haben die Menschen gerne Städte angelegt. Nehmen wir New York: Die dreieinhalb Meter hohe Sturmflut von Hurrican Sandy hat im Jahr 2012 U-Bahn Tunnel in New York geflutet und viele Milliarden Dollar Schäden angerichtet. Sie wäre von Natur aus höchstens einmal in 100 Jahren zu erwarten. Läge der Meeresspiegel einen Meter höher, dann würden solche Schäden schon von einer zweieinhalb Meter hohen Sturmflut angerichtet. Und die gibt es etwa alle drei Jahre. Einmal im Jahrhundert kann man solche Flutschäden verkraften und alles wieder reparieren, alle drei Jahre dagegen wohl kaum. Daher wird in New York schon über Sturmflutsperren nachgedacht, die geschlossen werden können, wenn ein Sturm droht. Allerdings könnte man damit nur einen Teil der Stadt schützen.

Wir werden wohl oder übel eine Entscheidung treffen müssen: Entweder stoppen wir möglichst rasch die globale Erwärmung, oder aber wir verdammen eine ganze Reihe von Inseln und Küstenstädten zu einem langsamen Untergang im Laufe der nächsten Jahrhunderte.

Kommen Monsterstürme?

Die gewaltige Zerstörungskraft der tropischen Wirbelstürme haben wir im ersten Kapitel kennengelernt. Gerade in den letzten Jahren haben einige besonders heftige Stürme gewütet. Im Jahr 2004 trafen zum ersten Mal in der Geschichte zehn Taifune die Küste Japans (der bisherige Rekord war sechs), und erstmals erreichten drei Hurrikane die Küsten von Florida. Und ebenfalls zum ersten Mal gab es einen Hurrikan im Südatlantik, wo es normalerweise gar keine gibt. Dieser Sturm entstand vor der Küste Brasiliens – und zwar genau dort, wo britische Klimaforscher zuvor vorhergesagt hatten, dass durch die globale Erwärmung künftig Hurrikane entstehen würden.

Im Jahr 2005 dann verwüstete der Hurrikan *Katrina* die Stadt New Orleans – der teuerste Hurrikan in der Geschichte der USA. Doch er war nur ein Sturm unter vielen in einem außergewöhnlichen Rekordjahr. Nie zuvor hatte man im Nordatlantik so viele Tropenstürme verzeichnet (28), nie zuvor hatten so viele die volle Hurrikanstärke erreicht (15), und nie hatte es gleich drei der stärksten Kategorie 5 in einem Jahr gegeben. Und noch nie hatte man einen so starken Sturm wie *Wilma* gemessen, in dessen Auge am 19. Oktober der Luftdruck auf nur 882 Millibar fiel. Der Wind in diesem Sturm erreichte Geschwindigkeiten bis zu 295 Stundenkilometern. Damit wäre *Wilma* eigentlich ein Sturm der Kategorie 6 gewesen – wenn die Hurrikanskala nicht aus historischen Gründen bei 5 aufhören würde. Tatsächlich gab es nach *Wilma* Diskussionen, ob man die Skala erweitern sollte.

2005 erreichte außerdem erstmals ein Tropensturm das europäische Festland: Hurrikan *Vince*. Zum Glück hatte er sich schon stark abgeschwächt, als er bei Huelva auf die spanische Südwestküste traf.

In den nächsten Jahren war es zwar im Atlantik wieder ruhiger, nicht allerdings anderswo. Anfang 2006 wurde Australien von drei schweren Tropenstürmen heimgesucht – nie zuvor hatte man in einer Saison Derartiges erlebt. Im Zentralpazifik gab es 2006 den stärksten dort je verzeichneten Sturm, *Ioke*. Und der

Sturmfluten an der Nordsee

Die deutsche Nordseeküste wurde in den letzten tausend Jahren immer wieder von schrecklichen Sturmfluten heimgesucht, zum Beispiel von der Marcellusflut im Jahr 1219, der Luciaflut im Jahr 1287 und der »Groten Mandränke« am 16. Januar 1362, bei der die sagenumwobene Stadt Rungholt im Meer versank. Dabei ging sehr viel Land verloren: Die heutigen Halligen in der Nordsee waren früher Teil einer Landmasse. Ursache dieser Landverluste ist vor allem das Absinken dieser Küstenzone, vor allem durch Entwässerung und Abbau von Torf. Aber auch der Meeresspiegel ist in den Jahren 1000 bis 1400 etwas angestiegen.

Super-Taifun *Saomai* richtete an der Ostküste Chinas Verwüstungen an.

Im Juni 2007 wütete *Gonu,* der erste je im Persischen Golf verzeichnete Super-Taifun, und löste die schwerste Naturkatastrophe in der Geschichte des Wüstenstaats Oman aus. Im November dann forderte *Sidr,* ein weiterer Sturm der Kategorie 5, in Bangladesh rund 3500 Menschenleben. In diesem Land ist man nach früheren Stürmen inzwischen gut vorbereitet, sonst hätte es noch viel mehr Opfer gegeben. Gar nicht vorbereitet waren dagegen die Menschen im Irrawaddy-Delta in Birma, als sie im Mai 2008 vom Taifun *Nargis* getroffen wurden. Einen so schweren Sturm hat es dort offenbar nie zuvor gegeben. In der Folge waren 140 000 Menschenleben zu beklagen – auch weil die Menschen dort sehr arm sind und die skrupellose Militärregierung des Landes wenig tat, um ihnen nach dem Sturm zu helfen. Es war die schlimmste Naturkatastrophe in der Geschichte Birmas.

Die Reihe extremer Stürme setzte sich 2008 fort, so wurde der kleine Inselstaat Haiti in der Karibik gleich von vier Tropenstürmen innerhalb eines Monats heimgesucht. Ist diese Häufung schlimmer Stürme auf der ganzen Welt mehr als nur Zufall? Forscher sind bei so etwas immer sehr vorsichtig – aus wenigen Jahren würden sie noch keine großen Schlüsse ziehen. Intensiv wurden daher die Daten aus der Vergangenheit durchforstet und auf ihre Zuverlässigkeit abgeklopft. Denn die Beobachtungsmethoden haben sich dank neuer Technik im Lauf der Jahrzehnte verändert.

Für den Atlantik, wo es die besten Daten gibt, war schon bald klar: In den letzten Jahrzehnten hat die Heftigkeit der Tropenstürme dort deutlich zugenommen, und zwar wegen der steigenden Meerestemperaturen. Dies hat dann auch der Weltklimabericht des IPCC im Jahr 2007 festgestellt. Für die anderen Meeresbecken kamen einige Datenanalysen zwar zum gleichen Schluss, aber die Daten waren dem Klimarat nicht sicher genug, um klare Aussagen zu machen. Man »vermute« dort ebenfalls einen Anstieg, formulierten die Autoren daher vorsichtig.

Seither wurden sämtliche Satellitendaten der letzten Jahrzehnte nochmals neu ausgewertet. Das Ergebnis: Weltweit hat sich die Anzahl der Tropenstürme nicht verändert, seit man Satellitenmessungen hat, also seit 1980. Doch die Stürme werden immer stärker, weil es wärmer wird. Bei einem Grad Erwärmung nimmt die Zahl der stärksten Stürme (Kategorien 4 und 5) um knapp ein Drittel zu.

Für Physiker ergeben diese Daten durchaus Sinn. Die Entstehung solcher Stürme ist vor allem Wetter, und da spielt der Zufall eine große Rolle – es gibt keinen einfachen Grund, wieso sich in einem wärmeren Klima häufiger Tropenstürme bilden sollten. Doch wie stark sie dann werden, das hängt von der Energieversorgung dieser Stürme ab, und die Energie kommt aus dem warmen Wasser. Heizen wir die Meere auf, gibt es mehr Energie für Tropenstürme, manche von ihnen sollten also stärker werden. Es könnte natürlich auch komplizierter sein, aber die neuen Datenanalysen stützen diese These.

Die Diskussion darüber wird in Fachkreisen sicher noch lange nicht beendet sein – und das ist auch gut so. Nach dem jetzigen Wissensstand muss man allerdings befürchten, dass Tropenstürme durch die globale Erwärmung noch stärker werden.

Eine weitere Folge der Erwärmung könnte sein, dass Wirbelstürme auch in Gegenden auftreten, wo man sie bisher nicht kannte, etwa im Mittelmeer. So hat im Oktober 1996 ein Wirbelsturm erhebliche Zerstörungen in Palma de Mallorca angerichtet. Seither sind spanische Forscher diesem Phänomen auf der Spur. Auf Satelliten

Klimaexperten

Der Weltklimarat IPCC (Intergovernmental Panel on Climate Change) wurde 1988 von den Vereinten Nationen gegründet. Er gibt alle paar Jahre Berichte zur Situation des Weltklimas heraus. 2007 bekam er den Friedensnobelpreis, denn der Schutz des Klimas hilft auch, Konflikte zwischen Ländern zu vermeiden.

bildern entdeckten sie mehrere Wirbelstürme, darunter einen im Jahr 2005, der einem echten Hurrikan zum Verwechseln ähnlich sah. Bislang sind diese Stürme im Mittelmeer allerdings deutlich schwächer als ihre großen Brüder im Atlantik. Doch das könnte sich ändern: Mit einem Klimamodell des Hamburger Max-Planck-Instituts berechneten die Klimawissenschaftler, dass sich künftig durch die globale Erwärmung auch im Mittelmeer Wirbelstürme von tropischen Ausmaßen bilden könnten.

»Medicanes«

nennen Forscher Wirbelstürme im Mittelmeer, die Hurrikanen in den Tropen ähneln. Das ist eine Wortschöpfung aus »mediterran« (zum Mittelmeer gehörig) und dem englischen »hurricanes«.

Was passiert mit Tieren und Pflanzen?

Für Eisbären ist die globale Erwärmung eine ziemlich traurige Nachricht, das hat sich inzwischen herumgesprochen. Doch wie sieht es mit den anderen Tieren und Pflanzen aus?

Viele Auswirkungen des Klimawandels sind heute schon sichtbar. In Deutschland kommt der Frühling fast zwei Wochen früher als noch vor dreißig Jahren. Gleiches gilt für die Zugvögel, die im Frühjahr die Insel Helgoland besuchen, für den Tag, an dem sich die Blätter der Kastanienbäume öffnen, und auch für den Zeitpunkt, an dem Vögel ihre Eier legen. Ereignisse wie diese werden von Biologen sorgfältig beobachtet. Der Weltklimabericht hat unzählige Datenreihen solcher Beobachtungen ausgewertet (genau genommen waren es 29 000!) Fast alle Veränderungen in der Tier- und Pflanzenwelt sehen so aus, wie man es bei einer Klimaerwärmung erwarten würde. Die Lebensräume verschieben sich zum Beispiel immer weiter nach Norden oder im Gebirge in größere Höhen.

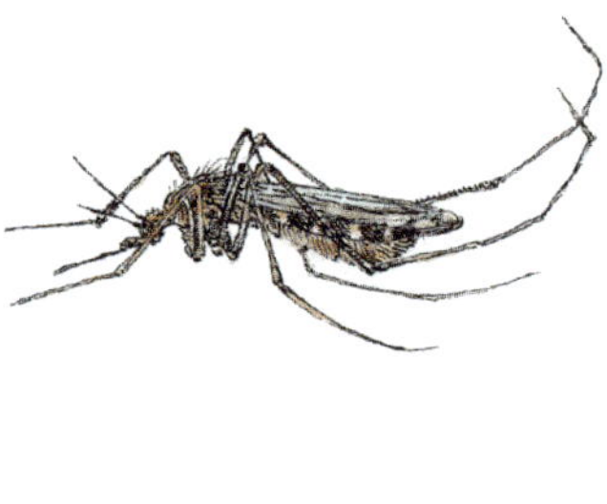

In vielen Fällen ist das kein Nachteil. Allerdings freuen wir uns nicht gerade darüber, dass sich dabei auch unangenehme Zeitgenossen wie etwa Zecken, die gefährliche Krankheitserreger in sich tragen, weiter nach Norden verbreiten. Und es gibt zahlreiche Tiere und Pflanzen, deren Lebensraum durch die Erwärmung schrumpft und die vom Aussterben bedroht werden – wie der Eisbär. Ökosysteme können einen Klimawandel wegstecken, aber nur in gewissen Grenzen. Werden die Grenzen überschritten, können Ökosysteme zusammenbrechen. Wälder können ein Raub der Flammen werden oder Insektenfraß zum Opfer fallen. Tierarten, die Hunderttausende von Jahren auf dieser Erde gelebt haben, verschwinden still und leise. Tiere in Hochgebirgen etwa, die Kälte lieben. Sie ziehen sich derzeit in immer größere Höhen zurück, bis sie den Gipfel erreichen und »in den Himmel kommen«, wie ein Biologe einmal sarkastisch meinte.

Biologen haben aufgrund vieler Studien geschlossen, dass schon bei einer Erwärmung unterhalb von 2 Grad Celsius 10 bis 15 Prozent aller Arten vom Aussterben bedroht wären. Bei einer Erwärmung von über 4 Grad dagegen wird ein großes Massensterben von Arten erwartet. Und schon heute, trotz der noch recht geringen Erwärmung, glauben Forscher bereits die ersten Opfer entdeckt zu haben. Das Aussterben von einer Reihe von tropischen Froscharten, anderen Amphibien und von Schmetterlingen wird zumindest teilweise durch die Klimaerwärmung erklärt. Wie viel wir von solchen Veränderungen in abgelegenen Gegenden überhaupt mitbekommen, ist unklar, die Wissenschaftler sprechen dann von einer »hohen Dunkelziffer«.

Klimawandel in der Erdgeschichte – zum Beispiel die Eiszeiten – hat immer schon heftige Auswirkungen auf das Leben gehabt. Viele Arten konnten in andere Regionen ausweichen oder sich anpassen, andere sind auch früher schon verschwunden.

Aber einiges ist heute ganz anders als bei früheren Klimaänderungen. Der Wandel geschieht viel schneller. Am Ende der Eiszeit erwärmte sich das Klima um 5 Grad in 5000 Jahren. Das ist im Durchschnitt nur ein Zehntel Grad beziehungsweise 0,1 Grad pro Jahrhundert. Nun haben wir 0,7 Grad Erwärmung im letzten Jahrhundert gesehen, und in diesem drohen mehrere Grad Erwärmung. Sie könnte also dreißig- oder fünfzigmal schneller ablaufen als die Erwärmung am Ende der Eiszeit. Und es würde dann extrem warm. Es ist Millionen Jahre her, dass das globale Klima zuletzt drei oder fünf Grad wärmer war als heute. Damals sah die Tier- und Pflanzenwelt völlig anders aus. Die jetzt lebenden Tiere und Pflanzen sind an das Eiszeitalter angepasst, das in den letzten drei Millionen Jahren herrschte (worüber wir einiges in Kapitel 5 erfahren haben).

Und nicht zuletzt nutzt der Mensch heute einen großen Teil der Erde für sich. Es gibt nur noch wenig echte Wildnis. Deswegen können Tiere und Pflanzen, die heute in der verbleibenden Wildnis leben, nicht einfach in Richtung der kühleren Pole wandern. Ackerland, Autobahnen und Städte würden sie aufhalten.

Weizen und Reis im ewigen Eis

Können wir Menschen uns künftig noch ernähren? Wir haben schon angesprochen, dass sich Dürren aufgrund des Klimawandels in einigen Weltgegenden wahrscheinlich ausweiten werden. Anderswo kann die Erwärmung aber die Erträge der Bauern sogar steigern, besonders in den kälteren Regionen. Auch das hängt davon ab, wie stark die Erwärmung ausfällt. Eine begrenzte Erwärmung um zwei Grad könnte die Ernten insgesamt verbessern, wenn man weltweit alles zusammenrechnet.

Aber bei vier Grad oder mehr sind starke Verluste zu erwarten, weil es vielen Pflanzen dann zu warm wird.

Es kommt aber nicht nur darauf an, wie viel die Bauern weltweit zusammengenommen ernten – entscheidend ist vor allem, dass die Nahrungsmittel auch zu den hungrigen Menschen kommen. Leider rechnen die Forscher gerade in ärmeren tropischen Ländern, zum Beispiel in Afrika, mit einem Rückgang der Nahrungsproduktion. Die Menschen dort sind am stärksten von Ernteausfällen wegen Dürren, Überschwemmungen, Stürmen oder Insektenplagen betroffen. Ihnen hilft es wenig, wenn dafür zum Beispiel in Kanada mehr Getreide produziert werden kann, weil sie gar nicht das Geld haben, Nahrungsmittel von weither zu importieren. Dabei können sie am wenigsten für den Klimawandel. Denn weil so viele dort so arm sind, verbrauchen sie wenig Energie und tragen daher fast nichts zum Ausstoß von Treibhausgasen bei.

Auf jeden Fall werden die Bauern sich an Klimabedingungen anpassen müssen, die sich laufend verändern. Man könnte meinen, man könne doch dann einfach bei uns die Getreidesorten anbauen, die früher ein paar hundert Kilometer weiter südlich wuchsen. Ganz so einfach ist es aber nicht. Denn selbst wenn es bei uns so warm ist wie früher sagen wir in Italien, sind doch die Lichtbedingungen völlig anders. Für das Pflanzenwachstum spielt nämlich auch eine Rolle, wie hoch die Sonne tagsüber am Himmel steht und wann sie auf- und untergeht. Und der Boden, die Schädlinge und dergleichen werden anders sein. Gemüse- und Getreidesorten, die über Jahrhunderte für eine Gegend gezüchtet wurden, können nicht einfach auf einen anderen Standort übertragen werden. Wir werden also auf der Grundlage der bekannten Sorten neue züchten müssen.

Wer sein Brötchen beim Bäcker kauft, der ahnt meistens nicht, dass es allein rund 200 000 Sorten Weizen auf der Welt gibt! Darunter manche, die besonders gut mit Trockenheit oder Wind zurechtkommen, und solche, die einen Schutz gegen bestimmte Schädlinge oder andere nützliche Eigenschaften haben. Durch Züchtung werden diese so kombiniert, dass auf einem bestimmten Acker möglichst gutes Getreide in möglichst großen Mengen geerntet werden kann.

Deshalb ist es wichtig, die Samen möglichst vieler Sorten zur Verfügung zu haben. Gesammelt und aufbewahrt werden sie in Samenbanken, die auf der ganzen Welt existieren. Nur ein Teil der dort eingelagerten Sorten wird derzeit genutzt, doch wäre eine Pflanzensorte mit bestimmten Genen für immer verloren, ginge sie jetzt verloren. Und vielleicht werden gerade ihre Eigenschaften gebraucht, um unter neuen Klimabedingungen die Menschheit ernähren zu können.

Leider sind immer wieder Samenbanken zerstört und dabei etliche Sorten unwiederbringlich ausgelöscht worden. So auch vor einigen Jahren im Krieg in Afghanistan, wo die Samenbank geplündert wurde, nur weil verzweifelte Menschen die Plastikdosen haben wollten, in denen man die Samen aufbewahrte. Und wie leicht können durch Feuer, Stromausfall oder Naturkatastrophen selbst in Ländern, in denen kein Krieg herrscht, Samenbanken zerstört werden.

Deshalb wurde im Jahr 2008 in der Arktis, auf der Insel Spitzbergen, tief in einem Berg ein sicherer Samenbunker gebaut. Es ist ein Bauwerk wie aus einem James-Bond-Film. Die Norweger haben einen Tunnel in eine Bergflanke gebohrt und drei große Höhlen in den permanent gefrorenen Boden gegraben. Dort werden Samen, die aus der ganzen Welt stammen, gelagert. Der Tunnel ist so konstruiert, dass er selbst eine schwere Ex-

Kann das Klima plötzlich kippen?

Zunehmend befürchten Forscher, dass Teile des Klimasystems bei weiterer Erwärmung regelrecht umkippen könnten, das heißt, dass sie sich innerhalb relativ kurzer Zeit stark ändern. Zu diesen schwer kalkulierbaren Risiken gehört zum Beispiel das Abreißen des Nordatlantikstroms, das Verdorren des Amazonaswaldes und das Abrutschen von Teilen der großen Eisschilde. Möglich ist auch, dass der Monsun verrücktspielt oder dass der Treibhauseffekt außer Kontrolle gerät, weil immer mehr Methangas aus dem Permafrost und vom Meeresgrund entweicht.

plosion direkt vor dem Eingang übersteht: Die Druckwelle kann nicht in die Lagerräume gelangen, sondern wird durch eine speziell geformte Wand zum Eingang zurückgeworfen. Der Bunker soll viele Jahrtausende überstehen können. Seit den Pyramiden in Ägypten hat die Menschheit kein Bauwerk mehr errichtet, das derart lange in die Zukunft geplant wurde (es sei denn, man zählt Atommülldeponien als Bauwerke). Dabei kommt der Samenbunker ohne Personal aus. Das Wichtigste ist, dass die Samen kühl lagern, und das ist im dortigen Permafrostboden garantiert. In diesem Berg bleibt es selbst dann kalt, wenn das Klima sich stark erwärmt und der Meeresspiegel viele Meter ansteigt.

Wer rettet das Klima?

Schon seit Jahrzehnten haben verschiedene Organisationen, in denen sich Wissenschaftler zusammengefunden haben, wie die Deutsche Meteorologische Gesellschaft (und ähnliche Verbände vieler anderer Länder) sowie internationale Institutionen wie der Weltklimarat IPCC, immer wieder eindringlich davor gewarnt, dass wir das Klima aufheizen.

Im Jahr 1992 trafen sich Regierungsvertreter der meisten Länder der Erde in der brasilianischen Stadt Rio de Janeiro zum sogenannten Erdgipfel. Sie berieten dort über den Klimawandel, über das Aussterben von Tieren und Pflanzen und über eine umweltverträgliche Entwicklung der armen und reichen Länder. Einen eindrucksvollen Auftritt hatte die zwölfjährige Severn Cullis-Suzuki aus Kanada, die eine Rede hielt, mit der sie die Erwachsenen aufrüttelte. Sie hatte mit einigen Freunden eine Kinder-Umweltgruppe gegründet und Geld gesammelt, um nach Rio zu fliegen. »Ich bin

Ein Kind sagt den Politikern die Meinung

Die Rede von Severn Cullis-Suzuki, die sie ohne Scheu auf der großen Konferenz der Vereinten Nationen für Umwelt und Entwicklung in Rio de Janeiro 1992 hielt und in der sie die Erwachsenen mahnte, nicht nur zu reden, kann man im Internet als Video ansehen und auf Deutsch nachlesen.

nur ein Kind und habe nicht alle Lösungen, aber – ich möchte, dass Sie das verstehen – Sie auch nicht!«, sagte sie vor der großen Versammlung. »Sie wissen nicht, wie man ein ausgestorbenes Tier wieder zurückbringt. Und Sie können auch nicht die Wälder zurückbringen, die einmal da standen, wo heute Wüste ist. Wenn Sie nicht wissen, wie man es repariert, bitte hören Sie auf, es kaputt zu machen!«

Womöglich hat die Rede dieses mutigen Mädchens mit dazu beigetragen, dass die Regierungschefs (darunter auch der damalige deutsche Kanzler Helmut Kohl und der amerikanische Präsident George Bush senior) am Ende ein Abkommen zum Schutz des Klimas beschlossen, die „Klimarahmenkonvention“. Sie verpflichtet alle Staaten, den Anstieg der Treibhausgase in der Atmosphäre unseres Heimatplaneten zu stoppen.

Leider sind inzwischen 30 Jahre verstrichen, ohne dass der Anstieg der Treibhausgase auch nur gebremst worden ist. Zwar haben sich einige Jahre nach dem Erdgipfel von Rio die Industrieländer – die über drei Viertel der Treibhausgase in der Luft verursacht haben – im Kyoto-Protokoll von 1997 mit konkreten Zielen verpflichtet, künftig weniger dieser Gase in die Luft zu blasen und außerdem den Entwicklungsländern beim Klimaschutz zu helfen. Doch das hat nicht gereicht. Erst 2015 gelang es endlich, in Paris einen umfassenden Klimaschutzvertrag abzuschließen. Alle Regierungen haben sich darin verpflichtet, die globale Erwärmung deutlich unter 2 Grad zu halten und sich anzustrengen, sie auf 1,5 Grad zu begrenzen. Doch es gibt viele Widerstände zu überwinden; mächtige Interessengruppen kämpfen um die Fortsetzung der fossilen Energienutzung und viele Menschen sträuben sich gegen Veränderungen.

Im August 2018 begann die 15-jährige schwedische Schülerin Greta Thunberg eine Protestaktion: Jeden

Freitag setzte sie sich mit einem Plakat vor das Parlament in Stockholm, auf dem stand: Schulstreik für das Klima. Schon bald zeigte sich, dass viele andere Jugendliche ähnlich dachten; es bildete sich die weltweite Bewegung Fridays for Future. Am 20. September 2019 organisierte sie die bislang größten Klimademonstrationen der Menschheitsgeschichte mit 4 Millionen Teilnehmern, alleine 1,4 Millionen davon in Deutschland.

Fridays for Future und die zunehmenden Wetterkatastrophen haben immer mehr Menschen aufgeweckt und wesentlich dazu beigetragen, dass Klimaschutz in vielen Ländern endlich ernsthaft angepackt wird.

Wie leben wir im Jahr 2050?

Wie kann man die Erderwärmung noch stoppen? Weil der Klimawandel durch die Treibhausgase verursacht wird, ist die Antwort eigentlich kinderleicht: Wir müssen einfach weniger Treibhausgase ausstoßen, insbesondere gar kein CO_2 mehr.

Wie wäre das: Wir lassen ab morgen einfach alle Autos und Flugzeuge stehen, schalten die Kohle- und Gaskraftwerke ab, legen unsere Ölheizungen still – kurzum, hören schlagartig damit auf, fossile Brennstoffe zu verfeuern? Tatsächlich würde die Erwärmung dann weitgehend gestoppt. Die Temperaturen würden erst noch einige Zehntel Grad steigen, weil der abkühlende Effekt von Smog dann rasch abnimmt. Danach würden sie einige Zehntel Grad fallen, weil die Menge an Treibhausgasen ebenfalls abnimmt, wenn auch viel langsamer als der Smog. Die globale Temperatur würde aber noch mindestens tausend Jahre lang ähnlich warm bleiben wie heute! Das liegt daran, dass Kohlendioxid und einige andere Treibhausgase noch so lange in der Luft bleiben

– wenn wir nicht eines Tages eine Methode erfinden, sie in größerer Menge wieder aus der Luft zu entfernen.

Bleibt also festzuhalten: Wir können die Erwärmung stoppen, sobald wir damit aufhören, Treibhausgase in die Luft zu blasen. Zurückdrehen – das heißt das Klima wieder abkühlen – können wir sie aber praktisch nicht. Deswegen dürfen wir die Erwärmung gar nicht erst zu weit treiben. Wenn es uns eines Tages zu heiß geworden ist, dann wird es kein Zurück mehr geben. Wir können es uns nicht erlauben abzuwarten, bis die Katastrophe da ist, sondern sie kann nur vorausschauend verhindert werden, indem wir rechtzeitig vorher handeln.

Bei unserem Gedankenexperiment, ab morgen jeglichen Ausstoß von Treibhausgasen schlagartig zu stoppen, gibt es allerdings ein klitzekleines Problemchen, das wir nicht verschweigen wollen: Die Wirtschaft würde zusammenbrechen, Milliarden Menschen würden frieren und hungern. Wir müssen uns also eine Lösung ohne solche Risiken und Nebenwirkungen überlegen.

Die kann nur darin bestehen, unseren Ausstoß von Treibhausgasen nicht schlagartig, sondern allmählich und planmäßig herunterzufahren – aber trotzdem schnell genug.

Weil das lange verschleppt wurde, sind wir jetzt schon bei 1,2 Grad Erwärmung - es fehlen nur noch 0,3 Grad bis zum 1,5-Grad-Ziel des Pariser Abkommens. Um das noch zu schaffen, muss der weltweite Treibhausgasausstoß bis zum Jahr 2030 halbiert werden und danach weiter auf null gebracht werden. Der Bericht des Weltklimarats IPCC aus dem Jahr 2022 betont, dass dies möglich ist. Leider fehlt aber bislang die nötige politische Entschlossenheit, diese riesige Herausforderung anzunehmen.

Ein durchschnittlicher Deutscher verursacht acht Tonnen (das sind 8000 Kilogramm) CO_2-Ausstoß im

Jahr. Mit dieser Menge könnte man einen der großen Heißluftballons füllen, mit denen man Ballonfahrten machen kann. (Mit einem CO_2-Ballon könnte allerdings niemand abheben, weil CO_2 eineinhalbmal schwerer ist als Luft.) Ein Chinese ist inzwischen ebenfalls für acht Tonnen verantwortlich, ein Inder für etwas weniger als zwei und ein Afrikaner für eine Tonne. Industrieländer mit 20 Prozent der Weltbevölkerung haben 80 Prozent der bisherigen Emissionen verursacht. Weltweit liegt der Durchschnitt bei knapp fünf Tonnen pro Mensch und Jahr.

Wir können sicher nicht in alle Ewigkeit das Recht beanspruchen, mehr Kohlendioxid auszustoßen als Menschen in anderen Ländern. Das wäre ungerecht. Um das Klimaproblem zu lösen, sind wir darauf angewiesen, dass alle (oder zumindest die meisten) Länder dabei mitmachen, und das werden sie nur, wenn es dabei gerecht zugeht. Daher müssen wir unseren Ausstoß noch schneller absenken als die Welt insgesamt und außerdem Verantwortung für unsere früheren Emissionen übernehmen, indem wir anderen Ländern helfen, mit Klimaschäden umzugehen. Das nennt man Klimagerechtigkeit.

Es ist klar, dass wir, um das zu erreichen, nicht einfach ein paar kleine Korrekturen vornehmen und ansonsten weiter so wirtschaften können wie bisher. Vieles muss sich grundlegend verändern, vor allem die Art, wie wir mit Energie umgehen. Ein Perpetuum mobile wäre prima – aber wir haben ja schon im zweiten Kapitel gesehen, dass es das nicht gibt. Wir müssen uns etwas anderes ausdenken! Wie also könnte unser Leben im Jahr 2050 aussehen?

In finsteren Steinzeithöhlen werden wir sicher nicht hausen. Es wird weiterhin Strom aus unseren Steckdosen kommen, wenn es gut läuft, wird der aber wohl nicht

Atomkraft als Lösung?

Manche sehen im Ausbau der Atomenergie einen Beitrag zur Lösung des Klimaproblems. Allerdings liefert Kernkraft bis heute nur rund 4 Prozent des weltweiten Energiebedarfs. Um diesen Anteil merklich zu vergrößern, müsste es in nächster Zeit über 1000 neue Atomkraftwerke geben – mit allen damit verbundenen Risiken von Unfällen, Terrorangriffen und der Verbreitung von Atomwaffen. Nicht zu vergessen die Lagerung des Atommülls. Es ist daher unwahrscheinlich, dass Atomenergie eine wesentliche Rolle bei der Lösung der Energieprobleme spielen wird.

mehr in Kohle- und Gaskraftwerken erzeugt. Die erneuerbaren Energien – Sonne, Wind und Wasserkraft – werden uns mit Strom versorgen. Diese Energien gibt es im Überfluss, man muss nur clever genug sein, sie zu ernten. Theoretisch könnte ganz Europa schon heute mit Strom aus erneuerbaren Energien versorgt werden, ohne dass man dazu neue Technologien erfinden müsste und ohne dass er viel teurer wäre als der Strom, den wir heute benutzen.

Stromausfall bei Flaute?

Das größte Problem vieler erneuerbarer Energien sind die großen Schwankungen in der Stromerzeugung. Windräder liefern natürlich nur Strom, wenn der Wind weht. Die beste Lösung ist daher die weiträumige Vernetzung vieler Energiequellen. Irgendwo weht immer der Wind, und zusammen mit Solarenergie, Wasserkraft und Bioenergie könnte man den Bedarf auch bei 100 Prozent erneuerbarem Strom decken.

Windräder kennt heute jedes Kind. Noch vor zwanzig Jahren gab es nur ganz wenige in Deutschland, heute sieht man viele. Auch aus Sonnenenergie kann man Strom machen – nicht nur mit Solarzellen, sondern auch in großen Kraftwerken. Bei der schönen Stadt Sevilla in Spanien ist ein neues Kraftwerk ans Netz gegangen, bei dem riesige Spiegel die Sonnenstrahlen bündeln und damit einen Generator antreiben. Inzwischen (2022) erzeugen die erneuerbaren Energien die Hälfte unseres Stroms, und im Jahr 2030 sollten es schon 80 Prozent sein. Bis 2050 könnten wir ein „Supersmart Grid“ haben, ein intelligentes Stromverbundnetz quer durch ganz Europa, sodass man Windenergie aus Schottland oder der Nordsee, Sonnenstrom aus Spanien, Italien und Nordafrika, Wasserkraft aus Skandinavien und Strom aus Biogas nach Bedarf miteinander kombinieren kann.

Im Jahr 2050 werden wir in Häusern wohnen, die dank guter Dämmung und Nutzung von Solarwärme kaum noch Heizenergie benötigen. Schon heute gibt es viele Beispiele von »Null-Energie-Häusern« in Deutschland. Und bei den Altbauten, die wir natürlich nicht alle abreißen und durch neue Häuser ersetzen wollen, kann man durch Wärmedämmung den Energiebedarf mindestens halbieren. Die Klimaerwärmung hilft übrigens mit, den Heizbedarf zu verringern. Mit Wärmepumpen ist es möglich, selbst im Winter die Umgebungswärme zum Heizen zu nutzen – alles streng nach dem Ersten Hauptsatz der Thermodynamik, von dem wir im zweiten Kapitel einiges gehört haben. An die gute alte Glühbirne, die 90 Prozent des Stroms in Wärme statt in Licht

verwandelt hat, werden sich wohl nur noch die Älteren erinnern. Schon jetzt setzen sich effizientere Lichtquellen wie Leuchtdioden (LEDs) weitgehend durch. Und unsere Hausgeräte werden im Standby-Betrieb nicht mehr sinnlos Strom fressen – auch das ist übrigens heute technisch längst kein Problem mehr.

Autos fahren 2050 fast geräuschlos mit sauberem Strom aus erneuerbaren Energiequellen. Wir laden sie an der Steckdose, statt zur Tankstelle zu fahren. Auch diese Entwicklung ist längst im Gange. In unseren Städten gibt es dann zudem weniger Autos, die öffentlichen Verkehrsmittel sind bequemer und besser geworden und die Städte freundlicher gestaltet für Fußgänger und

Radfahrer, denn das bringt mehr Lebensqualität. Apropos Fahrrad: Auch hier hat die Elektrorevolution längst begonnen. Im Jahr 2050 besitzen bestimmt sehr viele Menschen E-Bikes, Fahrräder mit Elektrounterstützung Schon jetzt sind fast die Hälfte der in Deutschland verkauften Fahrräder E-Bikes. Ältere Menschen, die sich nicht mehr ganz so fit fühlen, oder Leute, die es auf dem Land recht weit bis zur Arbeit, Schule oder Uni haben, fahren dann mit dem E-Bike, weil es einfach mehr Spaß macht, viel billiger als das Auto ist und nebenbei das Klima schützt. Hügel und Gegenwind haben ihren Schrecken verloren.

Im Jahr 2050 hat sich überhaupt unsere Lebensweise geändert. Die Menschen denken stärker darüber nach, was sie wirklich glücklich macht. Einfach nur mehr Geld verdienen und immer mehr konsumieren, das gilt nicht mehr als höchstes Lebensziel. Wer will schon immer schneller und hektischer leben, immer weniger Zeit und Muße haben? Man schätzt einige langlebige, wertvolle Produkte eher als viel Wegwerfkram. Man fliegt nicht mehr mal eben für einen Kurzurlaub nach Spanien, sondern macht länger Ferien, gern auch in der Nähe. Ostsee statt Karibik. Fernreisen sind wegen des Treibstoffverbrauchs und Kohlendioxidausstoßes der Flugzeuge ohnehin deutlich teurer geworden, sie sind wieder ein selteneres, besonderes Erlebnis. Auch die Ernährungsgewohnheiten haben sich allmählich gewandelt: Die meisten essen nicht mehr täglich Fleisch, sondern nur noch ein- oder zweimal in der Woche, oder gar nicht mehr. Das schont nicht nur Klima und Geldbeutel, wir leben auf diese Weise auch gesünder. Nicht zuletzt reichen nun die Landflächen besser aus, um alle Menschen der Erde satt zu machen, denn für jede Kalorie an Nährwert benötigt Fleisch ein Vielfaches an Land im Vergleich zu Getreide und Gemüse.

Insgesamt muss ein klimaneutrales Leben mit also gar nicht schlechter sein als das, was wir heute führen. Manches wird sogar besser sein. Die Frage ist nur: Wie schaffen wir es, dorthin zu kommen? Vieles entscheidet sich in der Politik, wird von der Regierung vorangetrieben, im Parlament beschlossen, so wenn es um die Förderung der erneuerbaren Energien geht, um die Genehmigung neuer Kohlekraftwerke, um Ökosteuern, die Spielregeln für die Wärmedämmung von Häusern oder um den erlaubten Treibhausgasausstoß von Autos. Da sind wir als Wähler beteiligt.

Vieles kann jeder aber auch unmittelbar für sich selbst, für sein eigenes Leben tun. Ständig fällen wir Entscheidungen, was wir kaufen – vom Essen über die Glühbirne bis zum neuen Kühlschrank oder Auto. Oder wir entscheiden, wohin und wie wir in den Urlaub fahren und von wem wir unseren Strom beziehen. Und wie sparsam wir damit umgehen.

Bis zum Jahr 2030 will die Bundesregierung den Ausstoß von Treibhausgasen in Deutschland um zwei Drittel verringern (das heißt unter den Wert von 1990) und bis 2045 ganz klimaneutral sein. Fast jeder von uns kann da bei sich zu Hause schon einiges dazu beitragen – und dabei auch noch ordentlich Geld sparen. Auf geht's!

Das Meteorologische Observatorium Potsdam

Auf dem Telegrafenberg in Potsdam wird schon seit 1893 das Wetter beobachtet und gemessen – Temperaturen von Luft und Boden, Luftfeuchte, Sonnenstrahlung, Wind, Bewölkung, Niederschläge und einiges mehr. Diese sogenannte Säkularstation (vom lateinischen Wort *saeculum*, Jahrhundert) ist auf der ganzen Welt die einzige meteorologische Einrichtung, die über einen Zeitraum von mehr als 100 Jahren ein so umfassendes Messprogramm ohne Lücken aufweisen kann.

Das ist nicht zuletzt Reinhard Süring zu verdanken, der von 1909 bis 1932 das Observatorium leitete und in den letzten

Tagen des zweiten Weltkriegs, im April 1945, trotz der heftigen Kämpfe in Berlin und Potsdam und obwohl er schon lange pensioniert war, im Alleingang die Wetterbeobachtungen weiterführte. So rettete er die Klimamessreihe nahezu lückenlos durch das Kriegsgeschehen.

Heute wird die Datenreihe durch den deutschen Wetterdienst fortgeführt, und in dem ehrwürdigen Gebäude des Meteorologischen Observatoriums forschen Wissenschaftler des Potsdam-Instituts für Klimafolgenforschung – auch ich, der Autor dieses Buches.

Wetter und Klima im Internet

Das Internet bietet eine unglaubliche Fülle von Informationen zum Klima. Ich staune immer noch darüber – denn noch während meines Studiums gab es kein Internet, und ich musste viel in Bibliotheken stöbern. Einen Haken hat die Sache allerdings – jeder kann jeden Unsinn ins Internet stellen. Man sollte daher ruhig mehr als eine Web-Seite ansehen und darauf achten, wer dahinter steht.

Im Netz tummeln sich viele Scharlatane, die aus verschiedenen Gründen die globale Erwärmung bestreiten. Oft geben sie sich einen wissenschaftlichen Anstrich, um seriös zu wirken: das »Europäische Institut für Klima und Energie« beispielsweise, das weder ein Forschungsinstitut ist, noch Klimawissenschaftler beschäftigt. Der Name ist schlicht ein Etikettenschwindel, und auch sonst wird das Publikum kräftig verschaukelt – etwa wenn dort von mir behauptet wird, ich hätte bestätigt, dass es keinen vom Menschen gemachten Klimawandel gebe.

Wer im Internet Informationen sucht, muss also hellwach sein, um seriöse Quellen von Quatsch mit Soße unterscheiden zu können. Das Internet-Lexikon Wikipedia zum Beispiel liefert meistens verlässliche Informationen.

Wetter

Es gibt eine ganze Reihe von Web-Seiten, die eine Wettervorhersage anbieten, neben dem Deutschen Wetterdienst (www.dwd.de) zum Beispiel www.wetter.com. Da bekommt man nicht nur die Vorhersage für den eigenen Wohnort. Vor einer kurzen Reise schaue ich immer nach, wie am Zielort das Wetter sein wird, um passende Kleider einzupacken. Sehr nützlich ist auch der Regenradar als Filmchen: Da sieht man, ob sich Regenschauer nähern. Für alle, die es genauer wissen wollen, zeigt wxcharts.com die Vorhersagekarten der verschiedenen Wettermodelle aus Europa und den USA. Und climatereanalyzer.org hat schöne Karten von aktuellen Weltwetter, die z.B. zeigen wie viel zu kalt oder zu warm es gerade für die Jahreszeit ist.

Tropenstürme im Atlantik und Ostpazifik kann man auf der Seite des nationalen Hurricane-Zentrums der USA verfolgen (www.nhc.noaa.gov). Die Sturmsaison dort dauert von Mai (Pazifik) oder Juni (Atlantik) bis November.

Allgemeine Klima-Informationen

Wissenschaftlich fundierte Informationen rund ums Klima bietet das umfangreiche »Bildungswiki Klimawandel« (wiki.bildungsserver.de/klimawandel), ein Kooperationsprojekt zwischen dem Deutschen Bildungsserver, dem Climate Service Center und dem Hamburger Bildungsserver. Die Aufmachung ist ähnlich wie Wikipedia, aber es gibt auch spezielle einfache Artikel für jüngere Schüler.

Die Seiten von KomPass (Kompetenzzentrum Klimafolgen und Anpassung, www.anpassung.net) bieten eine Fülle von Infos über die Folgen des Klimawandels für Deutschland und die Möglichkeiten der Anpassung.

Das Blog »KlimaLounge« mit Artikeln und Diskussionen zu Klimathemen betreiben einige Kollegen und ich seit 2013 bei Spektrum der Wissenschaft (www.wissenslogs.de/wblogs/blog/klimalounge).

Und wer sich auf meiner Homepage einmal umsehen möchte: www.ozean-klima.de.

Klimadaten

Im Internet kann man jede Menge Daten zum Klima ansehen, von den Daten aus antarktischen Eisbohrungen über die Ergebnisse von Klimamodellen bis zur globalen Temperatur. Allerdings muss man dazu etwas Englisch verstehen.

Weltkarten der globalen Temperatur für jeden Monat findet man auf der Webseite der NASA: data.giss.nasa.gov/gistemp. Hier kann man etwa schauen, wo auf der Welt es im letzten Monat besonders kalt oder warm war, oder sich Kurven des globalen Temperaturverlaufs ansehen.

Die aktuellen Meeresspiegeldaten von Satelliten (die seit 1993 den Meeresspiegel messen): sealevel.colorado.edu.

Wer wissen will, wie es dem Eis auf dem Polarmeer gerade geht, der kann beim nationalen Schnee- und Eisdatencenter der USA nachsehen (die Satellitendaten werden fast täglich aktualisiert): www.nsidc.org/arcticseaicenews.

Eine Übersicht über die weite Vielfalt an Daten gibt diese Seite: www.realclimate.org/index.php/data-sources.

Für das Smartphone

Wettervorhersagen für das Smartphone gibt es natürlich jede Menge zur Auswahl , auch spezialisierte für Seewetter oder Bergwetter. Aber es gibt auch andere interessante Apps zu Wetter und Klima – hier nur zwei Beispiele.

»Hurricane Tracker« liefert einem die aktuelle Tropensturm-Lage auf das Smartphone. Und WindMap zeigt schöne Animationen der aktuellen Windströmungen rund um den Globus.

Die **Kinder-Uni** entstand aus einer gemeinsamen Initiative des Schwäbischen Tagblatts und der Eberhard Karls Universität Tübingen.

Genehmigte Lizenzausgabe für Impian GmbH, Leverkusen, 2023

Umschlaggestaltung: Nele Schütz Design, München
unter Verwendung von Illustrationen von Klaus Ensikat
Druck und Bindung: UAB BALTO print
Printed in Lithuania

ISBN 978-3-96269-161-5

www.impian.de